니체

이 도서의 국립중앙도서관 출판예정도서목록(CIP)은 서지정보유통지원시스템 홈페이지(http://seoji.nl.go.kr)와 국가자료종합목록 구축시스템(http://kolis-net.nl.go.kr)에서 이용하실 수 있습니다.
(CIP제어번호 : CIP2020048769)

Friedrich
Nietzsche

니 체

치체

니 체

우상파괴, 이것이 바로 내 직업의 일부이다. 인간이 허위로 이상세계를 창조한 만큼 꼭 그만큼 인간은 현실세계로부터 현실세계의 가치와 의미와 진실을 잃어버렸다.
― 니체, 『이 사람을 보라』에서

지식을 얻는다는 것, 지식을 넓힌다는 것, 이 모든 것이 용기로부터, 극기효근로부터, 자신에 대한 결백으로부터 나오는 것이다.
― 니체, 『이 사람을 보라』에서

나의 작품 중에 『짜라투스트라는 이렇게 말했다』는 나에게 있어서 특별한 의미가 있다. 그것으로 나는 인류에게 역사상 가장 위대한 선물을 안겨다 준 것이다. 앞으로 수백 년 동안 퍼져나갈 목소리를 가진 이 책은 현존하는 최고의 책이며 그것은 바로 저 높은 산의 공기이며 인간에 대한 모든 사실이 고산의 저 아득한 밑바닥에 놓여져 있다. 그것은 또한 가장 심오하고 진리의 가장 깊숙한 보고에서 탄생하였고 아무리 퍼내도 마르지 않는 샘이며, 그 샘에 두레박을 내리면 황금과 선이 가득 담겨져 올라오지 않을 수 없을 것이다. 이 책에는 어떠한 예언자도 없으며, 종교의 창시자라고 불리는 질병과 권력에 대한 욕구, 이 양자가 합쳐진 소름끼치는 혼혈아도 없다. 이 책에 담긴 지혜의 뜻을 왜곡하지 않으려면 무엇보다 이 입에서 흘러나오는 고요한 가락을 똑똑히 들어 보아야 한다.

— 니체, 『이 사람을 보라』에서

무화과 열매가 나무에서 떨어지고 있다. 그 열매의 달콤함, 그리고 향기로움이란! 그 열매가 떨어지면 붉은 껍질은 터진다.

나는 무르익은 무화과 열매를 떨어뜨리는 북풍일지니.

그러하니 무화과 열매처럼, 나의 가르침이 너희들에게 떨어지리라.

나의 벗이여, 그것의 즙과 그것의 향기로운 살을 먹어 보아라. 맑은 하늘 어느 오후에, 그것이 우리 곁에 떨어지고 있다.

— 니체, 『이 사람을 보라』에서

나는 이제 홀로 가려 한다. 나의 제자들이여, 이제는 너희들도 홀로 가거라. 그것이 내가 바라는 바이니.

나를 떠나가거라! 그리고는 짜라투스트라를 거부하라, 아니 차라리 더 좋은 것은 그를 부끄러워하라, 그는 너희를 속였을 테니.

너희가 진정코 지식을 가졌다면 자기의 적을 사랑할 줄 알아야 한다. 또 자기의 친구를 미워할 줄 알아야 한다.

너희가 언제나 제자인 채로 있다면 너희는 스승의 은혜를 저버리는 것이다. 너희들은 나의 월계관을 빼앗고 싶지 않으냐?

너희들은 나를 공경한다. 그러나 어느 날 너희들의 공경심이 무너진다면 어찌하겠는가? 조심하라, 넘어지는 조상彫像에 깔려 목숨을 잃을 염려가 있느니.

너희는 짜라투스트라를 믿는다고 말하느냐? 그러나 짜라투스트라가 무슨 소용이 있는가! 너희는 나의 신자이다. 그러나 신자가 되어본들 무슨 소용이 있는가!

너희는 아직 너희 자신을 찾지 못하였을 때 나를 발견하였다. 그리고는 나를 믿는 모든 신자가 그렇게 되었다. 그러므로 모든 믿음이라는 것은 공허한 것이다.

이제 나는 너희에게 명한다. 나를 잃어버리고 너 스스로를 찾으라. 너희가 나를 완전히 부정하였을 때 나는 너희에게 다시 돌아가리니.

— 니체, 『이 사람을 보라』에서

나는 선천적으로 호전적好戰的이다. 싸움을 건다는 것은 나의 본능의 하나이다. 적이 될 수 있다는 것, 적이라는 것, 그것은 아마 천성이 강하다는 것을 시사해주며, 또 어떤 경우에도 모든 강한 천성에만 있을 수 있는 것이다.

— 니체, 『이 사람을 보라』에서

정신의 발이 자유자재로 활동하느냐, 아니면 절룩거리느냐에 따라 신진대사의 '속도'는 그에 정확하게 비례하는 것이다. 왜 그런가 하면 정신이라는 것 자체가 결국은 신진대사의 한 측면이기 때문이다. 기지를 가진 사람이 살거나 살았던 장소, 위트와 섬세함과 악의가 행복을 이루고 있는 그러한 장소, 천재가 필연적으로 자기의 안식처를 삼는 장소를 한번 열거해보자. 그 모두가 탁월한 건조한 공기를 가지고 있다. 파리, 프로방스, 플로렌스, 예루살렘, 아테네—이러한 지명들은 무언가를 시사해준다. 무엇인가 하면 천재는 건조한 공기, 청명한 하늘, 말하자면 급속한 신진대사, 거대하고 어마어마한 양의 힘을 끊이지 않고 얻을 수 있는가의 가능성을 조건으로 하고 있다는 사실이다.

— 니체, 『이 사람을 보라』에서

나는 항상 똑같은 책에서 마음의 안식을 구하는데 그것은 소수의 책이다. 그 책들은 나에게 가장 어울리는 책으로 증명이 된 책이다. 잡다하게 이 책 저 책을 다독하는 것은 나의 독서 방법이 못된다. 새 책에 대한 경계심, 심지어 적대감을 가지는 것이 다른 인내, 아량 또 이웃사랑보다 나의 본능에 더 잘 어울리는 것 같다.

— 니체, 『이 사람을 보라』에서

근본적으로 스탕달의 격언 중의 하나를 실천해왔다. 그 격언은 세상에 나가려면 결투를 하면서 나가라는 것이다.

— 니체, 『이 사람을 보라』에서

디오니소스적이라는 나의 개념은 여기서 '최고의 행위'로 되어버린다. 이 행위에 비하면 여타의 인간행동이란 빈약한 것으로 보인다. 괴테나 셰익스피어도 이러한 기대한 열정과 높이 위에서는 한 순간도 숨쉬지 못하리라. 단테도 짜라투스트라에 비하면 단순한 하나의 신봉자에 불과할 뿐 진리를 창조하는 자가 아니며 세계 지배적 정신이 아니며 하나의 운명이 아니다. 베다의 시인들도 성직자에 불과하며 '짜라투스트라'의 구두끈을 풀어줄 만한 가치도 없는 자들이다.

— 니체, 『이 사람을 보라』에서

나는 인간이 아니다. 하나의 다이나마이트이다. 그럼에도 불구하고 나 자신 속에는 어떤 종교의 창시자와 같은 사고방식은 존재하지 않는다. 종교란 천한 하류배들의 관심사이다. 나는 신앙을 갖고 있는 무리들과의 접촉 뒤에는 손을 닦고 싶다.

— 니체, 『이 사람을 보라』에서

'모든 가치의 전환', 이것이 인류에 있어서의 최고의 자기 성찰의 행동을 위한 정식定式으로서, 이것이 나의 살이 되고 나의 천재성이 된다.

— 니체, 『이 사람을 보라』에서

선악에 있어서 창조자가 되고 싶은 자는 누구나 먼저 파괴자가 되어야 하며, 모든 가치를 전도시켜야 한다. 따라서 최고의 악은 최고의 선에 속하며, 바로 이러한 것이 창조적인 것이 되는 것이다.

— 니체, 『이 사람을 보라』에서

인간은 어떤 조건하에서 선과 악이라는 가치판단을 생각해냈던가? 그리고 그 가치판단들 그 자체는 어떠한 가치를 지니고 있는가? 그것이 이제까지 인간의 번영을 저지하여 왔던가, 혹은 촉진시켜왔던가? 그 가치판단은 삶의 고난, 빈곤, 타락의 징조인가? 그렇지 않으면 거기에는 삶의 풍부한 힘, 의지, 용기, 자신, 미래가 나타나 있는가?

— 니체, 『도덕의 계보』에서

이름을 부여하는 지배자적 권리가 아주 멀리까지 뻗쳐서, 언어 자체의 기원을 지배자의 권력표시로 간주하기에까지 이르렀다. 그들은 '이것은 이러이러하다'라고 말한다. 그들은 모든 사물과 사건을 한 마디 소리로써 봉封하고, 그리하여 말하자면 그것을 점유해버린다. 따라서 '좋음'이란 단어가, 저 도덕 계보학자들의 미신迷信이 억측하는 것처럼, 처음부터 그리고 필연적으로 비이기적 행위에 연관된 것이 아니라는 점은 이러한 기원에서 볼 때 자명하다.
— 니체, 『도덕의 계보』에서

사랑의 복음의 화신化身인 이 나사렛 예수, 가난한 자, 병약한 자, 죄지은 자에게 축복과 승리를 가져다 준 이 '구세주'— 그야말로 가장 신비롭고 저항하기 어려운 형태의 유혹이 아니었던가? 이스라엘은 그 숭고한 복수의 궁극적 목표를 바로 이 '구세주', 즉 이스라엘의 적대자이며 분쇄자로 가장한 이 인물의 우회로를 통해서 이룩한 것이 아니었던가? 이스라엘 자신이 그 복수의 실질적인 도구를, 마치 숙명적인 것처럼 전세계 앞에서 부인하여, 십자가에 못박지 않을 수 없었던 것, 따라서 전세계, 즉 이스라엘의 모든 적들이 주저하지 않고 이 미끼를 삼켜 버리게 된 것—이것이야말로 진실로 웅대한 복수전략이며, 멀리 내다보며, 은밀하며, 사전에 계획에 따라 손길을 뻗치는 흑마술黑魔術이라고 할 수 있는 것이 아닌가?
— 니체, 『도덕의 계보』에서

강한 것에 대해서, 그것이 강한 것으로 나타나지 않기를 요구하며, 그것이 압박욕, 제압욕, 지배욕, 적대욕, 저항욕, 승리욕이 아니기를 요구하는 것은, 실로 약한 것에 대해서 그것이 강한 것으로 나타나기를 요구하는 것과 똑같이 불합리하다.
— 니체, 『도덕의 계보』에서

우선 로마와 유태인 중, 어느 쪽이 승리하였던가? 그러나 이것은 조금도 의심의 여지가 없는 것이다. 오늘날 로마 그 자체에 있어서—또한 로마에서 뿐만 아니라 거의 지구상의 절반에 걸쳐, 인간이 길들여지고 길들여지기를 바라는 곳에서는 어디서나—사람들이 모든 최고의 가치의 표본으로 여기고 그 앞에 머리를 숙이게 되는 자는 누구인지 한번 생각해 보라. 다 아는 바대로, 그것은 세 명의 유태인 남자와 한 명의 유태인 여자(나사렛의 예수, 어부인 베드로, 양탄자 짜는 바울, 그리고 예수의 어머니 마리아)인 것이다. 매우 주목할 만한 점은 로마가 의심할 여지없이 멸망하였다는 것이다.

― 니체, 『도덕의 계보』에서

그러나 하나의 '사상가의 민족'을 육성하기 위해서는 우리의 옛날의 형벌 제도를 한번 보는 것만으로 족하다. 이 독일인들은 그들의 천민적인 근본 본능과 그에 수반되는 야수적인 추잡스러운 언행을 통제하기 위해서, 무서운 수단을 사용해서 그들 자신에게 기억을 새겼다. 독일의 저 옛날 형벌을 생각해 보라. 예를 들어보면 돌로 치는 형벌(이미 전설로도 되어 있듯이 맷돌을 죄인의 머리 위에 떨어뜨리는), 말뚝으로 꿰뚫는 형벌, 말로 찢어 발기거나 밟아 뭉개는 형벌(넷으로 찢는), 기름이나 술로 범죄자를 삶아 버리는 형벌(14, 15세기까지도 행해졌던), 유행하던 산 채로 껍질을 벗기는 형벌(가죽끈 만들기의 형벌), 가슴에서 살을 저미어 내는 형벌, 그리고 범죄자에게 꿀을 발라 강렬한 햇빛 아래서 파리떼들이 달려들게 하는 형벌 등등이 있다. 이와 같은 가지각색의 광경이나 전례를 보게 함으로써 사람들은 마침내, 사회생활의 편익을 누리기 위해서 대여섯 가지의 '나는 그것을 하지 않겠다'는 것을 약속하고 기억에다 새기게 되는 것이다. 그리고 사실, 이와 같은 기억의 덕택으로 사람들은 마침내 '이성'에 도달한 것이다. 아아, 이성, 진지함, 감정의 통제, 숙고熟考라고 불리는 모든 음울한 일, 인간의 모든 이러한 특권과 사치, 이들에 대해서 얼마나 값비싼 대가가 치러졌던가! 모든 '좋은 것들'의 근저에는 얼마나 많은 피와 잔혹함이 있었던가!

— 니체, 『도덕의 계보』에서

나는 고급문화의 모든 역사를 통해서 보이는 현상으로서 잔인성이 점차로 정신화되고 신성화되는 추세를 조심스럽게 지적해두었다. 어쨌든 사형집행과 고문 혹은 종교적 화형을 빼놓고서는 왕족의 결혼식이나 매우 장엄한 민족적 축제는 생각할 수 없었으며, 그리고 주저하지 않고 악의나 잔인한 조롱을 퍼부을 수 있는 상대가 없이는 귀족의 가정생활을 생각할 수 없었다는 것은 그다지 먼 옛날의 이야기가 아니다.

— 니체, 『도덕의 계보』에서

사람은 누구나 공동체 속에서 살며 공동체의 편익을 누리고 있다. (오오, 얼마나 대단한 이익인가! 우리는 오늘날 그 이익을 때때로 과소평가하고 있다.) 사람들은, 공동체의 바깥에 있는 사람, 즉 '평화가 없는 사람'이 직면하는 어떤 상해(傷害)나 적대적인 행위에 관한 두려움 없이 보호되고, 돌보아지며 평화와 신뢰 속에서 살고 있다. —독일인은 비참이란 말의 본래의 뜻이 무엇인지를 잘 알고 있다—즉 그러한 상해와 적대적 행위를 고려하였기에 사람들은 자신을 공동체에다가 저당잡혔던 것이며, 공동체에 대해서 의무를 지게 되었던 것이다. 만약 이러한 서약관계가 파괴된다면 어떻게 될 것인가? 기만당한 채권자로서의 공동체는 틀림없이 그 사람에게서 가능한 최대의 변상을 받아낼 것이다. 이 경우 범죄자가 야기한 직접적인 손해같은 것은 사소한 문제에 불과하다. 직접적인 손해의 문제는 도외시하더라도, 그는 무엇보다도 우선 하나의 '파괴자'가 되는 것이며, 이제까지 그가 혜택

받아 온 공동체 생활의 모든 이익과 안락에 관한 전체와의 그의 약속, 계약을 파괴하는 자가 되는 것이다.

— 니체, 『도덕의 계보』에서

법률의 제정이다. 이것은 최고의 권력의 눈으로 보아서 일반적으로 무엇이 허용되며 무엇이 올바른 것이며, 그리고 무엇이 금지된 것이며, 무엇이 올바르지 못한 것인가에 관한 명령적 성명이다. 최고 권력은 일단 법률을 제정한 이후엔 개인, 혹은 집단 전체의 폭력이나 횡포와 같은 침해행위를 법률에 대한 침범으로 최고 권력 자체에 대한 반역으로 취급함으로써 그 신민(臣民)들의 감정을 그러한 침범에 의해 야기된 직접적인 피해에서 벗어나게 하여 마침내는 오직 피해자의 입장만을 옹호하고 인정하는 모든 복수가 기도하는 것과는 정반대의 자세를 취한다. 그 이후로는 사람들의 눈은 행위를 점차적으로 비인격적인 것으로 평가하게끔 훈련된다. 그리고 피해자 자신의 눈마저도 그렇게 훈련되는 것이다.

따라서 올바름(법)과 올바르지 못함(불법)은 오직 법률제정 이후에야 나타나는 것이다. (이것은 뒤이링이 주장하는 것처럼 침해행위가 있은 연후에 나타나는 것은 아니다.) 법과 불법을 그 자체로서 논하는 것은 전혀 무의미한 일이 아니다. 삶이란 본질적으로, 즉 그 근본기능에 있어서 침해, 공격, 착취, 파괴를 통해서 움직이는 것이며, 이러한 성격이 없이는 전혀 생각할 수도 없는 것이기에, 침해도 공격도 착취도 파괴도 그 자체로서는 결코 '불법적'일 수 없음은 물론이다. 그리고 우리는 훨씬 더 불쾌한 일이지만 다음의 사실을 인정해야만 한다. 즉 최고의 생물학적 견지에서 보면 법률적 상태라는 것은, 권력을 목표로 하는 본래의 삶의 의지를 부분적으로 제약하는 것으로서, 그리고 이 삶의 의지의 전체적인 목적에 종속되는 개별적인 수단으로서, 간단히 말해서 보다 거대한 권력의 단위를 창조하기 위한 수단으로서 단지 예외적인 상태일 뿐이라는 점이다.

— 니체, 『도덕의 계보』에서

대다수의 집단으로서의 인류가 하나의 보다 강한 인종人種의 번영을 위해서 희생된다는 것—이것이야말로 진보라고 하는 정의일 것이다.

— 니체, 『도덕의 계보』에서

지배하고 있으며, 지배하려고 하는 모든 것에 반대하는 민주적인 특이성, 현대적인 지배자 혐오주의는 정신의 영역에 침투해서 가장 정신적인 형식으로 변장함에 이르러서, 오늘날에는 그것은 가장 엄밀한, 외견상 가장 객관적인 과학 속에까지 침입하며, 또한 침입해도 무방할 정도로까지 되었다.

— 니체, 『도덕의 계보』에서

일반적으로 말해서, 형벌은 인간을 비정하게 그리고 냉혹하게 만든다. 형벌은 또한 인간을 자기집중적으로 만든다. 형벌은 소외의 감정을 날카롭게 한다. 형벌은 또한 저항력을 강하게 한다. 형벌이 인간의 활력을 꺾어버리고 비참한 굴종과 자기비하를 초래한다면, 이러한 결과는 분명히 삭막하고 음울한 엄숙함이라는 특징을 지니고 있는 형벌의 통상의 효과보다도 더한층 언짢은 것이다.

— 니체, 『도덕의 계보』에서

밖으로 발산되지 않은 모든 본능은 안으로 향해진다. 이것이 바로 내가 말하는 인간의 '내면화'라는 것이다. 이에 의해서 인간은 비로소 훨씬 후에 '영혼'이라고 불리어지는 것을 개발해 냈다. 원래는 두 개의 얇은 피부막 사이에 펼쳐진 것처럼 빈약했던 저 전체 내면세계는, 인간의 본능이 밖으로의 발산이 저지됨에 따라 더욱더 분화되고 팽창되어 깊이와 넓이와 높이를 얻게 되었다. 낡은 자유의 본능에 대해서 정치조직(국가)이 스스로를 지키기 위해서 구축해 놓은 저 무서운 방벽―형벌도 이러한 방벽 중의 하나이지만―은 거칠고, 자유롭고, 방랑적인 인간의 저 모든 본능이 인간 자신에게로 향하도록 만들었다. 적의, 잔인, 박해, 공격, 변혁과 파괴의 책략, 이 모든 것이 이러한 본능의 소유자 자신에게로 방향을 돌리는 것, 이것이 바로 '양심의 가책'의 기원인 것이다.

― 니체, 『도덕의 계보』에서

나는 '국가'라는 단어를 사용했지만, 그것이 뜻하는 바는 분명하다. 그것은 금발의 야수의 한 무리, 어떤 지배자, 정복자 종족을 일컫는 것으로 이들은 전투적 체제로 편성되어 있고 조직을 지니고 있기 때문에 수적數的으로는 아마도 압도적으로 우세하면서도 아직 형태를 이루지 못하고 유랑하고 있는 주민에게 주저없이 그 무서운 발톱을 들이댔다. 실로 이렇게 해서 국가가 비롯되었던 것이다. 이것으로 국가는 '계약'에 의해서 비롯되었다고 주장하는 저 몽상은 처리되었다고 나는 생각한다. 명령할 수 있는 자, 천성적으로 '지배자'인 자, 행위나 태도에 있어 폭압적인 자―이러한 자에게 계약같은 것이 무슨 뜻이 있단 말인가! 이러한 자와는 아무런 이유도 고려도 구실도 없다. 이들은 번개처럼 거기에 와 있는 것이다. 너무도 무섭고 너무도 갑작스럽고 너무도 압도적이며, 너무도 '다르기' 때문에 미워할 수도 없을 정도다.

— 니체, 『도덕의 계보』에서

  그러면 철학자에게 있어서 금욕주의적 이상이란 무엇을 의미하는가? 나의 대답은—그대들은 오래 전부터 추측할 수 있었을 터이지만, 철학자들은 금욕주의적 이상 속에서 가장 높고 대담한 정신을 추구할 수 있는 최적 상태를 바라보면서 웃음짓는 것이다—그는 '생존'을 부정하지 않는다. 그는 오히려 그 속에서 그의 생존을, 그의 생존만을 확신한다. 그리고 아마도 불경스러운 바램, 즉 "세상은 망하더라도 그의 철학과 철학자인 나는 살아 남으리라!"라는 생각을 품을 정도로 생존을 확신하는 것이다.

— 니체, 『도덕의 계보』에서

  우리는 금욕주의적 성직자를 예정된 구원자, 목자, 그리고 병든 무리의 옹호자로 간주해야만 한다. 그럼으로써만이 우리는 그의 거대한 역사적인 사명을 이해할 수 있다. 고통에 대한 지배가 그의 왕국이며, 그것은 그의 본능이 그에게 지령을 내리는 곳이며, 여기서 그는 그의 특이한 기교, 그의 지배력, 그 나름의 행복을 소유하게 된다. 그는 그 자신이 병들어 있어야만 하고, 병자들과 깊은 관계를 맺어야만 한다. —그렇지 않고서 어찌 그들이 서로가 서로를 이해할 수 있을까?—
  그러나 그는 또한 병든 자들이 신임하면서 두려워할 수 있도록, 그들의 후원자, 저항력, 버팀목, 강제, 임무수행자, 독재자, 신이 될 수 있도록, 그의 완전한 권력의 의지를 지니고 강인하여야 하며, 타인보다도 자기 자신에 대한 지배자가 되어야만 한다. 그는 그의 무리들을 지켜야 한다. —누구에 대항해서인가? 물론 건강한 사람들에 대항해서이며, 또한 건강한 사람들의 질투에 대항해서이다. 그는 틀림없이 모든 무례하고, 격렬하고, 억제할 수 없는, 고된 난폭한 맹수와 같은 건강과 힘에 대한 타고난 적이며 경멸자이다.

— 니체, 『도덕의 계보』에서

성직자는 증오하기보다는 기꺼이 경멸하는 더 더욱 미묘한 동물의 첫 번째 형태이다. 두말할 필요도 없이, 그는 맹수와의 전쟁을 면할 수 없을 것이다. 힘의 싸움이라기보다는 교활한 정신의 싸움을 회피할 수 없다.

— 니체, 『도덕의 계보』에서

허위 그 자체가 신성화되고, 거짓에의 의지가 양심이 될 수 있는 예술이야말로 과학보다 훨씬 근본적으로 금욕주의적 이상과 반대되는 것이다. 이러한 사실은 플라톤에 의해 본능적으로 감지되었는데, 플라톤은 유럽이 낳은 예술의 최대의 적이다. 플라톤 대 호머. 이 관계가 진정하고도 완전한 적대 관계이다. 후자는 삶의 무심한 찬양자이며 황금의 자연이다. 그러므로 예술가가 금욕주의적 이상을 위해 봉사하는 위치에 선다는 것은 예술가의 부패 중에서도 가장 흔한 부패의 하나이다. 그런데 불행히도 이러한 현상은 가장 흔한 부패의 하나이다. 그 이유는 예술가가 가장 부패하기 쉬운 것이기 때문이다.

— 니체, 『도덕의 계보』에서

인간, 이 가장 용감하고 괴로움에 익숙한 동물은 괴로움 자체를 거부하지는 않는다. 아니 괴로움의 의미, 괴로움의 목적이 제시된다면, 인간은 괴로움을 바라고 괴로움을 찾기까지 한다. 괴로움 그 자체가 아니라, 괴로움에 대한 무의미성이 바로 이제까지 인류에 내린 저주였다. —그런데 금욕주의적 이상은 인간에 하나의 의미를 주었던 것이다!

―니체, 『도덕의 계보』에서

 금욕주의적 이상에 의해 방향이 정해진 저 모든 의지가 도대체 무엇을 표현하고 있는가를 은폐할 수 없다. 인간적인 것에 대한 증오, 동물적인 것에 대해서는 더 한층의 증오, 물질적인 것에 대해서는 더 한층의 증오, 이성과 관능에 대한 공포, 행복과 미에 대한 공포, 모든 가상과 변화와, 생성과, 죽음과, 원망과, 욕망 그 자체로부터 도망치려는 願望, 이 모든 것이 의미하는 바는―감히 시도해 본다면―허무에의 의지이며, 삶에 대한 혐오이며, 삶의 가장 근본적인 전제들에 대한 반역이다. 그러나 이것은 하나의 의지이며 의지로서 남아 있다!…… 그래서 처음에 말했던 것을 결론으로 말한다면, 인간은 아무 것도 의지하지 않는 것보다 오히려 허무를 의지한다.

―니체, 『도덕의 계보』에서

서 문

이 『니체』는 니체의 『이 사람을 보라』와 『도덕의 계보』에서 명문장들을 뽑고, 그것과 비판적 대화를 나눈 성찰의 결과이다. 『이 사람을 보라』는 니체의 자전적인 삶의 기록이고, 『도덕의 계보』는 도덕과 형벌의 기원, 그리고 성직자들의 금욕주의를 분석하고 성찰하고 있는 글이라고 할 수가 있다. 니체는 24살 때 스위스 바젤대학교 고전문헌학 교수가 된 것은 물론, 그가 불과 27살 때 출간한 『비극의 탄생』은 전 인류의 심금을 울린 고전이라고 할 수가 있다.

니체의 철학은 비판철학이며, 우리 인간들의 삶의 본능을 옹호하는 디오니소스 철학, 즉, 비극철학이다. 그는 끊임없이 공부하고 산책을 하며 고귀하고 위대한 삶을 살다가 갔으며, 그 결과, 임마뉴엘 칸트에서 그 싹이 튼 비판철학을 완성했다고 할 수가 있다. 이상과 기독교와 형이상학을 파괴하고 모든 가치들을 전복시켰으며, 비극철학자로서 최고급의 월계관을 쓰게 되었던 것이다. 미셸 푸코, 자크 데리다, 들뢰즈, 미셸 세르, 사르트르, 하이데거 등은 니체 철학의 곁가지에 불과하며, 『비극의 탄생』, 『반시대적 고찰』, 『선악을 넘어서』, 『인간적인 너무나 인간적인』, 『즐거운 지식』, 『도덕의 계보』, 『권력에의 의지』, 『반그리스도』, 『서광』, 『니체 대 바그너』, 『짜라투스트라는 이렇게 말했다』, 『우상의 황혼』 등은 현존하는 최고의 책이며, 모든 철학자들의 기원이라고 할 수가 있다.

니체는 낙천주의 사상가의 모태이며, 나의 생명의 기원이기 때문에, 니체에 대한 글을 쓰며 내 인생의 마지막을 장식하고 싶었다. 나는 니체의 대부분의 책들을 나의 자그만 수첩에다가 필사를 했으며, 늘, 함께, 그와 비판적 대화를 나누면서, 그와 함께 살아가는 것을 최고의 행복으로 여기고 있었다.

하지만, 그러나, 나의 경제적 조건은 더 이상 내가 공부를 하고 글을 쓸 수 있는 시간을 허락하지 않았다. 첫 번째는 가난이었고, 두 번째는 나의 악마들, 즉, 나의 처와 자식들 때문이었다. 가난은 나의 존재의 근거를 위협했고, 나의 처와 자식들은 내가 돈벌이에 나서지 않을 수 없도록 나를 위협했다. 그 결과, 『행복의 깊이』 네 권을 출간하고, 플라톤의 '국가론'보다 더 뛰어난 '국가론'을 쓰겠다는 꿈을 포기하고, 돈벌이에 나서지 않을 수가 없었다.

나는 2년 전에 써둔 이 『니체』를 다시 살펴보면서 울고, 또 울었다.

아아, "인간에게 있어서 위대함의 정식은 운명에 대한 사랑이다." (『이 사람을 보라』)

아아, 내가 가장 좋아하고, 가장 잘할 수 있었던 공부여!!

2020년 정월, '애지의 숲'을 거닐면서—.

1부

디오니소스 철학자 • 30
우상파괴 • 33
이상이라고 하는 '거짓' • 34
이 사람을 보라! • 36
하나의 정신은 • 37
최고급의 사상가 • 39
짜라투스트라는 이렇게 말했다 • 40
가장 조용한 말 • 42
무화과 열매 • 43
나는 이제 홀로 가려 한다 • 45
나는 나의 아버지이다 • 49
침묵이란 • 51
한국적 운명론 • 54
최종적인 승리자 • 57
지혜와 용기와 성실 • 60
모든 사상은 낙천주의를 양식화시킨 것이다 • 62
아는 자는 크게 용서하고 • 64
나는 전지전능한 신의 살해자 • 66
영양실조 • 67
책을 읽고 산책하는 사람과 • 69
천재와 천재들이 살았던 장소 • 70
독서 • 72

책을 읽고, 또 읽는다는 것 • 75
신은 인간의 언어 속의 노예 • 78
한국어의 거장 • 79
위대함의 저주 • 80
니체 대 바그너 • 82
낙천주의 사상의 왕국 • 85
리츨 교수 • 87
위대함에 대한 정식 • 89
어떤 사람은 죽어서야 태어나는 것이다 • 91
초인 • 93
내 작품에 익숙하게 되면 • 95
낙천주의자의 세 명제 • 99
순결 • 101
스탕달의 격언 • 103
인간적인 너무나 인간적인 • 105
대학교수 • 106
단명短命이라는 나의 운명 • 108
병 • 110
펜 • 112
사람은 불멸하기 위해서는 • 113
고귀한 인사들 치고 • 115
디오니소스적 • 116

우상의 황혼 · 119
한 민족이 청결하지 못하다면 · 121
최고급의 영광의 월계관 · 123
비판철학의 완성자 · 125
모든 가치의 전환 · 127
선악의 창조자 · 128
전대미문의 가장 무서운 인간 · 130
최초의 비도덕주의자 · 131
선한 자들은 · 133
선인들은 창조의 능력이 없다 · 134

2부

애지공화국 · 136
악의 기원 · 138
선과 악이라는 가치판단 · 140
잠언 · 142
'좋음'이라는 판단은 · 144
언어 자체의 기원 · 146
좋음과 나쁨의 언어학적 기원 · 148
'좋음'이라는 말은 · 150
성직자의 복수정신 · 152
유태인이야말로 · 154
복수와 증오 · 157
나사렛 예수 · 160
귀족도덕과 노예도덕 · 162
원한의 인간 · 163
자기 자신의 적 · 165
귀족의 나쁨과 천민의 나쁨 · 169
강한 것에 대해서 · 172
'로마 대 유태', '유태 대 로마' · 174
유태인의 승리 · 176
건망이라는 것은 · 179
기억 : 모든 역사의 기원 · 182
약속할 수 있는 자들 · 184

기억술보다 · 188
형벌제도와 사상가의 민족 · 191
형벌의 기원 · 195
채권자 만세의 사회 · 199
고급문화 : 잔인성이 정신화되고 신성화되고 · 202
축제와 잔인성 · 204
인간은 약하지만 국가는 강하다 · 205
공동체의 권력 · 209
강자의 이익을 위한 법률 · 213
법률의 제정 · 215
강한 인종의 번영을 위해 · 218
민주적인 특이성과 지배자 혐오주의 · 221
형벌의 의미 · 223
형벌은 인간을 비정하게 · 227
양심의 가책 · 230
양심의 가책의 기원 · 234
양심의 가책의 발명자 · 238
국가 : 전투체제로 편성된 강도집단 · 240
비이기적인 것의 기원 · 242
종족창시자 · 244
원죄, 영원한 벌 · 248
신 스스로 인간의 죄 때문에 · 252

그리스의 신들 · 254
하나의 성전이 세워지기 위해서는 · 257
칸트의 미학과 스탕달의 미학 · 260
미는 행복을 약속한다 · 263
결혼이란 · 266

3부

금욕주의적 이상 • 270
청빈, 겸손, 정숙 • 272
철학자 • 275
모든 예술가들은 • 277
낙천주의 사상 • 279
병은 모든 건강의 아버지 • 282
모든 선한 것들은 • 284
법의 특징은 폭력 • 286
오늘날에는 철학자가… • 288
실증의 유행병 • 294
공포 • 296
병든 자들은 • 298
병든 자들은 결코 • 301
금욕주의적 성직자 • 304
성직자는 증오하기보다는 • 311
고통을 받는 자는 • 314
고통의 완화, 모든 종류의 위로 • 318
그는 선과 악을 초월했다 • 321
그리스도교의 발단 • 323
금욕주의적 성직자는 • 328
우리 선량한 사람들은 • 331
금욕주의적 이상의 승리 • 334

'향상시켰다'라는 말 • 339
금욕주의적 이상 • 344
현대 과학 • 347
아무 것도 진리가 아니다 • 350
플라톤 대 호머 • 352
독서하라! • 356
십자가 : 피가 피를 부르고 • 357
니체의 철학 • 361

Friedrich Nietzsche

1부

디오니소스 철학자

    나는 예컨대 결코 요괴가 아니요, 도덕적 괴물도 아니다. 나는 사실 덕망이 있어 존경받는 사람의 유형과 정반대되는 사람이다. 몰래 말하자면 내게는 이것이 틀림없이 나의 자부심의 일부분이리라. 나는 철학자 디오니소스의 제자이다. 나는 성인이 되느니, 차라리 사티로스(반인반수의 숲의 신. 말의 귀와 꼬리를 가졌고, 술과 여자를 좋아함)가 되겠다.
    — 니체, 『이 사람을 보라』에서

    니체는 디오니소스의 제자로서 요상하고 망령된 귀신(요물)이었으며, 도덕적 괴물이었는지도 모른다. 그는 모든 가치의 파괴자이며, 그 인간 망나니의 삶을 그의 행복으로 삼았던 것이다. 사티로스는 술과 여자를 좋아하는 반인반수의 괴물이었지만, 디오니소스의 스승이었다가 디오니소스의 위대함을 알아보고, 디오니소스의 충복이 된 반인반수의 괴물이었던 것이다.
    모든 가치의 파괴자—이것이 디오니소스의 철학자, 즉, 비극철학자의 운명이다. 그는 새로운 가치의 창조자이며, 모든 인간을 해방하는 구원자이다.

하지만 아폴로 유형의 시인들은 개별화의 원리만을 강조하지, 서정시인들의 주관적 자아를 망각한 황홀한 도취의 세계를 강조하지는 않는다. 또한 그들은 개인적 구원을 위한 소승적인 삶만을 강조하지, 공동체 사회의 일원으로서 인류를 구원할 수 있는 대승적인 삶을 강조하지는 않는다. 니체의 독특한 견해에 따르면, 아폴로 유형의 시인들(서사시인과 조각가들)의 자아는 개별적이고 객관적인 자아에 불과하지만, 디오니소스 유형의 시인들(서정시인들)의 자아는 자아를 망각한 존재의 무근거 상태, 즉 통개인적인 자아를 뜻하게 된다. 그러니까 아폴로 유형의 예술가인 소포클레스는 개별적인 소포클레스에 불과하지만, 디오니소스 유형의 예술가인 아이스퀼로스는 "더 이상 아이스퀼로스가 아니고 세계 예술가이며, 자기의 근원적 고통을 인간 아이스퀼로스로 내세우는 비유 속에서 상징적으로 표현하는 예술가의 겉모습에 불과하다"는 것이 니체의 독특한 견해라고 볼 수가 있는 것이다. 디오니소스 유형의 예술가들은 아폴로 유형의 예술가들—개별화의 원리와 소승적인 삶, 그리고 아름다운 꿈과 가상의 세계를 강조하는—과는 달리, 공동체 사회의 일원으로서 인류를 구원할 수 있는 대승적인 삶을 강조하고, 죄를 짓고 죄악을 정당화할 수 있는 황홀한 도취의 세계를 강조한다. 포도재배의 신이자 축제의 신인 디오니소스는 자기 자신의 한계 상황과 존재론적 모순에 묶여 있는 모든 인간들을 해방시키고, 또한 모든 노예들을 해방시킨다. 그리고 자기 자신은 고통의 화신이 되어 티탄들의 처벌이든, 헤라의 처벌이든 간에, 온몸을 갈기갈기 찢기우는 형벌을 받게 된다. 디오니소스 제전은 해마다 봄날 닷새 동안 열렸는데, 그 기간 동안은 모든 죄인들도 자유의 몸이 되어 그 축제에 참가하였다고 한다. 말하자면 디오니소스 유형의 예술가들은 우리 인간들의 실존적인 삶의 조건들—우연성, 무력성, 결핍성 등—앞에서, 프로메테우스와 외디프스의 길을 자유롭게 선택했던 것이지, 무의미한 염세주의와 소크라테스적 미학주의의 길을 선택했던 것은 아닌 것이다(『행복의 깊이』 제1권).

우상파괴

 우상파괴, 이것이 바로 내 직업의 일부이다. 인간이 허위로 이상세계를 창조한 만큼 꼭 그만큼 인간은 현실세계로부터 현실세계의 가치와 의미와 진실을 잃어버렸다.
 ― 니체, 『이 사람을 보라』에서

인간의 역사는 신의 역사이자 우상의 역사이다.

우상이 파괴되면 새로운 신이 나타나고, 새로운 신이 등극하면 그 신은 이내 우상이 되어버린다.

니체는 그의 분신인 짜라투스트라의 이름으로 이상과 형이상학의 목을 비틀고, 그리고 최종적으로는 예수의 목을 비틀었다.

예수의 사망 이후, 새로운 초인, 즉, 짜라투스트라가 나타난 것이다.

망치의 철학은 삶의 철학이자 행복의 철학이었던 것이다.

이상이라고 하는 '거짓'

　이상이라고 하는 '거짓'은 여태까지 현실에 있어서는 하나의 저주스러운 것이었다. 그것 때문에 인류는 그 자체로서 저 본능 밑바닥까지 거짓말장이가 되고 말았다. 그리하여 인류의 건강, 인류의 장래에 대한 숭고한 '권리'를 보장해 줄 가치의 '반대되는' 가치를 숭배하는 지경에까지 이르렀다.
　― 니체, 『이 사람을 보라』에서

　이상 세계란 가장 완전하고 모든 걱정과 근심이 없는 세계를 말한다. 불교의 극락의 세계가 그렇고, 기독교의 천국의 세계가 그렇다. 극락이나 천국이 없다면 우리 인간들은 이 세상의 삶의 목표가 없어지고, 그만큼 어렵고 힘든 삶을 살아가게 된다. 모든 걱정과 근심이 없는 세계, 즉, 이 극락과 천국에 매달릴수록 모든 사제들이 최고의 인간으로 군림하게 되고, 이 세상의 삶은 더없이 비천하고 하찮게 된다.
　이상이란 하나의 말이며, 상징이며, 허구에 지나지 않는다. 극락도 없고, 천국도 없다. 자유와 평등과 사랑이라는 현대 민주주의의 이념이나 가치관들도 그렇다. 자유는 구속 속에 갇혀 있고, 구속은 자유 속에 갇혀 있다. 평등은 불평등 속에 갇혀 있고, 불평등은 평등 속에 갇혀 있다. 사랑은 미움 속에 갇혀 있고, 미움은 사랑 속에 갇혀 있다. 극락이나 천국이 하나의 말들인 것처럼, 자유와 평등과 사랑도 하나의 말들에 지나지 않는다.

니체의 반이상주의는 이러한 허상에 대한 믿음을 비판한 것이고, 그는 그의 일생내내 형이상학과 기독교의 진리들을 비판했던 것이다. "이상이라고 하는 '거짓'은 여태까지 현실에 있어서는 하나의 저주스러운 것이었다. 그것 때문에 인류는 그 자체로서 저 본능 밑바닥까지 거짓말장이가 되고 말았다." 고통을 긍정하고 고통 속의 삶을 통해서 이 세상의 삶을 찬양하고 긍정하는 것—, 이것이 바로 디오니소스 철학자(비극철학자)로서의 니체의 '초인 사상'이었던 것이다. "인류의 건강, 인류의 장래에 대한 숭고한 '권리'를 보장해 줄 가치"는 현실이며, 인간의 자기 극복의 표상인 짜라투스트라라고 하지 않을 수가 없다.

이 사람을 보라!

나의 저서의 공기를 마실 수 있는 사람은 그것이 높은 산에 있는 공기이며 '강렬한' 공기임을 알고 있다. 독자는 그렇게 되어야 한다. 그렇지 않으면 그 공기에 감기걸릴 염려가 적지 않으리라. 얼음은 가까이에 있고 고독은 처절하다.

— 니체, 『이 사람을 보라』에서

니체는 스위스 바젤대학교 교수시절, 그의 대부분의 저서들을 쓴 바가 있고, 학교 강의가 끝나면 글을 쓰고 산책을 하는 것을 그의 유일한 삶의 즐거움으로 삼았다. 높은 곳은 신성한 곳이며, 그의 저서들이 알프스의 고산영봉처럼 아름답게 펼쳐지게 된다. 이 세상의 만인들의 반대방향에서, 자기 자신만의 사상을 완성하지 않으면 안 되었고, 따라서 그를 유혹하는 그 모든 손짓들을 다 뿌리치고, 부단히 깨어있지 않으면 안 되었다.

이 사람을 보라!
알프스의 고산영봉들이 그 위대함 속으로 파고든다.

하나의 정신은

하나의 정신은 얼마나 많은 진리를 견디어 내는가? 하나의 정신은 얼마나 많은 진리와 과감히 맞부딪칠 수 있는가? 점점 더 그것이 나에게 진정한 가치기준이 되어버렸다.

— 니체, 『이 사람을 보라』에서

우리 한국인들은 오천년 역사의 단군의 자손이며, 개천절을 성탄절(건국기념일)로 기념하고 있었다. 하지만, 그러나 불과 몇 십년만에 우리 한국인들은 예수의 자손이 되어가고 있었고, 예수의 탄생일을 성탄절로 기념하게 되었다. 농경민이 유목민의 신을 받들어 모시고, 자기 자신의 민족 신인 단군의 목을 비틀어 대고 있었던 것이다.

"하나의 정신은 얼마나 많은 진리를 견디어 내는가? 하나의 정신은 얼마나 많은 진리와 과감히 맞부딪칠 수 있는가? 점점 더 그것이 나에게 진정한 가치기준이 되어버렸다."

진리를 살 때는 행복할 수도 있지만, 그러나 그 진리를 견디어 낼 때는 그 진리는 이미 채찍이 되어버린다. 진리를 견딘다는 것, 이민족의 신인 예수가 그 얼토당토 않은 채찍으로 단군을 두들겨 패는 것을 본다는 것, 이 진리를, 이 허위를 견디는 자처럼 더 불행한 자도 있을까?

  영원한 불모지대인 이스라엘을, 열사의 나라에 불과한 이스라엘을 지상낙원으로 떠들어대는 진리를 견뎌야 하는 식민지인들처럼 서럽고 불쌍한 사람들이 이 세상에 과연 더 있는 것일까?

최고급의 사상가

 지식을 얻는다는 것, 지식을 넓힌다는 것, 이 모든 것이 용기로부터, 극기克己로부터, 자신에 대한 결백으로부터 나오는 것이다.
 ― 니체, 『이 사람을 보라』에서

 북한은 남한보다 3~4십 배나 못사는 최빈국 중의 하나이며 외부의 원조 없이는 단 한 달도 전쟁을 수행할 수 없다. 오늘날 대북관계는 천하장사 강호동이 유치원생이 무섭다고 깡패(미국)에게 도와달라고 떼를 쓰는 것과도 같다. 이민족의 노예의 운명이다.
 미국을 비롯한 외세를 밀어내고 남북통일을 한다는 것은 대한민국의 미래의 운명을 걸만큼 용기가 필요한 것이다.
 최고급의 백만 두뇌, 그 어떠한 외부의 적도 두려워하지 않는 최고급의 사상가가 필요하다.

짜라투스트라는 이렇게 말했다

　나의 작품 중에『짜라투스트라는 이렇게 말했다』는 나에게 있어서 특별한 의미가 있다. 그것으로 나는 인류에게 역사상 가장 위대한 선물을 안겨다 준 것이다. 앞으로 수백 년 동안 퍼져나갈 목소리를 가진 이 책은 현존하는 최고의 책이며 그것은 바로 저 높은 산의 공기이며 인간에 대한 모든 사실이 고산의 저 아득한 밑바닥에 놓여져 있다. 그것은 또한 가장 심오하고 진리의 가장 깊숙한 보고에서 탄생하였고 아무리 퍼내도 마르지 않는 샘이며, 그 샘에 두레박을 내리면 황금과 선이 가득 담겨져 올라오지 않을 수 없을 것이다. 이 책에는 어떠한 예언자도 없으며, 종교의 창시자라고 불리는 질병과 권력에 대한 욕구, 이 양자가 합쳐진 소름끼치는 혼혈아도 없다. 이 책에 담긴 지혜의 뜻을 왜곡하지 않으려면 무엇보다 이 입에서 흘러나오는 고요한 가락을 똑똑히 들어 보아야 한다.
　— 니체,『이 사람을 보라』에서

　『짜라투스트라는 이렇게 말했다』는 초인 사상의 경전이며, "나는 너희에게 초인超人을 가르친다. 인간은 초극되어야만 할 그 무엇이다"라는 가르침이 그 주제로 되어 있다. 이 세상에서 가장 무거운 짐을 짊어질 수 있는 낙타의 정신과 천하무적의 용기의 화신인 사자의 정신과, 그리고 새로운 미래의 주인공인 어린 아이의 탄생이 그 역사 철학적인 과정—초인 탄생의 과정—으로 설정되어 있는 것이다. 우리 인간들은 모두가 다같이 낙타에게서는 인내를, 사자에게서는 용기를 배우고, 그리하여, 마침내 새시대의 새로운 주인공이 되지 않으면 안 된다. 『짜라투스트라는 이렇게 말했다』는 그 모든 문장들이 잠언이고 시구이며, 신의 죽음 이후, 우리 인간들의 삶을 찬양하고 옹호하는 대서사시집이라고 하지 않을 수가 없다.

니체는 "인류의 역사상 가장 위대한 선물을 안겨다 준 것이다. 앞으로 수백 년 동안 퍼져나갈 목소리를 가진 이 책은 현존하는 최고의 책이며 그것은 바로 저 높은 산의 공기이며 인간에 대한 모든 사실이 고산의 저 아득한 밑바닥에 놓여져 있다. 그것은 또한 가장 심오하고 진리의 가장 깊숙한 보고에서 탄생하였고 아무리 퍼내도 마르지 않는 샘이며, 그 샘에 두레박을 내리면 황금과 선이 가득 담겨져 올라오지 않을 수 없을 것이다."

짜라투스트라는 예언자이며, 종교창시자이고(니체는 능청스럽게 이것을 부인하고 있지만), 그 진리의 샘물로 모든 지식인들을 다 먹여 살리고 있는 것이다.

육체는 앎을 통해 스스로를 정화한다. 앎을 시도하면서 육체는 스스로를 높이 끌어올린다. 인식하는 자에겐 모든 충동이 신성한 것이 되고, 높이 끌어올려진 자에겐 영혼은 즐거운 것이 된다.(『짜라투스트라는 이렇게 말했다』)

가장 조용한 말

폭풍을 일으킬 수 있는 것은 바로 가장 조용한 말이다. 비둘기의 발로 오는 사고만이 세계를 이끈다.
— 니체, 『이 사람을 보라』에서

로마 교황청의 횡포가 극에 달했을 때 마르틴 루터의 종교개혁의 싹이 움텄고, 부르봉 왕조의 부패가 극에 달했을 때 프랑스 혁명의 싹이 움텄고, 유신독재의 횡포가 극에 달했을 때 박정희의 총살형은 예고되어 있었다. 모든 암살자와 혁명가는 가장 조용한 말과 침묵을 사랑하고, 그 비둘기의 발걸음으로 대폭발을 불러일으킨다.

알렉산더 대왕은 '나는 승리를 훔치지 않는다'라고 말한 바가 있지만, 그러나 모든 전쟁은 알프스를 넘어간 나폴레옹처럼 그 기습작전을 펼치게 된다. 모든 암살은, 모든 혁명은 그 어떤 선전포고도 없이 쥐도 새도 모르게 일어난다.

모든 앎(지혜)은 화약이 되고, 모든 학습과정은 그 뇌관을 심는 과정이 되고, 그 앎의 실천은 최고급의 인식의 혁명이 된다.

무화과 열매

무화과 열매가 나무에서 떨어지고 있다. 그 열매의 달콤함, 그리고 향기로움이란! 그 열매가 떨어지면 붉은 껍질은 터진다.

나는 무르익은 무화과 열매를 떨어뜨리는 북풍일지니.

그러하니 무화과 열매처럼, 나의 가르침이 너희들에게 떨어지리라.

나의 벗이여, 그것의 즙과 그것의 향기로운 살을 먹어 보아라. 맑은 하늘 어느 오후에, 그것이 우리 곁에 떨어지고 있다.

— 니체, 『이 사람을 보라』에서

무화과는 뽕나무과에 속하며, 지중해 동부지역이 원산지이고, 이 세상에서 가장 오래된 작물 중의 하나라고 한다. 『동의보감』에 의하면, "무화과의 맛은 달고 음식을 잘 먹게 하며, 설사를 멎게 한다"라고 그 효능을 설명하고 있으며, 실제로 무화과 열매는 소화불량, 식욕부진, 인후통, 노인성 변비, 장염, 이질, 치질에 그 효과가 좋다고 한다.

나는 그러나 무화과 열매를 그렇게 좋아하지 않으며, 이 암수 한 몸인 무화과 나무를 매우 이상하고 신기하게만 생각하고 있다. 어쩌다가 꽃없이 열매를 맺고, 한 마리의 벌과 나비도 찾아오지 않는 나무가 되었을까?

  하지만, 그러나 니체는 무화과 열매를 최고급의 과일로 극찬을 하고 있으며, "그것의 즙과 그것의 향기로운 살을 먹어"보라고 권하고 있는 것이다. 무화과 나무는 니체가 되고, 니체의 저서들은 무화과 나무의 열매가 된다.

  이 문장은 『짜라투스트라는 이렇게 말했다』의 한 대목이며, 참으로 아름다운 한 편의 시라고 하지 않을 수가 없다.

나는 이제 홀로 가려 한다

 나는 이제 홀로 가려 한다. 나의 제자들이여, 이제는 너희들도 홀로 가거라. 그것이 내가 바라는 바이니.

 나를 떠나가거라! 그리고는 짜라투스트라를 거부하라. 아니 차라리 더 좋은 것은 그를 부끄러워하라. 그는 너희를 속였을 테니.

 너희가 진정코 지식을 가졌다면 자기의 적을 사랑할 줄 알아야 한다. 또 자기의 친구를 미워할 줄 알아야 한다.

 너희가 언제나 제자인 채로 있다면 너희는 스승의 은혜를 저버리는 것이다. 너희들은 나의 월계관을 빼앗고 싶지 않으냐?

 너희들은 나를 공경한다. 그러나 어느 날 너희들의 공경심이 무너진다면 어찌하겠는가? 조심하라, 넘어지는 조상彫像에 깔려 목숨을 잃을 염려가 있느니.

 너희는 짜라투스트라를 믿는다고 말하느냐? 그러나 짜라투스트라가 무슨 소용이 있는가! 너희는 나의 신자이다. 그러나 신자가 되어본들 무슨 소용이 있는가!

 너희는 아직 너희 자신을 찾지 못하였을 때 나를 발견하였다. 그리고는 나를 믿는 모든 신자가 그렇게 되었다. 그러므로 모든 믿음이라는 것은 공허한 것이다.

이제 나는 너희에게 명한다. 나를 잃어버리고 너 스스로를 찾으라. 너희가 나를 완전히 부정하였을 때 나는 너희에게 다시 돌아가리니.
— 니체, 『이 사람을 보라』에서

모든 소피스트들은 자기 스스로를 지혜로운 사람이라고 자칭했으며, 고대 그리스에서 지식을 팔아서 밥을 먹고 살아갔던 직업교사단들을 말한다. 소피스트는 오늘날의 대학교수와 변호사와도 같은 사람들을 말하고, 그들은 인간들이 사회에서 성공하는 방법과 논리적으로 말하는 방법과 웅변술과 변론술 등을 가르쳤다고 한다. 소피스트들은 정치, 철학, 법학, 문학, 예술의 발전에 상당한 기여를 했으며, 그들에 의하여 '자연의 철학'에서 '인간의 철학'의 싹이 움텄다고 해도 과언이 아니다. '우주란 무엇인가?', '세계란 무엇인가?'라는 철학적 화두로부터 '인간이란 무엇인가?'라는 철학적 화두로 옮겨간 것이 바로 그것이라고 할 수가 있다.

프로타고라스(기원전 485년-기원전 415년)는 고대 그리스 사회에서 가장 유명한 소피스트 중의 한 명이었으며, '사람이 만물의 척도이다'라는 명언을 남긴 바가 있다. 인간은 저마다의 성격과 취향이 다르고, 그가 살아온 전통과 역사와 풍습이 다르기 때문에, 동일한 사건과 동일한 현상마저도 저마다 다르게 보는 관점을 지녔고, 이것이 상대성 이론의 전거가 되어주고 있는 것이다.

돈을 받고 제자들을 가르친 원죄 때문일 수도 있지만, 프로타고라스와 그의 제자인 에우틀루스는 그 수업료를 둘러싸고 그야말로 볼 썽 사나운 소송전쟁을 벌인 적이 있었다. 에우틀루스는 몹시 가난했고, 그 당시 최고로 비싼 수업료를 한꺼번에 다 낼 수가 없었다고 한다. 에우틀루스의 딱한 처지와 그의 총명함을 알아차린 프로타고라스는 우선은 반값만을 받고, 나머지 반은 그가 첫 재판에서 승소를 하면 받기로 했다고 한다. 프로타고라스는 그의 제자인 에우틀루스에게 온갖 정성을 다하여 그의 지식을 가르쳐주었지만, 그러나 그는 이미 충분한 실력을 갖추고 있었으면서도 첫 재판에서 제대로 변론을 하지 않아 패소를 하고 말았다고 한다. 이에, 화가 머리끝까지 치밀어 오른 프로타고라스는 "만약 네가 이 재판에서 진다면 나머지 수업료를 내게 주어야 할 것이고, 만약 네가 이긴다고 해도 그것은 내가 너를 제대로 가르쳤다는 것을 증명하는 것이기 때문에 나머지 수업료를 지불해야 한다"고 그의 제자에게 선전포고를 했던 것이다.

하지만, 그러나 에우틀루스 역시도 그 스승만큼 아주 뛰어났고, 이미 그 스승을 뛰어넘고 있었던 것이다.

"선생님, 제가 이 재판에서 진다면 아직 충분히 배운 것이 아니기 때문에 나머지 수업료를 낼 필요가 없으며, 제가 이 재판에서 이긴다면 굳이 수업료를 낼 필요가 없는 것입니다."

참으로 아름답고 화려한 변론술의 극치이며, 사제지간의 불미스러운 소송전쟁마저도 세계적인 명장면으로 연출해낸 대사건이라고 하지 않을 수가 없다.

훌륭한 스승 밑에서 훌륭한 제자가 나오고, 이 고귀하고 위대한 사제의 관계에서 인류의 역사는 진보를 거듭하게 된다. 천재만이 큰소리로 말할 수가 있고, 천재만이 큰소리를 웃을 수가 있고, 천재만이 '사람이 만물의 척도이다'라고 새역사를 쓸 수가 있다.

짜라투스트라는 짜라투스트라일 뿐, 짜라투스트라를 신봉해 보아야 아무런 소용이 없다. 짜라투스트라가 그의 스승을 살해했듯이, 그의 제자들도 짜라투스트라를 살해하지 않으면 안 된다.

짜라투스트라의 거짓말과 사기와 온갖 권모술수를 다 밝히고, 그 인식의 힘으로 짜라투스트라의 동상과 그 신전을 허물어버리지 않으면 안 된다. 스승의 살해는 스승의 은혜에 값하는 것이 되고, 스승에 대한 숭배는 스승의 은혜에 더 큰 빚을 지게 되는 것이다.

"이제 나는 너희에게 명한다. 나를 잃어버리고 너 스스로를 찾으라, 너희가 나를 완전히 부정하였을 때 나는 너희에게 다시 돌아가리니."

나는 나의 아버지이다

나는 나의 아버지이다. 나는 그가 요절한 후에도 계속 그의 나머지 인생을 살고 있는 것이다.

— 니체, 『이 사람을 보라』에서

우리 한국인들도 소크라테스, 칸트, 마르크스 같은 세계적인 사상가가 될 수 있고, 미국과 일본과 중국도 식민지배할 수 있다. 하루바삐 철학을 토대로 독서중심의 글쓰기교육을 하는 수밖에 없다.

문화선진국에서는 어떤 정치인도, 어떤 단체장도 명예에 살고 명예에 죽는다. 오직 국가와 민족과 그 단체를 위한 희생과 나라사랑만이 있을 뿐.

독서를 하면 애국심은 저절로 생겨난다.

2017년 1월 4일 오후, 문경새재의 아름다운 길을 산책하면서, 내 나이 70 이전에 이 세상의 숙제를 끝내고, 하늘나라로 돌아가야겠다는 생각을 해보았다.

아름답고 행복하게, 만인들이 아쉬워할 때, 내 스스로 존엄사를 택하고 싶은 것이다.

나는 나의 아버지이다. 내가 하늘나라로 돌아간다고 해도 나는 나의 아버지이다.

침묵이란

 침묵이란 하나의 무언의 항변이다. 입 밖으로 나오는 것을 삼켜버리는 것은 필연적으로 성격을 망쳐버리게 된다.
 침묵으로 일관하는 자는 소화불량증 환자이다. 그래서 나는 거칠다는 것을 과소평가하고 싶지 않다. 그것은 하나의 가장 '인간적' 항변의 형태이며, 오늘날 나약화되는 시대에 최고의 덕목의 하나이다.
— 니체, 『이 사람을 보라』에서

우리는 왜 말을 하지 않는 것일까? 말을 하지 않는 것, 즉, 침묵에는 여러 가지 유형과 그 이유가 있을 것이다. 조용히 사색하고 싶어서 그 어느 누구와도 말을 하지 않을 때도 있고, 매우 곤혹스럽고 난처한 질문 앞에서 다만 묵묵히 그 말들을 듣고만 있을 때도 있다. 도덕적으로나 법적으로 정당하지 못한 인간들처럼 양심의 가책 때문에 말을 하지 않을 때도 있고, 아버지나 스승의 권위와 그 강요된 명령 앞에서 무언의 항변처럼 말을 하지 않을 때도 있다. 맞선을 보거나 절간에 간 새색시처럼 자기 자신의 교양과 그 얌전함을 가장하느라고 말을 하지 않을 때도 있고, 말주변이 없거나 천성적으로 수줍어 하는 인간으로서 말을 하지 않을 때도 있다.

침묵도 말이며, 그 무언의 말이 더 큰 역사 철학적인 의미를 갖고 있을 때도 있다. 종교재판소 앞에서 '그래도 지구는 돈다'라고 외칠 수밖에 없었던 무언의 말, '임금님의 귀는 당나귀 귀'라고 외치고 싶었던 어느 이발사의 무언의 말, 여필종부와 일부종사의 사슬 앞에서도 남녀평등을 외치고 싶었던 말, 군부독재의 심장에 가장 날카롭고 예리한 비수를 들이대며 하고 싶었던 말, '돈만 내시오, 면죄부는 여기 있습니다'라고 로마 교황의 얼굴을 갈겨주고 싶었던 말, 낮에는 도덕군자의 탈을 쓰고 밤에는 도둑놈이 되는 정치인들의 위선을 찢어죽이고 싶었던 말, '노동운동에는 법대로를 외치고 자본가의 잘못에는 사회적 공헌'을 외치던 재판관의 얼굴에 침을 뱉어주고 싶었던 말들이 바로 그것을 증명해준다.

길이 아니면 가지를 말고, 불의를 보면 참지 말라는 경전의 가르침이 있다.

하지만, 그러나 정의의 길은 순리를 거역하는 길처럼 어렵기만 하고, 불의의 길은 순풍에 돛단 배처럼 쉽기만 하다. 정의는 힘이 약하고, 불의는 그 힘이 너무나도 강하다. 침묵이 무언의 항변이 될 때는 정의로운 자가 힘이 약할 때이고, 그 불의의 힘 앞에서 굴욕을 느낄 때이다. 굴욕의 길은 쓰디 쓰고, 그 모든 밥맛이 다 떨어져 나간다. 침묵으로 일관하는 자는 소화불량증 환자이고, 그는 사회적 부적응자가 되어서 오래 살지 못한다.

목에 칼이 들어와도 하고 싶은 말을 하는 자, 자기 스스로 화염의 불길 속이나 단두대로 걸어가면서도 하고 싶은 말을 하는 자는 온

몸으로, 생리적으로 부들부들 떨고, 그 두려움과 공포를 감추기 위하여 더 큰 목소리로 말을 할 수밖에 없다. 거칠다는 것은 용기를 가졌다는 것이고, 용기를 가졌다는 것은 자기 자신의 목숨을 걸었다는 것이다.

신은 죽었다. 나는 너희에게 초인超人을 가르친다. 인간은 초극되어야만 할 그 무엇이다.

거칠다는 것은 "가장 인간적인 항변의 형태이며, 오늘날 나약화되는 시대에 최고의 덕목의 하나이다."

한국적 운명론

추억은 고름 낀 상처로 점철되게 된다. 병이란 그 자체로 일종의 '원한 감정'이다.

이 모든 것에 대해 병자는 오로지 하나의 위대한 치료책을 갖고 있을 뿐이다. 나는 그것을 '러시아적 운명론'이라고 부른다. 그것은 그칠 줄 모르는 강행군, 그 행군 속에서 급기야 눈 속에 쓰러지고 마는 러시아 군인에 의해 예증되는 무저항의 운명론이다.

— 니체, 『이 사람을 보라』에서

이 세상에서 가장 불쌍한 사람은 나라를 빼앗긴 사람이며, 그 사람은 어떠한 사회적인 안전망도 갖고 있지 못한 사람을 말한다. 사나운 추위와 비바람을 막아줄 집도 없고, 자기 자신은 물론, 그의 가족과 이웃들을 위한 땅 한 평도 없다. 풀뿌리를 캐어먹거나 나무껍질을 벗겨서 허기를 달랠 수도 있고, 이 마을에서 저 마을로 깡통을 차고 밥을 얻어 먹으러 다닐 수도 있다. 다리 밑이나 다 쓰러져가는 폐가에서 잠을 잘 수도 있고, 겨울에 얼어죽거나 무서운 전염병에 걸려서 죽을 수도 있다. 나이 어린 여자애들은 침략자의 성적 노리개가 될 수도 있고, 힘 깨나 쓰는 젊은이들은 이민족의 총알받이가 되어 머나먼 이웃나라의 전쟁터로 끌려갈 수도 있다. 자유와 평등과 사랑이라는 말조차도 공허한 사치가 되고, 조국과 평화와 행복이란 말조차도 전혀 터무니 없고 허무맹랑한 말이 될 수도 있다. 산다는 것 자체가 치욕이 되고, 오히려, 거꾸로 어서 빨리 죽는 것이 더 복된 삶일 수도 있다.

일제 식민시절, 그 치욕적인 삶을 살 수밖에 없었던 우리 한국인들의 삶이 바로 나라 잃은 사람의 그것을 증명해준다. 한이 쌓이고, 그 원한의 감정이 아직도 골수에 사무쳐 있다. 식민시절의 추억은 상처가 되고, 그 상처에서는 아직도 시뻘건 피고름이 솟아나온다. 만일, 그렇다면 우리 한국인들은 이 원한의 감정을 치유하기 위하여 8·15 해방이후, 지난 70여 년 동안 그 무엇을 해왔단 말인가?

잃어버린 70여 년, 우리 한국인들은 지난 70여 년 동안 이 원한의 감정을 치유하기 위하여 스스로 해낸 일이 아무 것도 없다. 이빨이 없는 독설이 물어뜯지 못하듯이, 우리 한국인들은 아직도 모든 면에서 일본인들과 경쟁조차도 할 수가 없다. 독립기념관, 위안부 소녀상, 식민시대에 대한 사과와 반성 요청, "노여움, 병적인 예민성, 복수에 대한 강렬하지만 무력한 욕구", 일본이라면 무조건 물어뜯고 보는 험담으로는 일본을 이길 수가 없고, 오직 그 원한감정으로 인하여, 우리 한국인들만이 다치고 있을 뿐이다. 우리 한국인들의 원한감정은 불치의 병일 뿐이고, '한국적 운명론'이 되고 있는 것이다. 원한의 감정을 짊어지고 원한의 감정을 향하여 전진, 또, 전진—, 따라서 우리 한국인들의 추억과 역사, 그리고 삶 자체가 고름

낀 상처로 얼룩져 있는 것이다. 이제는 어느덧 일본인을 미워하거나 욕할 자격조차도 그 허송세월과 함께 잃어버린 것이다.

원한의 감정으로는 우리 한국인들만이 다칠 뿐, 그 어떤 일본인도 이길 수가 없다. 일본과의 새로운 미래를 위하여, 우리 한국인들의 미래의 영광을 위하여, 더 이상 일본인들을 망신 주기 위한 '위안부 소녀상'은 즉시 철거하지 않으면 안 된다.

일본인과 미국인보다 더 열심히 공부하고, 더 성실하게 살면 된다. 일본인과 미국인보다 더 높은 도덕적 실천을 하고, 언제, 어느 때나 모든 세계인들이 부러워하는 고급문화인이 되면 된다.

우리 한국인들의 고귀함과 위대함 앞에서 일본인도, 미국인도 스스로 자발적으로 무릎을 꿇게 할 수가 있다.

최종적인 승리자

나는 선천적으로 호전적好戰的이다. 싸움을 건다는 것은 나의 본능의 하나이다. 적이 될 수 있다는 것, 적이라는 것, 그것은 아마 천성이 강하다는 것을 시사해주며, 또 어떤 경우에도 모든 강한 천성에만 있을 수 있는 것이다.

— 니체, 『이 사람을 보라』에서

싸움은 삶의 본능이고, 모든 스포츠와 놀이마저도 싸움으로 되어 있다고 할 수가 있다. 학교도, 회사도, 정당도 싸움의 장소이며, 심지어는 친목단체와 장례식장과 국립묘지도 싸움의 장소에 지나지 않는다. 자기 자신의 발언권을 강화하고 가장 좋은 자리를 잡는 것, 최소한의 노력으로 최대한의 이익을 뽑아내고 만인들의 존경과 찬양을 받는 것, 언제, 어느 때나 돈과 명예와 권력을 좋아하면서도 그 모든 욕망을 다 비운 성자처럼 자기 자신을 포장하는 것—, 이 모든 것이 우리 인간들의 궁극적인 목표이자 그 모든 것이라고 할 수가 있다. 싸우지 않는다는 것은 삶을 포기하는 것과도 같고, 싸운다는 것은 잘 살고 있다는 것과도 같다.

아버지가 모든 좋은 음식을 다 먹으면 아들이 싫어하고, 날이면 날마다 놀고 먹으면서도 돈을 달라고 하면 아버지가 싫어한다. 언제, 어느 때나 엄마로서의 미모와 그 인자함만을 자랑하면 딸이 싫어하고, 소위 그토록 아름답고 예쁜 딸이 사시사철 바람기를 잠 재우지 못하고 싸돌아다니면 엄마가 싫어한다. 어떤 인간의 초고속 승진과 그토록 엄청난 부의 축적을 마냥 좋아만 할 친구도 없고, 더없이 부끄럽고 치욕적인 박근혜 대통령의 탄핵사건마저도 그녀의 동생인 박지만에게는 더없이 고소하고 기쁜 일일 수도 있다. 싸움은 축구장에서도 일어나고, 싸움은 가족의 밥상머리에서도 일어난다. 싸움은 장기자랑 시간에도 일어나고, 싸움은 코미디 극장에서도 일어난다. 싸움은 신성한 예배당에서도 일어나고, 싸움은 단체여행 중일 때도 일어난다. 싸움은 일이 되고, 싸움은 돈이 된다. 싸움은 사랑이 되고, 싸움은 아이가 된다. 싸움의 가장 멋진 쾌감은 황홀함이며, 그 황홀함의 중독성은 남녀의 성교와도 같다. 우리는 싸움 속에서 태어나고 우리는 싸움 속에서 자라난다. 우리는 싸움 속에서 일을 하고, 우리는 싸움 속에서 죽어간다. 싸움은 삶의 본능이며, 모든 역사발전의 원동력이라고 하지 않을 수가 없다.

하지만, 그러나 이 전면적인 싸움들이 그토록 잔인하고 처절한 피비린내로만 끝나지 않는 것은 헤라클레이토스의 말대로, '투쟁 속의 조화'를 이루고 있기 때문이다. 투쟁 속의 조화는 자연의 법칙이며, 그 어떤 인간도, 그 어떤 사물도 이 자연의 법칙을 거스를 수는 없다. 밤 하늘의 별들이 그토록 아름답고 찬란하기는 하지만, 그러나 그 별들간의 인력의 싸움도 대폭발이 일어날 만큼 치열하고, 사시사철 늘 푸른 소나무들마저도 그 나무와 나무들간의 싸움으로 바람 잘 날이 없다. 낮과 밤의 싸움도 마찬가지이고, 물과 불의 싸움도 마찬가지이다. 선과 악, 진실과 허위, 남과 여, 물과 기름, 전쟁과 평화, 여름과 겨울 등—이 모든 것들의 관계도 싸움이며, 이 싸움들이 최종적인 파국으로 끝나지 않는 것은 '투쟁 속의 조화'라는 '게임의 룰'(자연의 법칙)이 있기 때문이다.

"나는 선천적으로 호전적好戰的이다. 싸움을 건다는 것은 나의 본능의 하나이다."

늘, 항상 최종적인 승리자는 호전적인 자이고, 이 호전적인 자만이 그 왕관을 머리 위에 쓸 수가 있다. 그 왕관의 명칭이 황제의 그것이든, 대사상가의 그것이든, 대서사시인의 그것이든지 간에, 아무튼 그 모든 왕관은 피비린내 나는 잔혹극의 승자만이 쓸 수가 있는 것이다.

나 역시도 선천적으로 호전적이다. 미국의 제국주의를 베어버린다는 것, 일본의 제국주의를 베어버린다는 것, 니체를, 쇼펜하우어를, 칸트를, 부처를, 예수를 베어버린다는 것만큼 더 기쁘고 신나는 삶의 기쁨도 없다.

'세계는 나의 범죄의 표상이다, 고로 나는 행복하다.'

지혜와 용기와 성실

나에 관한 한 지극한 결벽성, 이거야말로 나의 생존의 전제조건이다. 나는 불결한 조건에서는 죽고 만다.
― 니체, 『이 사람을 보라』에서

내가 가장 좋아하는 말들은 지혜와 용기와 성실이다. 이 지혜와 용기와 성실은 천하무적의 공격무기이기는 하지만, 그러나 나의 이 공격무기는 정공법正攻法을 사랑하지 않는 우리 한국인들에게는 그 어떠한 사용가치도 없게 된다.

우리 한국인들의 미래의 목표는 사대주의事大主義이다.

미국이 우리를 먹여주고, 입혀주고, 미국이 그 수호천사의 손길을 거두면 우리 한국인들의 삶은 끝장이 난다.

미국의 이익은 미국의 이익이고, 한국의 이익은 미국의 이익이다. 우리는 '우리 머리에 피도 안 마른 한국인놈들'의 간도 쓸개도 다 빼다주고 충성을 맹세하지 않으면 안 된다.

우리 한국인들의 밥상은 뇌물밥상이다. 거짓말로 씨뿌리고, 거짓말로 가꾸어서, 거짓말로 열매를 맺는 뇌물밥상―, 열명이 먹다가, 아니 오천만이 먹다가 오천만이 다 죽어도 아무도 모를 뇌물밥상―. 이 뇌물밥상의 달인들이 이승만, 박정희, 전두환, 노태우, 김영삼, 김대중, 노무현, 이명박, 박근혜, 유병언, 조희팔, 최순실, 그리고 우리 학자들과 우리 법조인들이라고 하지 않을 수가 없다.

우리 한국인들의 사대주의事大主義의 근본토대는 부정부패이다. 훌륭하고 똑똑한 사람은 모조리 다 몰살시키는 부정부패, 우리의 아이들을 학원지옥과 입시지옥에서 더 이상 빠져나오지 못하도록 모조리 다 몰살시키는 부정부패, 진리는 없고 허위만이 무성하게 자라나는 부정부패―,

나의 지혜와 용기와 성실은 이 병든 똥개만도 못한 사대주의事大主義 속에서는 더 이상 살 수가 없다.

나는 이 불결한 조건 속에서는 죽고 만다.

모든 사상은 낙천주의를 양식화시킨 것이다

나의 인간애人間愛는 끊임없는 자기 극복이다. 그러나 나는 '고독'을 필요로 한다. —말하자면 복귀, 나 자신에로의 복귀, 자유롭고 가벼웁고 쾌활한 공기 속에서 마음껏 숨쉬는 것, 바로 이것을 필요로 한다.

— 니체, 『이 사람을 보라』에서

'지혜사랑'을 통하여 우리 한국인들의 백만 두뇌를 양성하고, 우리 한국인들을 '사상가와 예술가의 민족', 즉, '고급문화인'으로 육성하겠다는 나의 꿈은 2,000년 후에도, 3,000년 후에도 영원히 이루어지지 않을 것이다.

주입식 암기교육을 철폐하고 독서중심의 글쓰기 교육을 하는 것, 모든 사상가들의 글을 다 읽고 그 독서의 힘으로 세계적인 사상가들을 배출해내겠다는 나의—전인류의 희망과 영광을 창출해낼—꿈은 어느 술주정뱅이의 잠꼬대에 지나지 않는 것인지도 모른다.

나에게는 고독이 아닌, 영원한 추락과 그 추락 속의 고통이 필요했다. 한국문단에서도, 한국학계에서도 영원한 생매장을 당했고, 한국의 언론계에서도 한국의 출판계에서도 영원한 생매장을 당했다. 나는 현재 상갓집 개만도 못한 인간이며, 그 모든 친구들과 형제들과 하급관리들에게서조차도 마치 최하천민과도 같은 조롱거리에 지나지 않는다.

하지만, 그러나 나는 이 '영원한 추락의 기쁨'을 맛보았고, 이 추락 속의 고통이 나의 삶의 텃밭이라는 것을 깨닫게 되었다. 아는 것은 좋아하는 것만 못하고, 좋아하는 것은 즐기는 것만 못하다(공자). 나는 언제나 나 자신일 수밖에 없었으며, '신의 권위도 인정하지 않겠다'는 오만방자함으로 '사색인의 십계명'을 창출해냈다. 나는 나의 고통을 즐겼으며, 그 고통으로 책을 읽고, 그 고통으로 산책을 하며, 그 고통으로 글을 썼다.

오오, 『행복의 깊이』여,

오오, 『행복의 깊이』여,

염세주의와 회의주의와 냉소주의마저도 나의 사상 속으로 끌어들이고, '모든 사상은 낙천주의를 양식화시킨 것이다'라고 그 개선 나팔을 불어댈 수 있었던 기쁨은, 오직 나 자신을 위한 자기 극복의 결과이기도 했던 것이다.

영원한 추락만이 멋진 신세계가 되고, 그 생사의 운명이 걸린 혈투만이 그 고통의 열매를 수확하게 된다.

고통이 씨 뿌려지고, 고통이 자라나고, 고통의 열매가 달린다.

고통이 가벼워지고, 고통이 그 웅장한 날개를 펼치게 된다.

나는 낙천주의 창시자로서 이렇게 말한다.

'너는 왜, 무엇을 두려워하고 있는가? 영원한 추락만이 네 자신의 길인 것을……'

아는 자는 크게 용서하고

　미래라는 나무 위에 우리의 둥지를 튼다. 우리의 고독 속에다 독수리들은 우리에게 그들의 부리로 먹이를 날라다 줄 것이다.
　— 니체, 『이 사람을 보라』에서

　국제원조에 해마다 10조 원을 쓰는 국가와 1억 원을 쓰는 국가가 싸우면 과연 어느 국가가 이기게 될까? 그것은 두말할 것도 없이 10조원을 쓰는 국가가 백전백승을 하게 될 것이다.
　앎의 투쟁, 즉, 최고급의 인식의 전쟁도 마찬가지이다. 가장 많이 아는 자, 즉, 최고급의 사상을 정립한 사람이 백전백승을 하게 된다. 지난 1,000년 동안 수많은 사상가들 중에서 마르크스가 최종적인 승리를 거둔 것은 모든 인간들로 하여금 공산주의 사상 앞에서, 스스로, 자발적으로 무릎을 꿇고 경의를 표하지 않을 수 없게끔 만들었기 때문이다.
　내가 만일, 한국의 대통령이었다면 지난 식민시대의 모든 잘못들을 다 용서해주고, 일본의 평화헌법개정과 유엔안보리 상임이사국의 진출을 그 무엇보다도 가장 먼저 도와주었을 것이다. 과거는 다만 역사적 과거일 뿐, 그 어떤 새로운 미래의 현실이 될 수가 없다.

일본의 가장 큰 잘못을 용서해주고, 일본의 가장 소중한 문제들을 그 무엇보다도 앞장 서서 해결해주고, 그 대신에, 일본보다도 더 높은 도덕성과 그 앎(지혜)의 실천으로 전세계인들의 존경을 받을 수 있는 우리 한국인들, 즉, '고급문화인'을 육성해낼 수도 있었을 것이다.

나는 이것을 나의 '사색인의 십계명', 즉, 『행복의 깊이』 제4권, 제5장에서 '대덕大德의 사상'과 '신외교예법新外交禮法'으로 역설한 바가 있다. 아는 자는 크게 용서하고, 아는 자는 크게 끌어안는다. 아는 자는 단군을 부처와 예수보다도 더 고귀하고 위대한 신으로 창출해낼 수도 있고, 아는 자는 일본인도, 미국인도, 스스로, 자발적으로, 단군의 신전 앞에서 무릎을 꿇고 경의를 표하게 할 수가 있다.

나는 지금, 이 순간에도 '애지(앎)'라는 나무 위에다가 둥지를 튼다. 우리의 '애지의 둥지' 속으로 우리의 독수리들이 '낙천주의 사상'이라는 먹이를 날라다가 줄 것이다.

크게 용서하고, 크게 끌어 안아라!!

아는 자는 천하무적의 낙천주의자가 될 수밖에 없다.

내가 대한민국의 대통령이라면 일본의 아베보다, 중국의 시진핑보다 열배는 더 정치를 잘할 수 있다. 해마다 노벨상을 타게 하고 전세계인의 존경을 받게 할 수 있다. 왜, 나는 대한민국 최초로 낙천주의 사상을 창시했으니까.

아는 것만큼 고귀하고 위대하게 살 수 있다.

나는 전지전능한 신의 살해자

    신이란 우리 사상가에게 있어 하나의 조잡한 해답이며, 맛없는 음식이다. 즉 그것은 '너희들은 사고해서는 안 된다'라고 하는 본질적으로 단순한 하나의 조잡한 금지명령인 것이다.
    — 니체, 『이 사람을 보라』에서

    신이란 우리 사상가에게 하나의 상한 음식이며, 구역질 그 자체에 지나지 않는다. 이 세상에 태어난 것도 신의 뜻이고, 이 세상에서 죽어가는 것도 신의 뜻이다. 밥을 먹는 것도, 일터를 얻은 것도 신의 뜻이고, 감기에 걸린 것도, 돈을 번 것도 신이 뜻이다. 이 모든 것이 신의 뜻이라면 우리가 할 수 있는 것이라고는 단 하나도 없는 것이며, 따라서 우리 인간의 삶 자체는 없게 되는 것이다.

    신이란 "너희들은 사고해서는 안 된다'라고 하는" "단순한 하나의 조잡한 금지명령"이 아니라, 우리 인간들의 삶을 말살하는 저승사자일 뿐인 것이다.

    나는 수많은 신들의 목숨을 **빼앗은** 천하무적의 용사이며, '나는 신성모독을 범한다, 고로 존재한다'라고 선언한 바가 있다.

    나는 전지전능한 신의 살해자—, 나의 사상의 신전에는 그 녀석의 흔적조차도 없다.

Friedrich Nietzsche

영양실조

참으로 나는 성인이 되기까지 항상 영양실조에 허덕여 왔다. 도덕적으로 말하자면 '비개인적인', '이타적인', '사심없는' 식사만을 해온 것이다.

— 니체, 『이 사람을 보라』에서

선과 악, 즉, 도덕이란 사회적 획득물이며, 어린 아이에게는 외부에서 강제로 주입된 것일 수밖에 없다. 선이란 좋은 것이고, 악이란 나쁜 것이다. 선은 사회적인 것이고, 악은 반사회적인 것이다. 선은 '비개인적인', '이타적인', '사심있는' 어떤 것이고, 악은 '개인적인', '이기적인', '사심있는' 어떤 것이다.

어떤 인간이 자기 자신을 돌보지 않고 타인들만을 돌본다면 자기 자신과 그의 가족들을 해치는 것이 되고, 어떤 인간이 타인을 돌보지 않고 자기 자신만을 돌본다면 타인과 그 가족들이 손해를 보게 될 것이다. 따라서 나와 타인, 개인과 사회, 이기주의와 이타주의 등의 이항 대립 중에서 가장 중요한 것은 균형이며, 변증법적인 조화라고 할 수가 있다.

내가 행복하지 않으면 타인도 행복할 수가 없고, 타인이 행복하지 않으면 나도 행복할 수가 없다. 왜냐하면 인간은 사회적 동물이고, 그 어떤 대단한 인물도 사회를 떠나서는 살 수가 없기 때문이다.

비개인적인 것과 마찬가지로 개인적인 것도 소중하고, 사심없는 것과 마찬가지로 사심있는 것도 소중하며, 이타적인 것과 마찬가지도 이기적인 것도 소중하다.

진정으로 선과 악을 제대로 파악하지 못한다면, 즉, 어떤 독단주의나 지적 편식증에 빠져 있다면 그는 영양실조로 인하여 매우 고생하게 될 것이다.

책을 읽고 산책하는 사람과

자유롭게 옥외에서 활동하면서 얻어내지 않은 사상은 어느 것도 신뢰하지 말라.

좌업坐業의 생활—이것은 신성한 정신에 위배되는 진정한 '죄악'인 것이다.

— 니체, 『이 사람을 보라』에서

책을 읽고 산책을 하는 사람과 그렇지 않은 사람과의 차이는 인간과 앉은뱅이와의 차이보다도 더 크다. 전자는 지식의 날개를 달고 그 상상력의 힘으로 아주 멋진 우주여행을 할 수가 있지만, 후자는 그 좁디 좁은 골방에서 벗어날 수가 없다.

책도 읽지 않고 산책을 하지 않은 사람은 학원지옥과 입시지옥에 빠진 우리 한국인들처럼, 죽어도 자기 혁신과 자기 발전이 가능하지 않은 사람에 지나지 않는다.

천재와 천재들이 살았던 장소

 정신의 발이 자유자재로 활동하느냐, 아니면 절룩거리느냐에 따라 신진대사의 '속도'는 그에 정확하게 비례하는 것이다. 왜 그런가 하면 정신이라는 것 자체가 결국은 신진대사의 한 측면이기 때문이다. 기지를 가진 사람이 살거나 살았던 장소, 위트와 섬세함과 악의가 행복을 이루고 있는 그러한 장소, 천재가 필연적으로 자기의 안식처를 삼는 장소를 한번 열거해보자. 그 모두가 탁월한 건조한 공기를 가지고 있다. 파리, 프로방스, 플로렌스, 예루살렘, 아테네—이러한 지명들은 무언가를 시사해준다. 무엇인가 하면 천재는 건조한 공기, 청명한 하늘, 말하자면 급속한 신진대사, 거대하고 어마어마한 양의 힘을 끊이지 않고 얻을 수 있는가의 가능성을 조건으로 하고 있다는 사실이다.
  — 니체, 『이 사람을 보라』에서

 모든 학문과 예술의 토대는 자유이며, 이 자유를 잃어버리면 그 어떤 개성과 창의성도 자라날 수가 없다. 독재국가와 공산주의 국가는 자유를 억압한 사회이며, 오늘날도 그곳의 원주민들은 정신의 발을 절룩거리며 그 후유증에서 좀처럼 벗어나지 못하고 있다. 그 반면에, 민주주의 국가와 자유주의의 국가의 사람들은 지식의 날개를 달고 일찍이 그 어떤 국가도 이룩해낼 수 없었던 멋진 신세계를 창출해놓았다고 해도 과언이 아니다.

파리, 프로방스, 플로렌스, 예루살렘, 아테네―. 기지를 가졌던 사람들과 위트와 섬세함과 악의를 가졌던 사람들이 살았던 장소―, 건조한 공기, 청명한 하늘, 그 무엇보다도 자유롭고 순조로운 신진대사의 촉진이 원활한 장소―, 천재와 천재들이 살았던 장소들이 정신의 발이 가장 자유롭고 활기차게 움직였을 것이다.

우리 대한민국은 아직도 전체주의와 획일주의가 주조를 이루고 있으며, 그 어떤 천재도 살아갈 수 없는 국가에 지나지 않는다.

독서

내 경우에 독서라고 하면 무엇이든지 나의 휴양이다. 독서는 나를 자신으로부터 해방시켜주는 것 중의 하나이다. 그것은 나를 신기한 학문과 영혼들 사이에서 산보하도록 해준다.
— 니체, 『이 사람을 보라』에서

내 경우에 독서라고 하면 그 무엇이든지 삶의 의지이며, 삶의 찬가와도 같다.

어떠한 책들은 울창한 숲속의 새소리와도 같고, 어떤 책들은 사막의 오아시스와도 같다. 어떤 책들은 그립고 정다운 죽음과도 같고, 어떤 책들은 명예에 살고 명예에 죽는 성자의 삶과도 같다. 어떤 책들은 하나님도 감동할 진주의 눈물과도 같고, 어떤 책들은 백만 분의 일의 가능성에 매달린 천재의 삶과도 같다.

나는 일찍이 이 불멸의 저자들과 사귀며, 다음과 같은 짧은 촌평을 기록해둔 바가 있다.

호머 전지 전능한 신들을 창조하고 그 신들과의 싸움을 통해 우리 인간들의 삶을 찬양하고 옹호했던 휴머니스트. 인류의 역사에 있어서 가장 위대한 최초의 시인이자 최후의 시인.

소크라테스 한 마리의 등에처럼, 아테네 사회의 제일급의 인사들의 '무지無知'를 일깨워주고 '너 자신을 알라'라는 철학적 명제를 양식화시켰던 인물. 그의 앎과 행동이 일치된 '애지愛知'의 철학을 배우되, 언제나 내가 논쟁을 해보고 싶은 위대한 스승.

플라톤 그의 이상국가를 방문하고, 내가 시와 예술의 진수를 가르쳐 주고 싶은 인간.

아리스토텔레스 그와 함께 시와 예술을 논하고 그의 중용의 미덕을 배워보고 싶은 인간. 그러나 내가 중용의 미덕의 약점을 지적하고 혁명가의 날쌘 검술을 가르쳐 주고 싶은 위대한 스승.

셰익스피어 아직도 그의 언어와 문체 속에서, 마냥, 그대로 행복하게 살아 보고 싶은 세계적인 대작가. 내가 더없이 초라해지고 더없이 행복해지는 위대한 스승.

쇼펜하우어 나에게 최초로 염세주의를 가르쳐 주고 염세주의자도 그처럼 학문과 예술을 사랑할 수가 있다는 것을 직접 보여 준 위대한 스승. 니체에게 철학적인 진실과 명랑함과 항상성을 가르쳐 준 위대한 스승. 그러나 내가 나의 '낙천주의'를 꼭 가르쳐 주고 싶은 위대한 스승.

니체 좀 더 강력하고 위대한 적을 찾아서 언제나 호전적이고 전투적인 정신을 가다듬었던 디오니소스 유형의 철학자. 그러나 내가 나의 '낙천주의'를 꼭 가르쳐 주고 싶은, 내가 가장 사랑하고 존경하는 최초의 스승이자 모든 인류의 영원한 스승.

프로이트 '만인 대 일인의 싸움'을 조금도 두려워하지 않고 무서운 집중력으로 그의 학문에 정진했던 유태인. 내가 그의 외디프스콤플렉스의 망령을 잠재우고 시와 예술의 진수를 가르쳐 주고 싶은 정신분석학의 아버지.

괴테 그토록 오만방자하고 시건방진 니체와 쇼펜하우어가 수십 번씩, 수백 번씩 인용을 해먹고도 부끄러운 줄을 몰랐던 세계적인 대작가. 내가 그의 『파우스트』를 수십 번씩 되풀이 읽어가면서 쇼펜하우어와 니체가 인용한 구절들을 체크해 보기도 했지만, 아직도 내 스스로 분석을 하고 판단을 내릴 수가 없는 세계적인 대작가. 내가 다시 태어나면 독일어와 라틴어를 공부하고 『파우스트』의 원전을 다시 읽어보고 싶게 만드는 세계적인 대작가.

오딧세우스 그의 뛰어난 지혜와 강인한 정신을 배워보고 싶은 그리스 신화 속의 인물.

헤라클레스 건강, 힘, 용기, 그의 열두 가지 노역을 마다하지 않던 대담성과 용기를 배워보고 싶은 그리스 신화 속의 인물.

보들레르, 랭보 그들의 저주받은 운명을 배워보고 싶은 시인들.

반 고호, 폴 고갱 가난, 광기, 백만 분의 일의 가능성에 매달렸던 위대한 예술가들.

김수영 건강, 정직, 성실, 용기, 그리고 호전적이고 전투적인 정신의 소유자. 그 미완의 가능성 앞에서, 아아!라는 탄식의 말로 대신할 수밖에 없는 내가 존경하는 최초의 한국인이자 최후의 한국인.

— 반경환, 「우정에 대하여」(『행복의 깊이』 제3권)에서

책을 읽고, 또 읽는다는 것

　나는 항상 똑같은 책에서 마음의 안식을 구하는데 그것은 소수의 책이다. 그 책들은 나에게 가장 어울리는 책으로 증명이 된 책이다. 잡다하게 이 책 저 책을 다독하는 것은 나의 독서 방법이 못된다. 새 책에 대한 경계심, 심지어 적대감을 가지는 것이 다른 인내, 아량 또 이웃사랑보다 나의 본능에 더 잘 어울리는 것 같다.
　― 니체, 『이 사람을 보라』에서

　동시대인의 마음을 사로잡는 책은 좋은 책이라고 할 수가 있고, 동시대를 초월해서 모든 인간들의 마음을 사로잡은 책은 고전이라고 할 수가 있다. 전자는 일정한 기간이 지나면 그 감동을 상실해버리는 베스트셀러라고 할 수가 있고, 후자는 좀처럼 그 감동이 사라지지 않는 스테디셀러라고 할 수가 있다.
　"잡다하게 이 책 저 책을 다독하지 않는 것", 즉, 동시대를 초월하여 모든 인간들의 마음을 사로잡은 책을 읽는 것이 가장 좋은 책읽기이며, 수십 번씩 수백 번씩 되풀이 읽으면서 그 책들을 손수 필사筆寫해보는 것이 가장 좋은 책읽기의 방법이다.
　"고전을 읽으라/ 참으로 고전다운 고전을 읽으라."

이처럼, 이러한 고전들을 수십 번씩, 수백 번씩 되풀이 읽으며, 그 책들을 베껴볼 때, 바로 그 고전보다 더 뛰어난 고전을 쓸 수 있는 영원불멸의 대작가가 될 수가 있는 것이다.

나는 플라톤, 아리스토텔레스, 마르크스, 니체, 쇼펜하우어 등의 수많은 책들을 자그만 수첩에다가 깨알같은 글씨로 필사해본 좋은 경험—이 수첩들은 나의 재산목록 제1호이다—을 갖고 있다.

책을 읽는다는 것, 책을 읽고 또 읽는다는 것, 그 책의 내용을 새롭게 변모시키면서 자기 자신만의 새로운 사상의 싹을 틔워나간다는 것—. 이것이 바로, 보다 행복한 삶을 추구하기 위한 방법이 아니던가? 우리는 이 세상을 비방하고 헐뜯고 저주하기 위해서 책을 읽지는 않는다. 책을 읽는 자는 누구나 다같이 행복해지기 위해서, 보다 잘 살기 위해서, 새로운 삶의 지혜를 배우고 연마하는 것이지, 애초부터 불순한 음모나 독살자의 기도로써 책을 읽지는 않는다. 책을 읽는 자는 전진을 원하는 자이며, 동물적인 퇴행이나 야만을 꿈꾸지는 않는다. 책을 읽는다는 것은 보다 세련된 인간의 삶에의 의지이며, 보다 행복하고 낙천적인 우리 인간들의 찬송가인 셈이다. 독서만이 위대하고 독서만이 낙천주의자를 인도하고 이끌어 줄 수가 있다. 아니, 인간만이 위대하고, 인간만이 독서의 기원이 되는 서적의 저자가 될 수가 있다. 인간은 불행하지만 독서하는 자는 행복하고, 인간은 유한하지만 人神으로서의 저자는 영원불멸의 삶을 살아간다. 학문의 세계에서 애국심을 떠들어 대는 자는 外界로 추방

Friedrich Nietzsche

해 버려야 하지만, 나는 프로메테우스와도 같은 심정으로 우리 한국인들을 위하여 횃불을 밝히고 있을 수밖에 없다. 아아, 한국인들이여, 책을 사랑하고 책과 함께 정신의 오르가즘을 맛볼 수 있도록 하여라!

  — 반경환, 「독서에 대하여」(『행복의 깊이』 제3권)에서

신은 인간의 언어 속의 노예

나는 아마도 스탕달을 시샘하는 것이 아닐까?
"신이 할 수 있는 유일한 변명은 그가 존재하지 않는다는 점이다"라는 무신론적 조크를 내게서 빼앗아가 버렸다.
― 니체, 『이 사람을 보라』에서

신이 할 수 있는 유일한 고백은 그가 인간의 언어 속의 노예라는 점이다.
살아 있다는 것이 치욕이 되고, 죽는다는 것이 영원한 꿈이 된다.
오늘도 이 영원불멸의 신은 죽고 싶다고 끊임없이 되풀이 중얼거리면서, 이 땅의 사이비 목사들의 이익을 위하여 봉사를 한다.
맹목과 광신이라는 양날의 칼을 이용하여 황금알을 낳는 거위를 잡는 사이비 목사들이여!!

한국어의 거장

언젠가는 하이네와 내가 독일어를 가장 훌륭하게 구사하는 예술가로 기억될 날이 오리라. 범속한 독일인들이 이제까지 해왔던 독일어 구사와는 천양지차가 있으니!
— 니체, 『이 사람을 보라』에서

토마스 만은 「하이네에 관한 소고小考」에서 "니체 이전의 어떤 독일 산문도 니체의 천재성에는 필적할 수 없다"라고 말한 바가 있었다.

언젠가는 내가 한국어를 가장 아름답고 훌륭하게 구사한 낙천주의 사상가로 우뚝서게 되리라!

위대함의 저주

　나는 『짜라투스트라는 이렇게 말했다』를 들여다 볼 때마다 흐느껴 울고 싶은 생각을 참을 길 없어 방안을 반 시간 가량 서성거리곤 한다. 나는 셰익스피어 작품보다 가슴이 찢어질 듯이 비통한 작품을 일찍이 보지 못하였다. 한 인간이 익살스런 광대가 될 필요성이 있었을 때 그는 얼마나 많은 고통으로 몸부림쳤을 것인가!
　― 니체, 『이 사람을 보라』에서

『짜라투스트라는 이렇게 말했다』는 잠언이고 경구이며, 대서사 시집이기는 하지만, 그러나 그의 '초인 사상' 때문에 그가 살아 있는 동안 그 어떠한 울림과 반향을 전혀 불러일으키지 못했다. 오히려, 거꾸로 얼치기 철학자로서 그 사유의 뿌리가 얕고 좀 더 세련되고 정교한 문장을 써야 될 것이라는 혹평을 듣고야 말았던 것이다. 짜라투스트라는 시인이자 사상가이고, 짜라투스트라는 예언가이자 종교창시자이다.

　하지만, 그러나 '위대함의 저주'라는 말이 있다. 신의 사망 이후, 새로운 미래의 인간형인 초인은 동시대인의 조롱의 대상이자 미치광이의 삶을 살지 않으면 안 되었다. 부처도 부처이기 이전에 미치광이였고, 예수도 예수이기 이전에 미치광이였다. 알라도 알라이기 이전에 미치광이였고, 디오니소스도 디오니소스이기 이전에 미치광이였다. 이것은 시대를 앞서 가는 자, 미래의 삶을 살고 있는 자, 요컨대 기존의 가치관을 모조리 전복시키고 새로운 사상의 등불을 밝히고 있는 자의 운명이며, 그 천형의 형벌이었던 것이다.

  만인들의 무시와 멸시와 천대 속에서, 그 추위와 배고픔을 참고 견디면서 새로운 미래의 인간형인 초인으로 탄생한 그는 넋 나간 미치광이의 모습으로 그 광야 속의 삶을 살지 않으면 안 된다. 미치지 않고 미친 모습으로 살아가며, 그 미치지 않은 자기 자신을 생각해 볼 때, 그는 그 얼마나 비통한 심정과 그 고통으로 몸부림을 쳤을 것이란 말인가? 울고 싶을 때에도 웃어야만 하는 것이 광대의 운명이기는 하지만, 그러나 그 무시당하는 것까지도 무시를 하면서, 이 세상에서 가장 아름답고 고귀한 『짜라투스트라는 이렇게 말했다』를 선사하게 되었던 것이다.

니체 대 바그너

나는 본능적으로 독일적인 모든 것에 이질감을 느끼기 때문에 독일 사람이 가까이 접근해 오기만 해도 나는 소화불량증에 걸리고 만다. 그런데 바그너와의 첫 교제만큼은 나의 생애에 최초의 깊은 안도의 숨을 쉬게 해준 것이다. 나는 바그너를 모든 '독일적 미덕'에 항거하는 하나의 외국外國이요, 하나의 대립이며, 하나의 저항의 화신으로 존경하고 경험하였다.

— 니체, 『이 사람을 보라』에서

바그너는 1813년 생이고, 니체는 1844년 생이다. 니체는 그의 나이 24살 때, 즉, 1868년 스위스 바젤대학교 고전문헌학 교수 시절 바그너를 처음으로 알게 되었고, 바그너는 그가 생전에 알고 지낸 단 한 명의 세계적인 인물이었다고 한다. 하지만, 그러나 바그너는 니체의 철학이나 그 천재성 따위는 전혀 알지 못했고, 단지 잡일을 시키거나 말동무 삼아 쇼핑이나 함께 가는 그런 친구로만 생각하고 있었다고 한다.

'니체 대 바그너.'

하지만, 그러나 이 관계는 니체가 선정한 일방적인 관계에 지나지 않으며, 젊은 청년인 니체가 세계적인 작곡가인 바그너를 추종하는 그런 관계에 지나지 않았던 것이다. 바그너는 염세주의 사상가인 쇼펜하우어의 추종자였으며, 그는 반독일적인 성향의 예술가인 동시에 친근한 유럽인—친프랑스적, 친유태인적—의 이상을 찬양하는 휴머니스트였다고 해도 과언이 아니다. "나는 바그너를 모든 '독일적 미덕'에 항거하는 하나의 외국外國이요, 하나의 대립이며, 하나의 저항의 화신으로 존경하고 경험하였다"라는 글이 바로 그것이며, 이 점에 있어서 니체와 바그너는 영원한 사상적 동지라고 하지 않을 수가 없다.

독일은 군사적 승리를 문화적 승리로 착각을 하고, 그 제국주의적인 우월감을 통하여 프랑스를 경멸하고, 이 세상에서 가장 뛰어나고 훌륭한 민족인 유태민족을 차별하기 시작했던 것이다. "독일이 마수를 뻗치는 한, 문화는 타락한다"는 단언은 니체의 직관이면서도, 나치즘, 즉, 게르만 민족주의의 부흥과 그 몰락을 예언한 세계적인 사상가의 말이기도 했던 것이다.

하지만, 그러나 바그너가 스위스를 떠나 그의 고향인 바이로이트로 돌아갔을 때, 바로 그때에, 그들의 우정은 그 종말을 맞이할 수밖에 없었다. 바그너가 보낸 「파르지팔」에는 '교회장로인 바그너가'라고 씌어져 있었기 때문이고, 바로 그것이 반기독교주의자인 니체의 적대감과 그 분노를 폭발시켰기 때문이다. 바그너는 염세주의자에서 기독교주의자로 전향을 했던 것이고, 그 친근한 유럽인의 이상을 버리고, '독일민족주의자'로 되돌아갔던 것이다.

우정과 적대감은 종이 한 장의 차이이다. 어제의 친구가 오늘의 적이 되고, 그는 동시대의 파렴치한이 되어서, 자기 자신이 동시대의 파렴치한인지도 모르고, 그 저주의 말을 무차별적으로 퍼부어대기 시작한다.

그에게 있어 '삶에 대한 증오'는 플로베르에게서처럼 그를 지배하게 되어버린 것인가? 그렇다고 한다면, 그 이유는 파르지팔이 간계의 산물, 복수심의 산물, 삶의 전체에 대한 비밀리에 제조된 독약의 혼합물이며 저질의 작품인 것이다. 나는「파르지팔」을 미풍양속의 살해음모로 받아들이지 않는 사람들 모두를 경멸한다(『니체대 바그너』).

성공한 자는 항상 커다란 사기꾼이다. 그리고 그 작품도, 그 행위도 소위 성공인 것이다. 위대한 정치가, 정복자, 발견자들은 자기들이 마련해 놓은 것 속에, 자기를 감추고 위장하여 간파할 수 없게끔 만들어 놓는다. 예술가와 철학자의 작품이, 그 작품을 만들어낸 사람, 즉, 그 작품을 마땅히 만들었어야 할 사람을 뒤늦게 고안해내는 것이다. 소위 위대한 인간의 이면에는 미묘하고 천박한 허구가 놓여 있다. ―역사의 세계에서 지배적 위치에 있는 자는 화폐위조범인 것이다(『니체대 바그너』).

낙천주의 사상의 왕국

나는 바로 이 순간에도 미래를, 광대한 미래를, 잔잔한 바다를 보듯이 바라보고 있다. 거기에는 어떤 욕망의 잔물결도 보이지 않는다. 나는 모든 것이 현재의 상태에서 벗어나는 것을 원치 않는다. 나 자신마저도 다르게 되기를 원치 않는다.

그것이 내가 살아온 방식이다. 나는 어떤 소망도 가지고 있지 않다. 여기에 명예, 여자, 돈 때문에 애쓴 적이 없었다고 감히 말할 수 있는 사십 중반이 넘은 한 남자가 있다.

— 니체, 『이 사람을 보라』에서

대한민국 최초로 낙천주의 사상과 이론을 정립했다는 것은 더없는 기쁨이자 무한한 자랑이라고 하지 않을 수가 없다. 나는 이윽고 이 세상을 떠나갈 것이지만, 나의 책들은 살아남아서, 수많은 우리 한국인들을 먹여 살려 주게 될 것이다. 어두컴컴한 밤에 길을 잃고 헤매는 자에게는 환한 등불이 되어줄 것이고, 절망의 시궁창에 빠져있는 자에게는 너무나도 따뜻한 구원의 손길이 되어줄 것이다. 불구대천의 원수와도 같은 외적의 침입을 맞이해서는 천하무적의 용기를 북돋아줄 것이고, 늘, 항상, 앎에의 의지를 불사르고 있는 자에게는 무한한 지혜의 대평원이 되어줄 것이다.

『행복의 깊이』는 나의 행복론이고, 모든 인류의 행복론이다. 행복 앞에는 만인이 평등하고, 이 행복의 신전 앞에 앉아보면 그 어떠한 욕망의 물결도 일어나지 않는다. 모든 것이 다 갖추어져 있고, 그 어느 것 하나도 모자라는 것이 없다.

"나는 어떤 소망도 가지고 있지 않다. 여기에 명예, 여자, 돈 때문에 애쓴 적이 없었다고 감히 말할 수 있는 사십 중반이 넘은 한 남자가 있다."

하지만, 그러나 이 세상에서 돈, 명예, 권력을 사랑하지 않은 사람이 어디 있으며, 수많은 사람들로부터 열화와도 같은 찬양과 찬송을 듣고 싶지 않은 사람이 어디 있겠는가? 인간은 허무에 의지하는 것이 아니라, 권력에 의지하고 있다는 것이 바로 그것을 증명해준다.

나는 대한민국을 도덕왕국으로 세우고 싶었고, 이 도덕왕국을 교육왕국으로 세우고 싶었다. 이 교육왕국을 만인평등의 왕국으로 세우고 싶었고, 이 만인평등의 왕국을 낙천주의 사상의 왕국으로 세우고 싶었다.

아아, 그러나, 이 세상에서 가장 아름답고 찬란한 낙천주의 사상의 왕국은, 내 마음 속의, 내 희망 속의 환상으로만 존재한다.

플라톤의 이상국가처럼,

또는,

알렉산더대왕의 알렉산드리아처럼—.

리츨 교수

어느 날 내가 대학 교수였던 적이 있는데—그렇게 되리라고는 꿈도 꾸지 못했다. 왜냐하면 그때 나이가 겨우 24세였기 때문이다. 그보다 2년 전 돌연 나는 문헌학자가 되어 있었다. 내가 문헌학자가 어떻게 되었는가 하면, 모든 의미에서 나의 시작이었던 나의 '최초의' 문헌학적인 논문을 나의 은사였던 리츨 선생님께서 그의 『라이니세스 무제움』지에 실을 것을 요청했던 것이다. (……) 우리 튜링겐 사람들은 진리에 도달하기 위해 지름길의 선택을 주저하지 않는다.

— 니체, 『이 사람을 보라』에서

리츨 교수는 일찍이 니체의 천재성을 알아보고, 그처럼 어렵고 딱딱한 고전문헌학 논문을 마치 프랑스 소설처럼 아주 쉽고 재미있게 쓴다고 극찬을 하고, 니체를 스위스 바젤대학교 교수로 천거를 해주었다고 한다. 니체의 나이는 불과 24세였고, 대학원에서 그 어떤 과정을 밟지도 않은 그에게 무상으로 박사학위를 수여해주었다고 한다. 천재는 천재를 알아보는 법이고, 리츨 교수의 너무나도 탁월하고 파격적인 결단에 의하여, 니체는 그만큼 엄청난 돈과 시간을 절약할 수가 있었던 것이다.

아아, 언제, 어느 때, 대한민국의 대학들도 리츨 교수와도 같은 고귀하고 위대한 스승과 그의 제자인 니체와도 같은 세계적인 사상가를 배출해낼 수가 있단 말인가? 첫 번째는 우리의 아이들을 학원지옥과 입시지옥에서 구원해줄 수 있는 독서중심의 글쓰기 교육제도를 채택하는 것이고, 두 번째는 석, 박사 과정과는 상관없이 가장 탁월하고 뛰어난 논문을 쓴 사람에게는 하루바삐 대학교수자격증을 수여하지 않으면 안 된다. 시인이나 소설가나 문학평론가로 등단하는 데에는 그 어떠한 출신성분이나 학위가 필요없는 것처럼, 최선의 교육제도를 연출해내지 않으면 안 된다. 요컨대 최단의 경로, 즉, 절약의 법칙과 필연의 법칙으로 모든 교육과정을 운영하지 않으면 안 된다.

 너무나도 후진적인 우리 한국인들도 세계적인 천재를 생산해내기 위하여 최단의 경로(지름길)를 주저하지 말아야 한다.

위대함에 대한 정식

 인간에게 있어서 위대함에 대한 정식定式은 운명에 대한 사랑이다. 즉, 앞으로도, 뒤로도, 영원히, 자기의 현재의 모습과 다른 무엇이 되기를 원하지 않는 것이다. 그것은 또한 필연적인 것을 인내할 뿐만 아니라, 더구나 그것을 은폐하지 않으며—모든 이상주의는 필연적인 것 앞에서는 허위이다—그것을 '사랑'하는 것이다.

 — 니체, 『이 사람을 보라』에서

'운명에 대한 사랑.' 그것은 자기 체념적이면서도 자기 만족적일 수밖에 없다. 운명을 거역하고 싶지만 그것을 이루지 못했을 때는 그는 한니발처럼 염세주의자가 되고, 그 운명을 사랑하게 되었을 때는 줄리어스 시이저처럼 낙천주의자가 된다. 한니발은 로마를 정복하고 싶었지만 로마를 정복하지 못했고, 줄리어스 시이저는 루비콘 강을 건너가 로마제국의 절대 권력자가 되었다.

"인간에게 있어서 위대함에 대한 정식定式은 운명에 대한 사랑이다"라고 말할 때의 니체는 자기 자신의 사상적 업적에 만족했을 때의 니체이지만, 그러나 그가 세계 제일의 사상적 업적을 이룩하고도 짜라투스트라처럼 한 사람의 미치광이(광대)가 되지 않을 수가 없었을 때는, 그 반대방향에서, 철두철미하게 쓰디쓴 자기 체념적인 삶을 살다가 가지 않으면 안 되었던 것이다.

대부분의 염세주의자는 이 세상을 끊임없이 비방하고 헐뜯게 되고, 대부분의 낙천주의자는 순진한 시골목사처럼 자기 만족적인 삶을 사랑하게 된다. 유병언 목사가 연출해낸 세월호 사건과 단군 이래의 최대의 사기꾼인 조희팔 사건과, 그리고 최순실과 박근혜의 전혀 터무니없고 허무맹랑한 국정농단사건에 의하여 그토록 엄청난 희생자가 생겨났는데도, 그 모든 역사 철학적인 의식을 마비시킨 채, 사적 개인의 행복만을 추구하는 낙천주의자는 사실 따지고 보면, 나의 낙천주의 사상을 뜯어먹고 사는 기생충에 지나지 않는다.

그 어느 누구도 할 수 없는 것을 위하여 고통에 고통을 가중시키며, 순교자의 황홀한 행복을 창출해내는 것, 이것이 바로 나의 낙천주의 사상의 진수이기 때문이다.

어떤 사람은 죽어서야 태어나는 것이다

어떤 사람은 죽어서야 태어나는 것이다.
— 니체, 『이 사람을 보라』에서

쇼펜하우어의 염세주의는 제일 먼저 프랑스에서 폭발적인 반향을 불러 일으켰고, 따라서 쇼펜하우어는 그의 말년에 대단히 기쁘고 행복한 삶을 살다가 갔다고 한다. 날이면 날마다 저녁 식사 후에는 손수 마술피리를 불며 염세주의자로서의 승전가를 불렀다고 한다.

하지만, 그러나 니체는 건강한 염세주의자—나는 니체가 건강한 염세주의자가 아니라 낙천주의자라고 생각한다—로서 그 승자의 노래를 불러보지도 못한 채, 너무나도 외롭고 쓸쓸하게 식물인간의 삶을 살다가 갈 수밖에 없었던 것이다.

나의 승리는 쇼펜하우어의 승리와는 정반대되는 것이다. 나는 말한다. 나는 읽히지 않는다. 나는 읽히지 않을 것이다.

그렇다.

니체는 디오니소스 철학자(건강한 염세주의자)로서 수없이 되풀이 죽었다가 되살아났던 것이다.

초인

'초인'이라는 말은 최고의 완성된 유형을 지칭하는 말로서 '현대인', '선인善人', 기독교인과 다른 허무주의자와는 반대되는 말이다―도덕성의 말살자 짜라투스트라의 입에서 그 말이 나오게 되면 대단히 무궁무진한 말이 되는 것이 초인이다. ―그런데 초인이라는 말은 도처에서 극히 무지하게 짜라투스트라가 의도하는 가치와는 정반대되는 가치로 이해되고 있다. 말하자면 더 고등한 인간, 반 성인聖人, 반 '천재인', '이상주의적 전형'으로 이해되는 것이다.

― 니체, 『이 사람을 보라』에서

기독교는 인간의 역사를 기껏해야 6,000년이라고 말하고 있지만, 인간의 역사는 수억 년도 더 되었다고 할 수가 있다. 하나님이 자기 자신의 형상대로 인간을 만들었지만, 아담과 이브의 후손인 유태민족이 타락했고, 그 결과, 요셉의 아내인 마리아의 뱃속을 빌려서 그의 아들인 예수를 탄생시켰다. 성부, 성자, 성령, 즉, 이 삼위일체처럼 하나님과 예수는 동일 인물이 되었고, 오늘날의 기독교는 예수를 하나님으로 믿는 종교라고 할 수가 있다.

기독교는 인간의 역사가 수억 년이 되었다는 것과 지구가 수천억

개의 별 중의 하나라는 사실을 알지도 못한 채, 지구가 우주의 중심이라고 믿고 있었던 원시시대의 여러 종교들 중의 하나에 지나지 않는다. 오늘날 자연과학은 무신론의 토대 위에 기초해있고, 따라서 자연과학이 모든 믿음을 대청소해버리게 되었던 것이다.

데카르트의 인간의 자기 발견, 즉, 사유하는 인간은 공동체 사회와 종교 속에 구속되었던 인간의 해방이자 신의 사망선고라고 하지 않을 수가 없다. 아니, 신은 다만, 언어와 환영 속의 도깨비에 지나지 않았고, 따라서 니체의 '초인'은 신이 사라진 시대의 미래의 인간형이라고 하지 않을 수가 없다. 초인은 보다 완전한 인간이며 고등한 인간이고, 선악을 초월하여 존재하는 새로운 가치의 창조자이다. 하늘 나라의 천국을 믿지 않고, 뜬구름 속의 이상주의를 짓밟으며, 이 땅에 두 발을 딛고 있는 짜라투스트라가 그 초인이라고 할 수가 있는 것이다.

도덕성의 말살자는 자기 자신이 아버지가 되고, 모든 인류의 조상이 되는 천지창조주와도 같은 인물이라고 하지 않을 수가 없다. '신의 시대'에서 '인간의 시대'가 활짝 열렸던 것이고, 따라서 그는 자기 자신의 창작품인 인간을 믿지 못하고, 타인의 아내의 뱃속을 빌려 예수를 낳은 기독교적 이상과 그 가치관을 철두철미하게 짓밟아버렸던 것이다.

내 작품에 익숙하게 되면

내 작품에 익숙하게 되면 다른 서적, 특히 모든 철학 서적은 더 이상 견딜 수가 없다.
— 니체, 『이 사람을 보라』에서

니체는 스위스 바젤대학교의 고전문헌학 교수였고, 그는 고전문헌학자로서 그리스 로마신화를 비롯하여 그리스 철학과 그리스 문학, 기독교와 불교, 단테, 셰익스피어, 괴테, 톨스토이, 도스토예프스키, 빅톨 위고, 발자크, 데카르트, 칸트, 쇼펜하우어, 헤겔, 스피노자, 라이프니츠, 이밖에도 정치학과 역사학과 심리학 등에 능통한 대사상가라고 할 수가 있다.

니체는 고전문헌학자이자 비판철학자였고, 시인이자 역사학자였다. 그는 종교학자이자 사회학자였고, 심리학자이자 윤리학자였다. 가장 날카롭고 예리한 문체와 가장 감미롭고 부드러운 문체, 잠언과 경구, 그리고, 그 어느 시인의 시구보다도 더욱더 아름다운 그의 문장 속에 빨려들면, "다른 서적, 특히 모든 철학 서적은 더 이상 견딜 수가" 없게 된다.

나는 필연적으로 내일의 인간, 모레의 인간이 될 수밖에 없는 철학자가 항시 스스로를 오늘과 상반되는 존재로 생각해 왔고, 또 그렇게 생각지 않을 수 없었으리라는 기분을 점점 더 강하게 느끼게 된다. 그의 적敵은 오늘의 이상이었다. 철학자라는 이름의 인간의 육성자, 이 비범한 존재들은 이제까지 스스로를 지혜의 친구라기보다는 위험스러운 물음표, 불쾌한 바보로 생각해 왔다. 그럼에도 불구하고 그들은 당대의 불쾌한 양심이 되는 것이 자신의 사명임을 자각해 왔다. 그러한 사명은 수행하기도 어렵고 달갑지도 않으며 그렇다고 회피할 수도 없는 것이었고, 그러면서도 궁극적으로는 위대한 것이었다.

  그들은 자신이 속한 시대의 미덕의 심장에다가 메스를 댐으로써 그들의 비밀한 과업이 무엇인가를 드러냈다. 즉 인간의 새로운 위대함을 인식하고 인간을 위대하게 만드는 인적미답의 새 길을 탐구하는 일이 그것이다. 그때마다 그들은 당대의 가장 찬양받는 도덕들 속에 얼마나 많은 위선과 안일, 나태, 타락, 허위 등이 숨겨져 있는가를, 그리고 당대의 미덕이 얼마나 낡은 것인가를 폭로해 왔다. 그들은 항시 다음과 같이 말해 왔다. "우리들은 오늘날 그대들이 가장 불편스러워하는 곳으로, 그러한 길로 가야만 한다."

  ― 니체, 『선악을 넘어서』에서

  거인적 예술가 아이스퀼로스는 인간을 창조하고 올림프스 신들을 멸망시킬 수도 있다는 반항적 신념을 가지고 있었다. 그는 이것을 그의 지혜에 의하여 알아내게 된 바, 그 지혜의 대가로 그는 영원한 고통이라는 것을 받아야 했다. 영원한 고통을 받음으로써도 충분히 그 대가를 치뤄 내지 못할, 위대한 예술가의 위대한 능력, 예술가라는 쓰디 쓴 자부심, 이것이 아이스퀼로스의 문학의 내용이자 영혼이다.
— 니체, 『비극의 탄생』에서

신이 기뻐하는 성자는 이상적인 환관宦官이다……삶은 '신의 왕국'이 시작되는 곳에서 끝난다.
— 니체, 『우상의 황혼』에서

너는 네 자신에 대해 재판관이 되고 너의 율법의 징벌자가 될 수 있는 가?
자기 자신의 율법의 재판관과 징벌자와 함께 혼자 있다는 것은 무서운 일이다. 그렇게 하여 거친 공간 속에, 고독의 차디 찬 숨결 속에 한 별은 내던져지는 것이다.
— 니체, 『짜라투스트라는 이렇게 말했다』에서

하지만, 그러나 니체의 철학을 제대로 공부하려면 좀 더 대범하고 간이 크고, 마치 낡디 낡은 허물을 벗지 못하면 파멸하는 뱀처럼, 수없이 되풀이 죽었다가 되살아 나오지 않으면 안 된다. 자기 자신이 속한 시대의 미덕에다가 가장 날카롭고 예리한 칼날을 들이댈 수가 없다면 니체의 철학을 공부한들 무슨 소용이 있겠으며, 또한 모든 가치를 부수는 자, 파괴자, 범죄자의 쾌락과 그 희열을 맛볼 수가 없다면 그 어느 누가 새로운 미래의 인간형인 짜라투스트라가 될 수가 있겠는가?

  니체의 철학은 위험한 검이며, 그 칼끝에는 늘, 항상 치명적인 독이 묻어 있는 것이다.

낙천주의자의 세 명제

인간은 용감하게 자신의 두 다리로 서야 한다. 그렇지 않으면 인간은 사랑을 할 수 있는 능력이 없어지고 만다.
— 니체, 『이 사람을 보라』에서

헤라클레이토스는 투쟁은 만물의 아버지이다라고 말한 바가 있고, 마르크스는 모든 역사는 계급투쟁의 역사이다라고 말한 바가 있다. 아리스토텔레스는 인간은 사회적 동물이다라고 말한 바가 있고, 프로타고라스는 사람이 만물의 척도이다라고 말한 바가 있다. 알렉산더 대왕은 나는 승리를 훔치지 않는다라고 말한 바가 있고, 나폴레옹 황제는 나의 사전에는 불가능이 없다라고 말한 바가 있다.

모든 잠언과 경구들에는 인간의 삶 전체를 꿰뚫어보는 진리가 들어있고, 이 진리들 속에는 사악한 생각이 하나도 들어있지 않다. 언제, 어느 때나 어렵고 힘든 길만을 걸어갔던 테세우스, 불의를 보면 참지를 못하고 저승사자의 목마저도 비틀어버린 헤라클레스, 요정 칼립소가 제안한 영생불사의 삶을 거절하고 인간의 삶을 선택했던 오딧세우스—. 모든 잠언과 경구들은 이 문화적 영웅들이 붉디 붉은 피로 쓴 진리이며, 지금, 이 순간에도 그 문화적 영웅들의 용기 (생명의 숨소리)로 살아 있는 것이다.

  인간은 죽지만 영웅은 죽지 않는다.

  모든 말들은 죽지만 진리는 죽지 않는다.

  천하무적의 용기가 없다면 자기 자신의 두 다리로 설 수가 없고, 그는 인간을 사랑할 수 있는 능력조차도 상실하게 되는 것이다.

  낙천주의자로서의 나의 세 명제는 이렇다.

  제일의 명제: 나는 신성모독을 범한다, 고로 존재한다.

  제이의 명제: 세계는 나의 범죄의 표상이다, 고로 행복하다.

  제삼의 명제: 나는 나의 사상에 기댄다, 고로 자유롭다.

순결

순결을 지키라고 하는 설교는 반자연을 공개적으로 노래하는 것과 같다. 성性에 대한 모든 종류의 경멸은 모든 생에 대한 탁월한 죄악이다.
— 니체,『이 사람을 보라』에서

순결이란 무엇일까? 순결이란 첫 번째로 남자와 여자가 결혼하기 이전에 육체적인 관계가 없는 것을 말하고, 두 번째로는 잡된 것이 섞이지 않고 깨끗한 것, 즉, 사리사욕이 없는 인간의 정신을 말한다. 순결은 좋은 것이고, 불결은 나쁜 것이다. 모든 도덕은 순결과 불결을 나누고 분리하여, 순결을 장려하고 불결을 배제하여 왔다고 해도 과언이 아니다.

모든 도덕은 인위적이고 자의적인 것이지, 영원불변하는 것이 아니다. 예전에는 여필종부와 일부종사가 최고의 선이었지만, 이제는 남녀평등이 최고의 선이 되었다. 예전에는 가부장적인 제도가 최고의 선이었지만, 이제는 모계중심의 제도가 최고의 선이 되어가고 있다. 성숙한 남녀의 성적 결합을 죄악시 함으로써 종의 순결과 가부장적인 제도를 존속시키려던 그 옛날의 순결에 대한 윤리는 그야말로 웃기는 코미디에 지나지 않았다. 성숙한 남녀의 성적 자기 결정권과 자유연애는 그 순결에 대한 윤리를 비웃으면서, 오히려, 거꾸로 불결의 미덕을 강조하고 있는 것처럼도 보인다.

성숙한 남녀에게 있어서의 이성에 대한 호기심은 자기 짝을 부르는 종족의 명령이며, 그것은 생사를 넘어서는 호기심을 유발시킨다. 발정기의 짐승들처럼 성교를 하고 또 하는 것이 자연의 일이고, 그 성욕을 억제하는 것이 반자연의 일이 된다. "성性에 대한 모든 종류의 경멸은 모든 생에 대한 탁월한 죄악이다."

사랑의 여신은 순결을 짓밟으며, 이 순결을 짓밟는 힘으로, 모든 역사의 쳇바퀴를 돌린다.

이 세상에 때 묻지 않은 것이 있다면 사랑이며, 사랑만이 그 모든 것에 우선한다.

스탕달의 격언

　근본적으로 스탕달의 격언중의 하나를 실천해왔다. 그 격언은 세상에 나가려면 결투를 하면서 나가라는 것이다.
　— 니체, 『이 사람을 보라』에서

우리 한국인들은 되다가 만 민족이고, 영원히 성장을 멈춘 백치와도 같다.

적이라는 말만을 들어도 오줌을 질질 싸고, 적의 그림자만 보여도 무조건 항복부터 하고 본다.

겁 많은 민족, 이민족의 노예로 태어난 민족, 살아 있는 것이 더욱 더 치욕스러운 민족—. 우리 한국인들은 명예가 무엇인지도 모르고, 어떻게 하면 고귀하고 위대한 민족이 될 수 있는가조차도 알지 못한다.

중국인들의 목을 비틀고, 일본인들의 좆대가리를 자르고, 미국인들의 두 눈알을 뽑아버리는 것—, 이 최초의 영광이자 최후의 영광은 그 결투력에 있을 수밖에 없는 것이다.

이 세상에 나갈 때 결투를 하면서 나간다는 것—, 모든 학문은 결투에 관한 학문이며, 그 결투에 관한 전략과 전술로 짜여져 있다고 하지 않을 수가 없다.

  앎은 상승장군이 되고, 앎은 영원한 제국의 황제가 된다.

  학문 중의 학문인 철학을 가르치지 않는 대한민국은 자기 스스로, 자발적으로 몰락과 쇠퇴의 길을 걸어가는 것이다.

인간적인 너무나 인간적인

너희가 이상적인 것을 볼 때 나는 인간적인 너무나 인간적인 것을 본다는 것이다.
— 니체, 『이 사람을 보라』에서

기독교, 이상, 천국을 믿지 않는다는 것—. 우리 인간들에게 중요하고 또 중요한 것은 이 땅의 삶이라는 것을 니체는 역설하고 있는 것이다.

니체는 이 세상의 삶을 옹호하는 현실주의자인 동시에, 최초의 휴머니스트라고 할 수가 있다.

"너희가 이상적인 것을 볼 때 나는 인간적인 너무나 인간적인 것을 본다는 것이다."

신도 없고 영혼도 없다.

가능하면 어렵고 힘들고 그 어느 누구도 하지 않으려는 일을 하고, 그 위험을 천직으로 삼는다면, 바로 당신이야말로 고귀하고 위대한 초인이 될 수가 있는 것이다.

인간만이 위대하고, 또, 위대하다.

대학교수

　십년이란 세월이 흘러갔지만 그동안 내 정신에의 영양공급은 진실로 두절되어 있었다. 나는 유익한 새로운 어떤 것도 배우지 못했던 것이다. 먼지 나는 학자적 허울만 차리느라 나는 그동안 어리석으리만치 많은 양을 잃어버렸다.
　— 니체, 『이 사람을 보라』에서

　스피노자가 대학교수직을 거절하고 그토록 어렵고 힘들게 살아간 것처럼, 대학교수직은 돈과 명예와 또 그것에 따르는 여러 권력들을 가져다가 주지만, 그러나 거기에는 엄청난 시간의 낭비와 자기 소모적인 희생이 따를 수밖에 없게 되어 있다. 좀 더 멀리 갈 수 있고, 좀 더 높이높이 날아오를 수 있지만, 그러나 그 대학교수직은 그의 두 발과 두 날개에 일종의 족쇄와 울타리를 쳐놓은 것에 지나지 않는다.

　아직은 미성숙하고 자기 자신의 두뇌로 사유할 수 없는 제자들은 그의 두 다리를 붙잡고 늘어지지만, 그러나 그의 '학자적 허울'은 그에게 가축사료와도 같은 빵과 그 명예를 가져다가 줄 수도 있을 것이다.

하지만, 그러나 대학교수의 일과는 똑같은 과목과 똑같은 교수법을 강요하며, 언제, 어느 때나 제자리 걸음만을 강요한다. 매문과 매명과 매직—. 자기 자신의 마음과 몸을 팔아버리고, 철두철미하게 대학교수직이라는 허울을 위하여 봉사를 하게 되어 있는 것이다. 제자들은 더욱더 많은 것을 요구하고, 그는 그 어떠한 것도 새롭게 공부할 수가 없다.

학문의 세계에서 현상 유지라는 것은 없으며, 오히려, 거꾸로 늘, 항상 앞장 서서 최고급의 인식의 제전을 펼쳐보이는 것만이 현상 유지라고 할 수가 있는 것이다. 늘, 항상 앞장 서서 더 멀리, 더 높이 날아가고 싶지만, 그럴 수가 없다는 것이 그의 천추의 한과 그 아픔이 되고 있는 것이다.

대학교수는 가축떼와도 같고, 진정한 학자는 하늘을 날아다니는 천마 페가수스와도 같다.

대학교수는 영혼이 없는 자에 지나지 않지만, 그 대학교수직을 거절하거나 뛰쳐나온 자는 모든 인류의 스승이 될 수가 있다. 데카르트, 스피노자, 라이프니츠, 니체, 쇼펜하우어처럼—. 모든 학자들은 자기 자신이 그토록 하고 싶은 공부를 하기 위해 출가를 한 사제 중의 사제라고 할 수가 있다.

단명短命이라는 나의 운명

 그것은 단명短命이라는 나의 운명. 병이 나를 서서히 해방시켜 주었다. 그것은 나를 어떤 사람과의 마찰이나 어떤 맹렬하고 도전적인 순간에서 구제해준 것이다. 그리하여 나는 남으로부터의 호의를 조금도 잃어버리지 않았고 오히려 더 많이 얻었다. 또한 나의 병은 모든 나의 습성을 바꿀 수 있는 권리를 나에게 부여하였다. 즉 병은 나에게 망각을 허용하였고, 명령하였다. 병은 나에게 조용히 누워있고 여가를 가지며 기다림과 인내의 필요성을 던져주었다.

― 니체, 『이 사람을 보라』에서

 니체의 할아버지와 아버지, 그리고 니체마저도 단명短命이라는 운명을 타고났던 것이다. 생존환경이 열악하면 좀 더 일찍 꽃을 피우고 열매를 맺듯이, 단명은 순교라는 축복을 안겨다가 줄 수도 있다. 그 짧은 기간 동안에, 남들이 50년, 또는 100년이 걸려도 해내지 못할 일을 해내게 하고, 그를 그토록 고귀하고 위대한 문화적 영웅이 될 수 있게 해주고 있는 것이다.

 예수도 33세 때 순교를 했고, 알렉산더 대왕도 33세 때 순교를 했다. 보들레르도, 랭보도 순교를 했고, 니체도, 스피노자도 순교를 했다. 친구의 원수를 갚고 장렬하게 전사를 할 수밖에 없었던 아킬레스, 명예와 생명은 하나라는 것을 압도적으로 인식시켜준 아이아스—.

단명은 삶에의 의지가 아닌 죽음에의 의지이고, 단명은 모든 삶을 미화시키게 된다. 단명은 안타깝고 끔찍하며, 타인들의 동정과 연민을 불러일으킨다. 단명은 모든 잡념과 잡음을 일소시키며, 그토록 잔인하고 무서울 정도로 자기 자신을 집중시키게 하고, 이 집중의 힘으로 그 모든 기적을 가능하게 해준다.

단명은 타인들의 적대감마저도 우정으로 변모시켜주고, 그 우정마저도 사랑으로 변모시켜준다.

"그리하여 나는 남으로부터의 호의를 조금도 잃어버리지 않았고 오히려 더 많이 얻었다. 또한 나의 병은 모든 나의 습성을 바꿀 수 있는 권리를 나에게 부여하였다. 즉 병은 나에게 망각을 허용하였고, 명령하였다. 병은 나에게 조용히 누워있고 여가를 가지며 기다림과 인내의 필요성을 던져주었다."

단명은 굵고 짧게이고, 단명은 순교이고, 기적이다.

니체의 초인, 즉, 짜라투스트라의 날개는 '단명'이라는 날개였던 것이다.

병

　나는 병 속에서 시달리고 고통스러웠던 순간보다 내 생애 더 큰 기쁨을 느껴보지 못하였다. '나 자신에로의 회귀'가 무엇을 의미하는가를 읽어볼 필요가 있다. 나 자신으로의 회귀란 일종의 최고의 행복이며, 다른 어떤 종류의 행복도 이에 따르지 못한다.
　— 니체, 『이 사람을 보라』에서

　지혜로운 자는 그 모든 것을 자기 자신의 앎의 보호하에 두고, 언제, 어느 때나 모든 것을 자기 자신의 이익을 위하여 이용할 줄을 안다. 트로이 목마를 만들고 마녀 키르케와도 동침을 한다. 외눈박이 거인 폴리페모스의 눈알을 뽑아버리고, 사이렌의 노래 소리마저도 무력화시킨다. 요정 칼립소가 제안한 영생불사의 삶도 거절하고, 그의 아내인 페넬로페의 청혼자들을 그토록 무자비하고 끔찍하게 사살해버린다.

　"나는 병 속에서 시달리고 고통스러웠던 순간보다 내 생애 더 큰 기쁨을 느껴보지 못하였다. '나 자신에로의 회귀'가 무엇을 의미하는가를 읽어볼 필요가 있다."

　병은 고통스럽고, 병은 병을 앓고 있는 사람에게 더욱더 살고 싶은 욕망을 가져다가 준다. 병은 자기 자신을 되돌아보고 돌보게 해주며, 자기 자신의 발밑의 현실과 그 미래의 앞날까지도 제시해준다. 병은 모든 감각과 이성적 사고를 가장 예민하고 활발하게 해주고, 병은 타성에 젖은 몸을 일으켜 세워, 그 모든 낭비가 없도록 해준다.

병은 선생이고, 병은 준엄한 채찍이다.

만일 병이 아니라면 어느 누가 자기 자신에로의 회귀를 가르쳐 줄 수가 있고, 만일 병이 아니라면 어느 누가 일종의 최고의 행복을 연주할 수 있도록 해주겠는가?

인간의 위대함과 비천함의 차이는 자기 자신을 돌 볼 수 있는 시간을 갖고 있느냐, 아니냐의 차이일 것이다. 자기 자신이 하고 싶은 일만을 한다는 것―, 그 일의 기쁨처럼 소중한 것은 없다.

기쁨은 즐기는 것이고, 즐기는 것은 행복을 연주하는 것이다.

병은 행복의 연주자이며, 우리들의 영원한 선생이다.

사상가는 병마저도 스승으로 삼고, 그 병으로 하여금 그의 사상에게 봉사를 하게 한다.

병의 스승은 사상가이고, 사상가는 스승 중의 스승이다.

철학을 공부하고, 또 공부하라!

미국놈들의 좆대가리를 잘라버릴 힘이 바로 여기에서 나온다.

모든 인류의 스승인 사상가의 길은 언제, 어느 때나 열려 있다.

펜

내게는 펜이라는, "아직 빛을 발하지 않는 무수한 서광들이 있다."
— 니체, 『이 사람을 보라』에서

펜은 가장 날카롭고 예리한 검과도 같고, 펜은 다이나마이트와도 같다. 펜은 원자폭탄과도 같고, 펜은 원자폭탄을 제어하는 안전장치와도 같다.

천지창조주는 펜이고, 펜이라는 서광에 의하여, 하늘의 태양이 이글이글 타오른다.

펜에 의하여 만물이 싹트고, 펜에 의하여 만물이 죽어간다.

사람은 불멸하기 위해서는

　사람은 불멸하기 위해서는 비싼 대가를 치러야 한다. 사람은 불멸하기 위해서는 여러번 죽어야 한다.
　내가 이름하여 위대한 원한이라고 부르는 것이 있다. 위대한 것들은―하나의 작품, 하나의 행위 어느 것이든―그것이 성취되면 곧 그것을 성취한 자에게 보복을 한다. 위대한 것을 성취함으로써 그는 약해지는 것이다.
　― 니체, 『이 사람을 보라』에서

아버지를 만나면 아버지를 죽이고, 스승을 만나면 스승을 죽인다.
'만인 대 일인의 싸움'의 핵심은 '아버지 살해'이며, 이 '아버지 살해'는 아버지를 살해하기 이전에 그 아들이 먼저 죽게 된다.
예수는 부유한 자, 힘 있는 자, 지배하는 자의 편에 서있는 하나님의 목을 비틀었고, 가난한 자, 힘 없는 자, 지배당하는 자의 편에 서서, 이 땅의 사회적 천민들의 삶을 찬양하고 옹호할 수밖에 없었다.
아버지의 승리는 권력에 의한 승리가 되고, 아들의 승리는 사상에 의한 승리가 된다.

권력과 사상의 싸움에서 언제, 어느 때나 권력이 이긴 것처럼 보이지만, 그러나 이윽고 그 권력의 목을 비틀고 일어서는 것이 사상이라고 할 수가 있다.
　'나는 나의 사상에 기댄다, 고로 자유롭다.'
　대한민국의 오천년의 역사상 그 '위대함의 원한'이 그처럼 혹독하고 가혹하게 목을 비틀었던 사람은 이 반경환이 말고는 없었을 것이다.
　나는 '만인 대 일인의 싸움'을 즐기는 낙천주의 사상가이다.

고귀한 인사들 치고

고귀한 인사들 치고 존경없이 사는 방도를 알지 못하는 자들은 드물다.
— 니체, 『이 사람을 보라』에서

고귀하고 위대한 인사들에게는 악의악식惡衣惡食처럼 즐겁고 기쁜 것도 없을 것이다. 나쁜 옷과 나쁜 음식과 나쁜 잠자리는 그의 삼대 지주이며, 최적의 행복의 조건이라고 할 수가 있다.

나쁜 옷과 나쁜 음식과 나쁜 잠자리에 익숙해지면, 천하를 가지고 천하를 즐기게 된다.

새들은 음악가요, 푸른 초원은 삶의 비단길이며, 천길 벼랑 속의 동굴은 이 세상에서 가장 찬란하고 화려한 궁전이 된다.

나쁜 옷과 나쁜 음식과 나쁜 잠자리는 천하 제일의 벼랑끝이 되고, 그 벼랑끝에는 늘 푸른 소나무가 오천년의 세월을 단 일분, 일초처럼 즐기게 된다.

삶은 즐김이며, 이 즐김이 영원한 행복이 된다.

행복은 소나무가 되고, 이 소나무만이 행복이라는 열매를 선사할 수가 있다.

디오니소스적

    디오니소스적이라는 나의 개념은 여기서 '최고의 행위'로 되어버린다. 이 행위에 비하면 여타의 인간행동이란 빈약한 것으로 보인다. 괴테나 셰익스피어도 이러한 거대한 열정과 높이 위에서는 한 순간도 숨쉬지 못하리라. 단테도 짜라투스트라에 비하면 단순한 하나의 신봉자에 불과할 뿐 진리를 창조하는 자가 아니며 세계 지배적 정신이 아니며 하나의 운명이 아니다. 베다의 시인들도 성직자에 불과하며 '짜라투스트라'의 구두끈을 풀어줄 만한 가치도 없는 자들이다.

— 니체, 『이 사람을 보라』에서

디오니소스는 포도재배의 신이자 술(춤)의 신이다.

니체가 정식화시킨 두 유형의 시인이 있는데, 아폴로 유형과 디오니소스 유형이 바로 그것이다. 아폴로 유형의 시인은 과도함과 지나침을 요구하지 않고, 언제, 어느 때나 아름다운 꿈과 가상의 세계에서 살아가고자 하지만, 디오니소스 유형의 시인은 자아를 망각한 존재의 무근거 상태로서 황홀한 도취의 세계를 살아가고자 한다. 아폴로 유형의 시인들은 서사시인들이고, 디오니소스 유형의 시인들은 서정시인들이다.

"디오니소스적인 것의 마력 하에서는 인간과 인간 사이의 결합이 다시 이루어질 뿐만 아니라 소외되고, 대립되고, 억압된 자연이 자기의 잃어버린 탕아蕩兒인 인간과 다시금 화해의 제전祭典을 축하하게 된다. 대지는 자기의 선물들을 보내고 암벽과 황야의 맹수들은 유순히 다가온다. 디오니소스의 수레는 꽃과 꽃다발로 지붕을 엮고 그 멍에를 끼고 표범과 호랑이가 걸어간다. 베토벤의 「환희의 송가」를 한 폭의 그림으로 바꾸어 보라. 수백만의 사람들이 두려움에 가득 차 먼지 속에 엎드릴 때, 상상력을 버리지 말고 움츠려 들지 말아보라. 그러면 디오니소스적인 것이 싹터 나올 것이다. 이제 노예는 자유민이다. 이제 곤궁과 자의恣意와 뻔뻔한 작태들이 인간들 사이에 심어놓은, 완강한 적대적 거리를 모두가 청산해 버린다. 이제 우주조화의 복음 속에서 각자는 자기 이웃과 결합되고 화해하며 융합되어 있는 것을 느끼는 것 뿐만 아니라, 마치 마야의 면사포가 갈래갈래 찢어져 신비로운 근원적 일체 앞에서 펄럭이고 있는 것 같은 모습을 보게 되는 것이다. 노래하고 춤추며 인간은 스스로가 보다 높은 공동체의 일원임을 표명하고, 걷는 것도 말하는 법도 잊어버린 채 춤추며 허공으로 날아오르려 한다. 그가 마법에 감염된 것이 그의 몸짓에 나타난다. 이제 짐승이 말을 하고 대지는 젖과 꿀을 흘리는 것처럼 인간으로부터도 초자연적인 것의 소리가 울려퍼진다. 그는 자기를 신으로 느끼며, 그가 꿈 속에서 신들이 산책하는 것을 본 것처럼 그도 스스로 감격하여 황홀하게 헤매다닌다. 인간은 더 이상 예술가가 아니며, 그는 예술품이 되어버린 것이다. 근원적 일체의 최고의 환희의 만족을 주기 위하여, 전체 자연의 예술적 힘은 도취의 소나기 아래에 자신의 모습을 제시한다. 가장 값진 대리석이 이제 끌에 쪼여 세워지고 디오니소스적 우주예술가의 끌 소리에 맞추어 가장 고귀한 음조가 울려퍼진다. 인간은 엘레우시스 밀의密儀의 외침을 발하는 것이다. "수백만의 사람들이여, 그대들은 무릎을 꿇는가? 세계여, 너는 창조주를 예감하는가?"(니체, 『비극의 탄생』)

디오니소스 유형의 시인이 짜라투스트라이고, 짜라투스트라는 인간 중의 인간인 초인이다. 짜라투스트라는 아버지(신) 살해자이며, 모든 가치의 창조자이다. 그는 예언자이고, 시인이며, 종교의 창시자이며, 그 존재의 정점에서, 예술품 자체가 된 인간이라고 할 수가 있다. 그는 춤추는 자이며, 자유 자재롭게 중력의 법칙을 초월하여 푸른 하늘을 날아다닐 수 있는 자라고 할 수가 있다.

디오니소스–짜라투스트라는 진리를 주재하며, 그가 창출해낸 진리에 비하면, 괴테도, 셰익스피어도, 단테도, 베다의 성직자들도 "단순한 하나의 신봉자일뿐" "짜라투스트라의 구두끈을 풀어줄 만한 가치도 없는 자들"에 지나지 않는다.

예술품 자체가 된 인간, 더 이상의 찬양이나 찬사가 필요없는 존재의 정점에 올라 서있는 인간, 자기 자신과 타인들과 세계가 하나임을 느끼고 있는 인간, 바로 이처럼 황홀한 도취의 세계에서 그 황홀함을 살고 있는 인간이 디오니소스–짜라투스트라라고 할 수가 있는 것이다.

우상의 황혼

우상의 황혼—말하자면 옛 진리는 이제 서서히 종말을 고하고 있다.
— 니체, 『이 사람을 보라』에서

제우스도, 마호메트도, 부처도, 예수도 우상에 지나지 않으며, 그 우상들은 이미 죽어버린 지가 오래되었다. 모든 신들은 불완전하고 유한한 우상들에 지나지 않으며, 그 우상들이 신들인 까닭은 전지전능하고 영생불사하는 신들이 없으면 이 세상을 살아갈 수 없는 우리 인간들의 나약함 때문이라고 할 수가 있다.

신도 없고, 진리도 없다. 신은 환영이고, 허상이며, 그 신들의 진리는 이내 허위가 되어버리고 만다. 천국도 없고, 극락도 없다. 오직 천국에 관한 이야기와 극락에 관한 이야기만이 남아서, 그토록 달콤하고 꿀맛과도 같은 마력으로 우리 인간들의 영혼과 육체를 사로잡고 있을 뿐인 것이다.

신도 돈이 되었고, 진리도 돈이 되었다. 돈이 신과 진리의 멱살을 움켜쥐고, 돈이 돈 낳는 속도가 느리다고 수많은 신과 진리들을 짓밟으며, 돈이 돈을 위해서 모든 사제들과 신도들을 마치, 일회용 소모품처럼 소비해버린다.

제우스도, 마호메트도, 부처도, 예수도 돈을 믿는 충신이 되었고, 언제, 어느 때나 돈을 위해서 순교를 할 준비가 되었다.

돈이 모든 우상들을 다 죽여버렸고, 돈만이 영원불멸의 신이 되었다.

우상이 우상에 걸려 넘어지고 우상은 우상을 짓밟으며 수많은 진리들을 죽여버린다. 우상과 진리들이 너무 많기 때문이다.

한 민족이 청결하지 못하다면

한 민족이 청결하지 못하다면 어떻게 '깊이'라는 것을 가질 수 있겠는가? 독일인과 사귀는 것은 여자를 사귀는 것만큼 '깊이'를 가지지 못한다.
— 니체, 『이 사람을 보라』에서

"한 민족이 청결하지 못하다면 어떻게 '깊이'라는 것을 가질 수 있겠는가?"

그렇다. 우리 한국인들은 깊이는커녕, 그 뿌리조차도 제대로 내리지 못한 부평초와도 같다. 사시사철, 바람이 부는 대로 이리 저리로 떠돌아다니며, 세계적인 천대와 멸시 속에서 뭇매만을 맞고 사는 노예민족과도 같다.

삼성그룹의 이재용 부회장의 구속영장기각은 세계적인 추문이며, 유전무죄의 극치와도 같다. 정경유착에 의한 국민연금으로 경영권을 방어하고, 국가의 공권력을 동원하여 이 세상 그 어디에도 없는 부의 대물림을 완성하게 되었다. 어느 자본주의 사회에서 국민연금으로 경영권을 방어하고, 어느 자본주의 사회에서 국가의 공권력을 동원하여 부의 대물림을 완성한 적이 있었단 말인가?

미국, 또는 문화선진국의 억만 장자는 80% 이상이 창업자인데 반하여, 우리 추한민국의 억만 장자는 80% 이상이 부의 세습자라고 한다. 완벽한 허위와 완벽한 범죄의 세계가 '재벌만세'의 두 축이기도 한 것이다.

그대는 거짓말을 잘 하는가? 그러면 그대는 한국인 자격이 있다. 그대는 타인의 글을 아무런 양심의 가책도 없이 통째로 표절을 했는가? 그러면 그대는 국무총리와 국회의장이 될 수가 있다. 그대는 언제, 어느 때나 도덕을 짓밟으며, 불의를 옹호할 수가 있는가? 그러면 그대는 박근혜처럼 한국의 대통령이 될 수가 있다.

개인보다는 이웃이 먼저이고, 이웃보다는 사회가 먼저이다. 사회보다는 국가가 먼저이고, 국가보다는 국민이 먼저이다.

나를 버리면 우리가 되고, 그 우리는 나를 나로서 존재하게 하는 토양이 되어준다.

우리 한국인들은 나만 있을 뿐, 그 나를 나로서 존재하게 하는 우리라는 토양이 없다.

거짓말로 숨쉬고, 뇌물로 밥을 먹고, 표절로 출세를 하고 있기 때문이다.

최고급의 영광의 월계관

독일 대학에서 나의 철학에 대한 강의가 가능할 것인가? 그런데 게오르그 브란데스 박사에 의해 코펜하겐의 대학에서 지난 봄 강의가 있었다. 그는 자기 자신을 다시 한번 하나의 심리학자임을 증명한 것이다.
— 니체, 『이 사람을 보라』에서

고귀하고 위대한 문화적 영웅일수록 명예욕에 사로잡힌 포로에 지나지 않으며, 언제, 어느 때나 최고급의 영광의 월계관을 쓰고 싶어한다. 나의 한 마디, 한 마디의 말은 진리가 되고, 내가 손가락 하나만 움직여도 벼락이 치고 대폭발이 일어난다. 이 영광의 월계관이 절대권력의 상징이 되고, 모든 신들의 기원에는 이처럼 절대권력이 자리를 잡고 있었던 것이다.

독일 대학에서 나의 철학에 대한 강의가 가능할 것인가? 니체 역시도 최고급의 월계관을 쓰고 싶어했고, 언제, 어느 때나 그의 말을 진리로 믿으며, 그를 추종하는 수많은 신도(제자)들을 가지고 싶어했다.

하지만, 그러나 그의 조국인 독일에서는 그를 미처 받아들일 준비가 되지 않았던 것이고, 바로 이 지점에서 니체의 비극이 완성되었던 것이다.

저주받은 사상가—최초의 진리의 창시자는 그의 말대로, 수없이 되풀이 죽었다가 수없이 되살아나야만 할 운명에 처해 있었던 것이다.

한국 대학에서 반경환의 '낙천주의 사상'에 대한 강의가 가능할 것인가? 오천년이 지나도, 천지개벽을 해도 그런 날은 오지도 않을 것이다.

비판철학의 완성자

나는 인간이 아니다. 하나의 다이나마이트이다. 그럼에도 불구하고 나 자신 속에는 어떤 종교의 창시자와 같은 사고방식은 존재하지 않는다. 종교란 천한 하류배들의 관심사이다. 나는 신앙을 갖고 있는 무리들과의 접촉 뒤에는 손을 닦고 싶다.
— 니체, 『이 사람을 보라』에서

"현대는 바로 비판의 시대이며, 모든 것이 비판받지 않을 수가 없다"라고 칸트가 비판철학의 시대를 활짝 열었다면, 니체는 "나는 인간이 아니다. 하나의 다이나마이트이다"라고 비판철학의 시대를 완성했다고 해도 과언이 아니다. "철학자라는 이름의 인간의 육성자, 이 비범한 존재들은 이제까지 스스로를 지혜의 친구라기보다는 위험스러운 물음표, 불쾌한 바보로 생각해 왔다"(『선악을 넘어서』)라는 말이 바로 그것이다. 동시대의 미덕에다가 가장 날카롭고 예리한 비판철학의 칼날을 들이댐으로써, 동시대를 비판하고, 동시대를 비판함으로써 다이나마이트와도 같은 그의 삶을 살다가 갔던 것이다.

짜라투스트라, 즉, 초인이란 되어감의 존재이지, 전지전능한 존재가 아니다. 그 초인이 신이 될 때, 그러나 그 초인은 한낱 우상에 지나지 않게 된다.

　니체는 되어감의 존재, 즉, 가능성의 존재로서 살아가고 싶어 했지, 종교창시자로서 살고 싶어 하지는 않았다. 왜냐하면 종교창시자란 우상숭배주의자이며, 천민 중의 천민의 무리에 지나지 않기 때문이다.

　비판만이 위대하고, 또, 위대하다.

　비판은 당신의 존재 증명이다. 당신은, 누구를, 무엇을 비판할 수 있는가?

　니체의 추종자, 혹은 니체의 제자라고 할 수 있는 페터 가스트는 니체의 장례식에서 "앞으로 다가올 모든 세대에 당신의 이름은 고귀하리라"고 외쳤다고 한다.

모든 가치의 전환

'모든 가치의 전환', 이것이 인류에 있어서의 최고의 자기 성찰의 행동을 위한 정식定式으로서, 이것이 나의 살이 되고 나의 천재성이 된다.
— 니체, 『이 사람을 보라』에서

'모든 가치의 전환'—, 이 말은 모든 가치의 창조를 뜻하고, 그는 천지창조자와도 같은 사람을 뜻하게 된다.

자기 자신의 목소리로 말하고, 자기 자신의 두 발로 걸으며, 최초의 아버지로서 그의 세계를 경영한다.

모든 명명의 힘은 천지창조자의 그것과도 같다.

나는 너희들을 가장 아름답고 멋진 신세계로 인도할 것이다.

오오, 우리 한국인들이여, 너희들은 아직도 나의 '낙천주의 공화국—애지공화국'을 이해하지 못하겠는가?

모든 것이 가능하고, 언제, 어느 때나 영원불멸의 힘으로 살아갈 수 있는 '낙천주의 공화국—애지공화국'의 그 비옥한 삶의 터전을……

선악의 창조자

선악에 있어서 창조자가 되고 싶은 자는 누구나 먼저 파괴자가 되어야 하며, 모든 가치를 전도시켜야 한다. 따라서 최고의 악은 최고의 선에 속하며, 바로 이러한 것이 창조적인 것이 되는 것이다.
— 니체, 『이 사람을 보라』에서

노아의 방주에는 모든 생명체들이 자기 자신의 짝을 데리고 왔지만, 선만이 혼자서 찾아왔다고 한다. 노아는 너무나도 단호하게 선의 승선을 거부했고, 따라서 선은 그토록 혐오하고 싫어하는 악을 데리고 왔다고 한다.

선과 악은 영원한 짝패이며, 그들은 한마음—한뜻의 일심동체와도 같다.

선한 자는 악하지 않으면 안 되고, 악한 자는 선하지 않으면 안 된다. 선과 악이란 분리가 가능한 어떤 것이 아니며, 선(악)한 행위에는 반드시 악(선)한 행위가 따르게 되어 있는 것이다.

가난한 자를 도와주면 선한 자가 되고, 그는 선한 자로서 타락—자기 자신의 가족을 돌보지 않은 것과 명예와 명성을 얻는 것 등—을 하게 한다. 타인의 재산을 약탈하면 악한 자가 되고, 따라서 그는 악한 자로서 그가 소속된 사회의 선을 위한 희생자가 된다.

하나의 문화적 영웅이 탄생하려면 수많은 인간들이 사회적 천민으로 희생되어야만 하듯이, "선악에 있어서 창조자가 되고 싶은 자는 누구나 먼저 파괴자가 되어야 하며, 모든 가치를 전도시켜야 한다. 따라서 최고의 악은 최고의 선에 속하며, 바로 이러한 것이 창조적인 것이 되는 것이다."

원래 선악이란 있을 수가 없다. 군축동물, 즉, 무리를 짓는 동물로서 공동체 사회를 형성하고, 그 공동체 사회를 유지하기 위한 가치기준표를 정한 것이 모든 선악의 기원이라고 할 수가 있는 것이다.

전대미문의 가장 무서운 인간

나는 이제까지 살아온 인간들 중에 전대미문의 가장 무서운 인간이다. 그렇다고 이것이 내가 또한 가장 자애로운 인간이 되는 것을 막지는 못한다.
— 니체, 『이 사람을 보라』에서

전대미문의 가장 무서운 인간, 그 인간은 아버지 살해자이며, 그 아버지를 살해하기 위하여 자기 자신의 목숨을 헌신짝처럼 던져버린 인간이라고 하지 않을 수가 없다.

삶에의 의지에 반하여 죽음에의 의지를 찬양하고, 그 죽음에의 의지로서 수많은 인간들을 구원할 수 있는 인간이 가장 무서운 인간이라고 할 수가 있는 것이다.

아들이 아버지보다 못한 가정도 미래의 희망이 없고, 제자가 스승보다 못한 사회도 미래의 희망이 없다.

죄를 짓고 죄악을 정당화할 수 있는 인간만이 가장 위대하고, 또, 위대한 것이다.

최초의 비도덕주의자

 나는 최초의 비도덕주의자이며 이것이 또한 나를 탁월한 파괴자로 만든다.
 ― 니체, 『이 사람을 보라』에서

모든 도덕이란 낡은 것이고, 낡은 것이란 무너지게 되어있는 것이다.

도덕이란 잠정적이고 일시적인 것이고, 이 도덕의 존재 근거는 사상의 누각과도 같은 것이다.

도덕을 믿지 않기 때문에 자칭 비도덕주의자가 되고, 그 낡은 도덕의 미래를 알고 있기 때문에, 탁월한 파괴자가 될 수가 있었던 것이다.

탁월한 파괴자란 시대를 앞서가는 선지자에 지나지 않는다.

부패할수록 좋다.

부패하면 부패할수록 더욱더 좋다.

박근혜와 최순실은 추한민국의 영원한 어머니이다.

도덕과 부도덕, 선과 악, 이 모든 것들에 대한 가치기준표가 없는 추한민국은 영원한 백치와도 같다. 두뇌가 없고, 오직 이민족의 명령에 따라 북한형제들을 물어뜯고, 그 피비린내를 풍기면서 살아간다.

　수천년 동안 이민족에게 개처럼 두들겨 맞고, 그 분풀이를 자기 아내와 가족들에게 할 수밖에 없는 더없이 못났고, 가엾은 민족들―.

선한 자들은

선한 자들은 결코 진리를 말하지 않는다.
— 니체, 『이 사람을 보라』에서

이 세상에서 가장 무섭고 잔인한 불량국가는 북한이며, 미국의 말을 빌리면, 전세계인들이 모두가 다같이 북한이 두려워서 벌벌벌 떨고 있을 정도이다.

이 미국의 말을 사실 그대로 믿고 있는 자는 우리 사대주의자事大主義者들 뿐이며, 이 사대주의자들이 남한의 전재산을 다 가져다가 미국에게 바친다.

그토록 잔인하고 포악한 북한으로부터 우리 좀 도와주고 보호해 달라고—.

선한 자들은 결코 진리를 말하지 않는다.

우리는 깡패이며, 강도이고, 정복자라고—,

우리의 말을 들으면 너희들은 영원히 주권국가의 문화시민이 될 수 없다라고—.

선인들은 창조의 능력이 없다

 선인들은 창조의 능력이 없다. 그들은 종말의 시초이며 새로운 가치의 창출자를 박해한다. 그들은 자신을 위해 모든 인간의 미래를 희생시킨다.
— 니체, 『이 사람을 보라』에서

 어제의 강물은 오늘의 강물이 아니고, 오늘의 강물은 내일의 강물이 아니다.
 만물은 유전한다.
 진리도 없고, 선인도 없다.
 선인은 앞선 사람을 뜻하지만, 그러나 그가 앞섰다고 생각하는 순간, 이미 그는 시대착오적인 사람이 된다.
 왜냐하면 신세대가 옛세대의 발목을 비틀어버리고, 어느새 앞서 나가고 있기 때문이다.
 늙은이는 종말의 시초이며, 새로운 가치의 창출자를 박해한다. 늙은이는 이미 그 생애가 다 끝난 자기 자신의 목숨을 연명하기 위하여 모든 젊은이들의 미래를 희생시킨다.
 '장수만세'인 고령화 시대는 '청년지옥'의 시대에 지나지 않는다.

Friedrich Nietzsche

2부

애지공화국

"네 보물이 있는 그곳에 네 마음도 있느니라(마태복음)"라고 말한 것은 옳은 말이다. 우리의 보물은 우리 인식의 벌통이 있는 곳에 있다. 우리는 본성상 날개 달린 피조물로서 그리고 정신을 수집하는 꿀벌로서 항상 그 벌통을 찾아가고 있는 것이다.
— 니체, 『도덕의 계보』에서

나는 우리 한국인들의 백만 두뇌를 양성하고, 우리 한국인들을 '고급문화인', 즉, '사상가와 예술가의 민족'으로 육성하는 것을 내 인생의 최고의 목표로 삼았다.

미군을 철수시키고, 남북통일을 이룩하고, 전인류의 소망인 영원한 제국을 건설하고, 이 영원한 제국을 '애지공화국', 즉, '낙천주의 공화국'으로 건설하고 싶었던 것이다.

한국의 공자, 한국의 맹자, 한국의 칸트, 한국의 마르크스, 한국의 부처, 한국의 예수 등이 모든 세대마다 배출되며, 그 지상낙원의 삶을 향유할 수 있도록 해주고 싶었기 때문이다.

오늘도 나는 내 보물이 있는 곳—, 나의 '애지공화국' 속에서 한여름 밤의 꿈처럼 살아가고 있다.

나는 너무나도 마음이 아팠기 때문에 기뻤고, 나는 너무나도 불행했기 때문에 행복했다.

나는 지혜를 사랑하는 행복의 연주자였다.

악의 기원

　우리의 선악이란 진실로 어디에서 유래하였는가라는 의문에 부딪치지 않을 수 없었다. 실은, 악의 기원의 문제는 이미 13살 소년 시절에도 나를 따라다녔다. "가슴 속에 반은 어린이를, 반은 신을"(괴테,『파우스트』) 품고 있었을 시절에 나는 이 문제를 두고 나의 최초의 문학적인 유치한 장난, 나의 최초의 철학적 습작에 전념하였다. 그리고 그때 제기한 문제의 해결에 대해서는, 당연한 일이었지만 나는 신에게 영예를 돌려 신을 악의 아버지로 생각했던 것이다.

— 니체,『도덕의 계보』에서

　서양에서 13살은 한국의 나이로 14살이 되고, 중학교 1학년의 청소년에 지나지 않는다. 그 어린 나이로, 더군다나 반기독교적인 사유를 하고, 모든 악의 기원을 신에게 돌렸다는 사실은 저절로 혀를 차게 만든다. 참으로 대단히 조숙하고, 영리하며, 세기말적인 문제아가 아닐 수가 없는 것이다.

　파우스트 박사는 천사이면서도 악마에게 영혼을 팔아버린 최고의 지식인에 지나지 않는다. 괴테는 파우스트 박사를 통해서 선과 악은 동일한 인물의 양면이라는 사실을 가장 웅변적으로 보여준 셈이었다.

 신은 선을 좋아하고 악을 혐오한다. 신은 선의 가면을 쓰고 자기 자신의 악을 은폐한 사기꾼에 지나지 않지만, 그러나 그 신마저도 꼭두각시에 지나지 않는다.

 하늘과 땅을 창조하고, 모든 사물들과 함께 신을 창조한 것은 우리들의 아버지이기 때문이다.

선과 악이라는 가치판단

 인간은 어떤 조건하에서 선과 악이라는 가치판단을 생각해냈던가? 그리고 그 가치판단들 그 자체는 어떠한 가치를 지니고 있는가? 그것이 이제까지 인간의 번영을 저지하여 왔던가, 혹은 촉진시켜왔던가? 그 가치판단은 삶의 고난, 빈곤, 타락의 징조인가? 그렇지 않으면 거기에는 삶의 풍부한 힘, 의지, 용기, 자신, 미래가 나타나 있는가?
 ― 니체, 『도덕의 계보』에서

 기독교와 사대주의와 반민족주의와 부정부패는 뗄래야 뗄 수 없는 악마의 공식이라고 할 수가 있다. 기독교는 유목민의 종교이고 기독교를 믿는 한 문재인과 안철수와 우리 한국인들은 반드시 부패하게 되어 있다. 왜냐하면 기독교는 농경민의 역사와 전통을 부정하고, 단군자손의 씨앗을 말리는 악마의 종교이기 때문이다.
 하지만, 그러나 기독교와 제국주의와 민족주의와 청결은 서양에서는 뗄래야 뗄 수 없는 천사의 공식이라고 할 수가 있다. 기독교는 서양의 제국주의와 민족주의의 근본토대이기 때문에 서양의 번영과 영광을 나타낸다. 인간, 즉, 자기 자신이 처한 위치와 문화와 환경에 따라서 동일한 종교마저도 이처럼 다르게 나타난다. 기독교는 우리 한국인들의 번영과 영광을 저지하고, 우리 한국인들로 하여금 유목민과 유목민의 가치관을 숭배하게 하는, "삶의 고난, 빈곤, 타락의 징조"로 그 악마의 발톱을 드러내게 된다.

아아, 기독교도인 우리 한국인들은 이러한 사실을 몰이해하고, 이러한 기독교의 악마의 공식을 마치 그들의 유일한 신앙(진리)으로 받아들이고 있는 것이다.

우리 국회의원들은 청문회 불출석과 위증의 교사범이며 조건없이 구속을 해도 된다. 청문회 불출석자는 강제구인하고 위증자는 무조건 구속하는 법을 만들면 되는데도 국회청문회를 온갖 불출석과 위증(거짓말)의 향연장으로 만들어 놓는다.

우리 국회의원들을 모두가 다같이 이렇게 외치고 있는 것이다. "출석하지 않아도 되고 위증을 해도 된다. 오직 정치자금을 많이 내며 된다"라고―.

참으로 민족의 반역자인 개새끼들이 우리 정치인들이기도 한 것이다.

잠언

    충분히 절차탁마切磋琢磨되어 이루어진 잠언이란 단순히 읽는다고 해서 해독될 수 있는 것이 아니다. 오히려 거기에서 그 해석이 시작되어야 하지만 거기에는 또한 해석의 기술이란 것이 필요하다.
    — 니체, 『도덕의 계보』에서

    소크라테스는 '너 자신을 알라'라는 한 마디 말을 남겼고, 데카르트는 '나는 생각한다, 고로 존재한다'라는 한 마디 말을 남겼다. 니체는 '나는 너희에게 초인을 가르친다'라는 한 마디 말을 남겼고, 쇼펜하우어는 '세계는 의지의 표상이다'라는 한 마디 말을 남겼고, 반경환은 '나는 신성모독을 범한다, 고로 존재한다'라는 한 마디 말을 남겼다.
    소크라테스, 데카르트, 니체, 쇼펜하우어, 반경환 등은 그 삶의 교훈을 얻기 위하여 그들의 목숨까지도 걸었던 것이고, 이 삶의 교훈과는 정반대로, 이 세상에서 가장 처절하고 비참한 생애를 살다가 갈 수밖에 없었다.

    상을 받아야 할 때 꼭 벌을 받아야만 하는 운명을 타고난 사람이 있다. '만인 대 일인의 싸움'을 할 수밖에 없는 선구자들의 운명이 바로 그것이다.

나는 초등학교를 졸업하자마자 싸구려 상품처럼 시장에 팔려나갔고—나는 자그만 상점의 종업원이 되었다—, 그 결과, 나의 우등상장은 아무런 의미도 없게 되었다. 내 생일날의 아침은 아버님의 상여가 나갔고, 내 회갑날 아침은 광신도인 아내가 이른 새벽부터 교회에 가버렸기 때문에, 여러 친지들이 모인 가운데, 상갓집의 그것처럼 변해버렸다. 나의 등단소식은 나의 가난 때문에 사랑하던 애인의 집으로부터 이별통보를 받았고, 그리고 그후, 한국문단의 황제인 김현 교수를 정면으로 공격하고, 소위 한국사회에서 영원히 이름도, 얼굴도 없는 인물이 되었다.

나는 이미 죽어버린 사람이 되었고, 나는 나의 유령으로서 이 세상을 살아가고 있었다.

'나는 신성모독을 범한다, 고로 존재한다'는, 그러나 낙천주의 사상가의 제일의 명제가 되었다.

'좋음'이라는 판단은

 '좋음'이라는 판단은 '좋은 것'을 받는 사람 측에서 발생되는 것이 아니다. 오히려 그 판단은 '좋은 인간들' 자신에게서 비롯된 것이다. 즉 고귀한 사람들, 강력한 사람들, 드높은 사람과 고매한 사람들에게서—이들은 모든 저급한 자, 비천한 자, 범속한 자, 천민적인 자들에 대비해서 자기 자신과 자신의 행위를 '좋음'으로, 말하자면 최상급의 것으로 느끼고 평가한다. 그들은 바로 이 거리감에서 비로소 가치를 창조하고, 거기에다 이름을 붙이는 권리를 획득했던 것이다.
 — 니체, 『도덕의 계보』에서

 동등한 인물에게는 동등한 대우를 해야 하고, 동등하지 않은 인물에게는 동등하지 않은 대우를 해야 한다. 이것이 플라톤과 아리스토텔레스의 근본 생각이었고, 이 계급적 질서 덕분에, 고대 그리스 사회는 그 사회를 유지할 수가 있었던 것이다. 주인(귀족)은 돈과 명예와 권력 등, 그 모든 것을 다 가지고 있었기 때문에, 타인의 생각을 경청할 필요없이 자기 자신이 좋은 것(선한 것)과 나쁜 것(악한 것)을 판단했던 것이고, 이에 반하여 노예(천민)는 돈과 명예와 권력 등, 그 어느 것도 가지고 있지 않았기 때문에, 자기 자신과 주인을 비교하여 좋은 것과 나쁜 것을 판단했던 것이다.

주인은 우리는 '좋은 사람'이라고 말하고, 이 좋은 사람과 비교하여 다른 사람을 나쁜 사람이라고 말한다. 노예는 주인은 '나쁜 사람'이라고 말하고, 이 나쁜 사람과 비교하여 자기 자신을 좋은 사람이라고 말한다. 주인의 도덕은 자기 찬미의 도덕이고, 노예의 도덕은 이 세상과 그 모든 것을 끊임없이 물어뜯고 비방하는 염세주의자의 도덕이다.

예로부터 고귀하고 위대한 사람들은 사물에 이름을 부여하는 명명자이자 그 가치의 창조자였고, 그 지배자적인 권리를 향유했던 사람들이기도 했던 것이다.

언어 자체의 기원

 이름을 부여하는 지배자적 권리가 아주 멀리까지 뻗쳐서, 언어 자체의 기원을 지배자의 권력표시로 간주하기에까지 이르렀다. 그들은 '이것은 이러이러하다'라고 말한다. 그들은 모든 사물과 사건을 한 마디 소리로써 봉封하고, 그리하여 말하자면 그것을 점유해버린다. 따라서 '좋음'이란 단어가, 저 도덕 계보학자들의 미신迷信이 억측하는 것처럼, 처음부터 그리고 필연적으로 비이기적 행위에 연관된 것이 아니라는 점은 이러한 기원에서 볼 때 자명하다.

— 니체, 『도덕의 계보』에서

 돈과 명예와 권력은 잠정적이고 일시적인 것에 지나지 않지만, 언어의 소유권은 천세불변의 영원한 것이라고 하지 않을 수가 없다. 돈도 환영이고 신기루이며, 명예도 환영이고 신기루이고, 권력도 환영이며 신기루이다. 돈과 명예와 권력은 하나의 기호(허상)에 지나지 않으며, 이 기호가 옮겨 다닐 때마다 그 사람의 운명이 뒤바뀌게 된다. 인간은 돈과 명예와 권력이라는 기호(허상)의 노예에 지나지 않으며, 이 기호의 지시에 따라서 끊임없이 일인다역의 광대극을 연출해내지 않으면 안 된다. 인간은 유한하지만 기호는 영원하다.

하지만, 그러나 언어의 소유권은 천세불변의 영원한 것이라고 하지 않을 수가 없다. 수성론자水性論者인 탈레스, 화성론자火性論者인 헤라클레이토스, 공기론자空氣論者인 아낙시메네스, 원자론자原子論者인 데모크리토스도 영원불멸의 삶을 살고 있고, 이상주의자인 플라톤, 현실주의자인 아리스토텔레스, 유교주의자인 공자, 성선론자性善論者인 맹자도 영원불멸의 삶을 살고 있다. 모든 지식인들의 꿈은 '언어 자체의 기원'을 소유하는 것이고, 이 언어의 소유권을 통해서 영원불멸의 삶을 살고 싶은 것이라고 하지 않을 수가 없다. "그들은 '이것은 이러이러하다'라고 말한다. 그들은 모든 사물과 사건을 한 마디 소리로써 봉封하고, 그리하여 말하자면 그것을 점유해버린다."

나의 사상과 이론을 찬양하는 자는 축복을 받을 것이고, 그렇지 않은 자는 지옥에 가게 될 것이다.

최초의 종족의 창시자는 언어의 소유권자이며, 이 언어의 소유권에 비하면, 그 어떠한 권력도 한 움큼의 티끌에 지나지 않는다.

자본 중의 자본은 언어이며, 이 언어보다 더 고귀하고 위대한 것은 없다.

좋음과 나쁨의 언어학적 기원

여러 가지 언어로 표현된 '좋음'이란 단어가 지칭하는 그 참된 어원학적 의미는 무엇인가라는 이 의문이 나에게 올바른 설명의 길을 제시해 주었다. 그리하여 나는 여러 표현들이 동일한 개념의 변형에 기인함을 알아냈다. 즉 어느 언어에 있어서나 사회적인 의미에서의 '고귀한', '귀족적인'이 기본개념이며, 여기에서 '귀족적 영혼의', '고귀한', '고결한 영혼의', '특권 지닌 영혼'의 등의 의미로서 좋음의 개념이 필연적으로 발전해 온 것이다. 이러한 의미발전과 항상 평행하여 이루어지는 또 하나의 발전에서는 '비속한', '평민적인', '저급한' 등이 결국엔 '나쁨'이란 개념으로 바뀌어진다.

— 니체, 『도덕의 계보』에서

노예는 생명있는 도구요, 도구는 생명없는 노예라는 것이 아리스토텔레스의 귀족적인 가치관이었다. 주인과 노예는 상호대립적인 존재도 아니며, 더,더군다나 상호 공생적인 존재도 아니다. 이러한 귀족적인 가치관을 사실 그대로 받아들인 것이 쇼펜하우어와 니체였고, 그들은 자기 자신들이 속한 귀족사회를 옹호하고 그토록 민주주의를 혐오하고 헐뜯기에 여념이 없었던 것이다.

'좋음'이라는 참된 어원학적 의미는 '귀족적 영혼의', '고귀한', '고결한 영혼의', '특권 지닌 영혼'에 맞닿아 있고, '나쁨'이라는 참된 어원학적 의미는 '비속한', '평민적인', '저급한' 등에 맞닿아 있다.

주인과 노예, 귀족과 천민의 차이는 인간과 짐승의 차이보다도 더 크다.

하지만, 그러나 이 주인과 노예의 차이가 없어지고, 민인평등이라는 민주주의 사회가 도래하게 된 것은 자본주의 사회일 수밖에 없었는데, 왜냐하면 산업현장에서의 돈 낳는 기계를 다루려면 지식이 필요했기 때문이었다. 산업전사로서의 노동자(노예)에게 어쩔 수 없이 공부를 가르치게 되자, 그 공부를 통해서 자기 자신의 계급이 너무나도 부당하게 탄압을 받고 착취를 당하고 있다는 사실을 깨닫지 않을 수가 없었던 것이다.

만국의 노동자여, 단결하라!

법 앞에서 만인은 평등하다!

민주주의 사회에서의 '좋음'의 참된 어원학적 의미는 평민(시민)에 맞닿아 있고, '나쁨'의 참된 어원학적 의미는 소수의 귀족의 가치관에 맞닿아 있다. 천민이 귀족과 귀족의 가치관을 전복시키고, 만인평등과 민주주의를 부르짖게 되었던 것이다.

'좋음'이라는 말은

  '좋음'이라는 말은 어원적으로는 존재하는 자, 현실적인 자, 실제적인 자, 진실한 자를 의미한다. 그 다음에 '진실한 자'는 주관적인 뜻으로 전환되어 '성실한 자'를 뜻하게 되었다. 개념변화의 이러한 단계에 이르면, 그것은 귀족계급의 슬로건이나 표어가 되며, 그리고 '고귀한'이라는 뜻으로 완전히 바뀌어져 버린다. 즉 테오그니스가 다루어 묘사한 것처럼, 거짓말쟁이 평민과의 구별을 나타내는 말이 되었다. 그리고 마침내 그 말은, 귀족의 몰락 이후, 영혼의 고귀성을 지칭하는 것으로 남게 되고, 말하자면 무르익어 달콤하게 되었다.
  — 니체, 『도덕의 계보』에서

  명명의 힘을 지닌 자는 가치의 창조자였고, 가치의 창조자는 언어의 소유권을 지닌 자였다. 언어의 소유권을 지닌 자는 종족의 창시자이며, 절대 권력자이고, 그 사회적 지위가 전지전능한 신이라는 왕관을 쓴 자들이라고 할 수가 있다.

  예수는 '천국에 들어오는 자는 나에게 경의를 표해야 한다'고 말하고, 부처는 '극락에 들어오는 자는 나에게 경의를 표해야 한다'고 말한다. 플라톤은 '이상국가에 들어오는 자는 나에게 경의를 표해야 한다'고 말하고, 노벨은 '노벨상을 타는 자는 나에게 경의를 표해야 한다'고 말한다. 찰스 다윈은 '진화론을 믿는 자는 나에게 경의를 표해야 한다'고 말하고, 노자는 '무위자연을 믿는 자는 나에게 경의를 표해야 한다'고 말한다.

모든 사상과 이론은 그토록 잔인하고 끔찍한 이전투구의 결과였고, 천하무적의 상승장군으로서의 그 진리의 창시자는 모든 '좋음'의 창시자가 되었던 것이다. 끊임없는 존경과 찬양은 그 진리 사용의 대가이며, 이 세상에서 공짜라는 것을 있을 수가 없다.

"좋음"이라는 말은 어원적으로는 존재하는 자, 현실적인 자, 실제적인 자, 진실한 자를 의미한다. 그 다음에 '진실한 자'는 주관적인 뜻으로 전환되어 '성실한 자'를 뜻하게 되었다. 개념변화의 이러한 단계에 이르면, 그것은 귀족계급의 슬로건이나 표어가 되며, 그리고 '고귀한'이라는 뜻으로 완전히 바뀌어져 버린다. 즉 테오그니스가 다루어 묘사한 것처럼, 거짓말쟁이 평민과의 구별을 나타내는 말이 되었다."

그 옛날이나 지금이나 어느 것 하나 변한 것이 없다.
언어의 소유권을 지닌 자, 즉, 사상과 이론의 창시자만이 위대하고, 또, 위대하다.

성직자의 복수정신

 기사적, 귀족적 가치판단은 강한 체력, 젊고 왕성하고 넘치는 건강, 건강을 보전하는 데 필요한 전쟁, 모험, 사냥, 무도, 투기, 그리고 일반적으로 활기차고, 자유롭고, 쾌활한 행동에 속하는 모든 것을 전제로 한다. 이에 반해서 성직자적 고귀한 평가양식은, 우리가 보아 온 바와 같이, 다른 것들을 전제로 한다. 즉 전쟁을 한다는 것은 그들에게는 불리하다는 것이다! 잘 알려진 바와 같이 성직자들은 가장 사악한 적이다. 그러나 도대체 왜 그럴까? 그들은 가장 무력한 자들이기 때문이다. 그들에게서 증오가 태어나서, 괴이하고 무시무시한 것, 가장 정신적이며, 가장 유독한 것에서까지 자라는 것은 바로 그들의 무력함 때문이다. 세계사에 있어서 진실로 거대한 증오자는 항상 성직자들이었다. 그들은 또한 가장 영리한 증오자였다. 성직자적 복수정신에 비하면 다른 정신들은 거의 문제도 되지 않는 것이다. 무력한 자들이 끌어들였던 정신이 없었다면, 인간의 역사는 실로 매우 어리석은 것이 되었을 것이다.
 — 니체, 『도덕의 계보』에서

 그 옛날의 귀족들은 대부분이 무사계급—문무를 겸한 귀족들도 있었겠지만—이었고, 그 옛날의 성직자들은 대부분이 문인이었다.

강한 체력, 전쟁, 모험, 사냥, 무도 등은 언제, 어느 때나 귀족들이 선호하는 것이었고, 종교적 신앙, 하나님의 은총, 지혜, 금욕, 청결 등은 언제, 어느 때나 성직자들이 선호하는 덕목들이었다. 이 '귀족 대 성직자', 아니, '무사 대 문인'의 싸움에서 무력으로 싸운다는 것은 성직자들에게는 도저히 있을 수가 없는 것이었고, 그 대신에, 성직자들이 선호했던 싸움은 최고급의 인식의 제전, 즉, '지혜 싸움의 대투쟁'이었던 것이다.

부유한 자, 힘 있는 자, 지배하는 자는 사악하고 천당 못가고, 가난한 자, 힘없는 자, 지배당하는 자는 선량하고 천당간다는 신념 하나로 귀족계급의 모든 가치관을 전복시키고, 사회적 약자편에 서서 그 다수의 힘으로 최종적인 승리를 거두게 되었던 것이다. 성직자는 무력 싸움에서는 늘, 항상 패배할 수밖에 없었으며, 그 결과, 원한 맺힌 저주 감정이 그 기본감정이 되었던 것이다. "그들에게서 증오가 태어나서, 괴이하고 무시무시한 것, 가장 정신적이며, 가장 유독한 것에서까지 자라는 것은 바로 그들의 무력함 때문이다. 세계사에 있어서 진실로 거대한 증오자는 항상 성직자들이었다." 그렇다. "성직자적 복수정신에 비하면 다른 정신들은 거의 문제도 되지를 않는다."

유태인이야말로

　유태인이야말로 무섭도록 철저하게 감히 귀족적 가치등식(좋은=고귀한=강력한=아름다운=행복한=신에게 사랑받는)을 뒤엎고, 가장 깊은 증오(무력함에서의 증오)의 이빨로 이 반란을 물고 늘어졌던 것이다. 그들은 말하기를, "가련한 자만이 선한 자이고, 가난한 자, 무력한 자, 비천한 자만이 선한 자이며, 괴로워하는 자, 빼앗긴 자, 병든 자, 추한 자만이 경건한 자이며, 신에 의해 사랑받는 자이며, 축복은 오직 그들에게만 있다―. 그리고 너희, 강력하고 고귀한 자는 이와 반대로 영원히 사악한, 잔인한 자, 탐욕스런 자, 음험한 자, 신에 거슬리는 자다. 뿐만 아니라, 너희는 영원히 축복받지 못하는 자, 저주받을 자, 멸망할 자이니라!"라고. 이 유태적 가치전환을 이어받은 자가 누구인지 우리는 알고 있다. 유태인이 이러한 가장 근본적인 선전포고를 통해 행사하게 된 어마어마하고, 가장 숙명적인 주도권과 연관해서, 나는 이전에 내가 말한 명제(『선악을 넘어서』)를 돌이켜 생각해본다. 즉 유태인과 더불어 도덕에 있어서의 노예반란이 비롯되었다. 이 반란은 그 이면에 2,000년 역사를 가지고 있으며, 그 반란이 계속적으로 성공적인 것이었기 때문에 우리는 오늘날에는 반란을 볼 수 없게 된 것이다.

　― 니체, 『도덕의 계보』에서

유태교인들은 구약의 성경을 믿고, 기독교인들은 신약의 성경을 믿는다. 유태민족은 하나님께 선택을 받은 민족이 되었고, 따라서 그들은 예수를 대사기꾼이라고 믿어 의심하지 않는다. 하나님이 동정녀 마리아와의 간통으로 예수를 낳았고, 그 예수에게 모든 권력을 넘겨주었다는 것은 전혀 터무니없고 허무맹랑한 잡설에 지나지 않는다.

하지만, 그러나 기독교인들은 유태민족의 타락으로 인하여 유태민족에 대한 하나님의 은총이 박탈되었고, 이제는 그의 독생자인 예수에게 모든 권력이 이양되었음을 믿어 의심하지 않는다. 성부와 성자와 성령은 삼위일체이며, 이제 유태민족은 하나님의 은총을 잃어버린 폐족이 되었다고 하지 않을 수가 없다.

유태교는 아브라함, 이삭, 야곱에서처럼 지배계급의 종교이고, 기독교는 예수, 마리아, 베드로에서처럼 피지배계급의 종교이다. 유태교의 하나님은 지배계급의 수호신이고, 기독교의 예수는 피지배계급의 수호신이다. 이처럼 상호 적대적이며 상호 배타적인 구약과 신약을 하나의 성경으로 묶어논 것은 종교의 역사상 도저히 용납할 수 없는 너무나도 뻔뻔스럽고 파렴치한 만행이라고 하지 않을 수가 없다.

하지만, 그러나 이 '노예의 반란'은 대성공을 거두었고, 그 결과, 기독교가 유태교를 누르고 제일급의 종교가 될 수밖에 없었던 것이다.

유태인과 기독교인의 싸움을 앞의 니체의 글과는 정반대 방향에서 살펴본 것은 오늘날의 기독교인들의 그 압도적인 영향력 때문이라고 할 수가 있다. 오늘날의 기독교는 너무나도 사악하고 너무나도 파렴치 하다. 어떻게 전지전능한 신이 '지구가 둥글다'는 것을 모를 수 있었겠으며, 어떻게 전지전능한 신(예수)이 인간의 뱃속에서 탄생할 수가 있었겠는가? 어떻게 전지전능한 신이 십자가에 못 박혀 죽을 수가 있었겠으며, 어떻게 그 예수는 2,000년이 지났는데도 자기 자신의 자식을 생산해내지 못하는 성불구자가 되었던 것일까? 예수는 자기 자신의 아버지(하나님)를 살해한 패륜아이지, 인간의 죄를 대속하고 죽어간 신이 아니다.

니체의 글은 유태교와 기독교의 싸움을 다룬 글이 아니며, 이 장과 이 문단 내에서는 '유태인과 유럽인의 싸움'을 다룬 글이라고 할 수가 있다. 유태인 전체가 성직자계급(노예계급)이 되고, 유럽인 전체가 귀족계급(무사계급)이 된다. 유태교와 기독교를 다같이 유태민족의 종교로 보고 유태민족을 '성직자적 복수정신'의 실현체로 폄하하고 있는 것이다.

복수와 증오

그러나 당신들은 이것을 이해하지 못한다고? 당신들은 승리를 획득하는 데 2,000년의 세월을 필요로 했던 저 일을 이해할 수 없단 말인가? 그렇다고 하더라도 별로 이상할 것은 없다. 왜냐하면 오랜 세월에 걸쳐 계속되었던 사건의 전체를 조망하기란 어렵기 때문이다. 그 사건이란 다음과 같은 것이다. 복수와 증오, 유태인의 증오—지상에서는 그 유례를 찾아볼 수 없는 가장 깊고 가장 숭고한 증오, 즉 이상을 창조하고 가치를 전도시키려는 증오—의 나무줄기에서부터 꼭같이 비교할 수 없는 어떤 것이, 하나의 새로운 사랑이, 가장 깊고 가장 숭고한 사랑이 자라났던 것이다. —다른 어떤 줄기에서 그것이 자라날 수 있었겠는가?

— 니체, 『도덕의 계보』에서

한 사람의 종친으로 생각한다고 하더라도 반기문 전 유엔사무총장의 대선출마 선언과 그 포기는 그야말로 한 편의 저질의 코미디이며, 세계적인 지도자로서의 도저히 있을 수가 없는 국제적인 망신거리에 지나지 않았다. 반기문은 '두뇌가 없는 서울대학교 출신의 우등생'이었으며, 미국의 이념과 그 가치 앞에서는 무조건 충성을 다했던 '미국인보다 더 미국인다운 꼭두각시'에 지나지 않았던 것이다. 대한민국의 건국이념과 그 목표도 모르고 있었고, 그 어떠한 새로운 정책도 제시하지를 못했다. 기초생활질서의 확립이 왜, 필요한지도 모르고 있었고, 독서중심의 글쓰기 교육이 왜, 중요한 지도 모르고 있었다. 부의 대물림을 왜, 반드시 뿌리뽑아야 하는지도 모르고 있었고, 왜, 하루바삐 미군을 철수시키고 남북통일을 이룩해내야 하는지도 모르고 있었다. 전직 유엔사무총장으로서의 모든 세계의 정상들과 날이면 날마다 회담을 하고, 세계평화와 인류의 행복을 위하여 노력을 해왔던 그가, 고급문화와 고급문화인에 대한 역사 철학적인 인식이 전혀 없었던 것이다. 겉만 번지르르 하고 머릿속은 텅 빈 존재─, 정치, 경제, 사회, 교육, 문화, 역사, 철학, 과학에 대한 전면적인 무지는 그가 무목표, 무의지, 무책임의 어릿광대로서 대한민국이 왜, 노예국가이며, 그 노예의 사슬을 벗어날 수 없는지를 가장 압도적으로 설명해주고 있었던 것이다.

모든 병 중에서 마음의 병보다도 더욱더 무섭고 끔찍한 것은 없다. 이 마음의 병에 비하면, 가난한 자도, 불치병의 환자도, 사지가 마비된 휠체어 속의 불구자도 그렇게 대수로운 일이 아니다. 무목표, 무의지, 무책임은 꿈을 잃어버린 자의 병이며, 이 꿈을 잃어버린 자는 마음의 병을 앓고 있는 자들이라고 할 수가 있다. 우리 한국인들은 모두가 다같이 마음의 병을 앓고 있는 중환자들인데, 왜냐하면 영원한 제국의 꿈과 그 목표가 없기 때문이다.

우리 한국인들이 과연 도덕왕국의 입법적 국민이 되고, 우리 한국인들이 과연 해마다 노벨상을 타고 세계적인 대사상가들을 배출해낼 수가 있을까? 우리 한국인들이 과연 부의 대물림을 완벽하게 뿌리뽑고 신분의 자유로운 이동이 가능한 사회를 만들고, 우리 한국인들이 과연 미군을 철수시키고 남북통일을 이룩하고 영원한 제국을 건설할 수가 있을까? 아마도, 이 문제에 직면하여, 반기문을 비롯하여 우리 정치인들은 너무나도 분명하게 '아니오'라고 대답하게 될 것이다.

학문 중의 학문인 철학을 공부하지 않으면 어릿광대가 되고, 주입식 암기교육을 배우면 이미 죽어버린 산 송장이 된다.

철학을 공부하지 않으면 독창적인 사유를 할 수가 없고, 독창적인 사유를 하지 않으면 가장 아름답고 멋진 신세계로 날아갈 수 있는 꿈을 꿀 수가 없다.

사상가는 꿈을 꾸고 지혜는 날개를 달아준다.

우리 한국인들이 나를 대통령으로 선출해준다면 우리 정치인들이 2,000년이 걸려도 해내지 못할 이 모든 일들을 3~40년 안에 이룩해내고, 우리 한국인들을 최고급의 문화인으로 육성해낼 수가 있을 것이다.

낙천주의자는 멀리 보고, 더욱더 멀리 본다.

나사렛 예수

  사랑의 복음의 화신化身인 이 나사렛 예수, 가난한 자, 병약한 자, 죄지은 자에게 축복과 승리를 가져다 준 이 '구세주'—그야말로 가장 신비롭고 저항하기 어려운 형태의 유혹이 아니었던가? 이스라엘은 그 숭고한 복수의 궁극적 목표를 바로 이 '구세주', 즉 이스라엘의 적대자이며 분쇄자로 가장한 이 인물의 우회로를 통해서 이룩한 것이 아니었던가? 이스라엘 자신이 그 복수의 실질적인 도구를, 마치 숙명적인 것처럼 전 세계 앞에서 부인하여, 십자가에 못박지 않을 수 없었던 것, 따라서 전 세계, 즉 이스라엘의 모든 적들이 주저하지 않고 이 미끼를 삼켜 버리게 된 것—이것이야말로 진실로 웅대한 복수전략이며, 멀리 내다보며, 은밀하며, 사전에 계획에 따라 손길을 뻗치는 흑마술黑魔術이라고 할 수 있는 것이 아닌가?

  — 니체, 『도덕의 계보』에서

  예수는 로마 총독인 빌라도 앞에 끌려 나가서도 "네가 이스라엘 왕이냐?"라는 물음에, "그렇다. 내가 이스라엘 왕이다"라고 대답을 했다고 한다. 예수가 이스라엘 왕을 자처했던 것은 그가 이스라엘 민족주의를 옹호하고 로마제국에 반기를 들었다는 것을 뜻하고, 그 결과, 예수는 영원한 반역자로서 십자가에 못 박혀 처형당할 수밖에 없었던 것이다.

하지만, 그러나 니체의 너무나도 과감하며 그만큼 독단적인 해석에 의하면, 예수는 유태민족이 로마총독에게 던져준 희생양(미끼)에 지나지 않았으며, 이 예수의 희생으로 인하여 유태 민족주의가 더욱더 굳건해지고, 마침내, 드디어 로마제국마저도 기독교화시키게 되었던 것이다. "이스라엘은 그 숭고한 복수의 궁극적 목표를 바로 이 '구세주', 즉 이스라엘의 적대자이며 분쇄자로 가장한 이 인물의 우회로를 통해서 이룩한 것이 아니었던가? 이스라엘 자신이 그 복수의 실질적인 도구를, 마치 숙명적인 것처럼 전세계 앞에서 부인하여, 십자가에 못박지 않을 수 없었던 것, 따라서 전세계, 즉 이스라엘의 모든 적들이 주저하지 않고 이 미끼를 삼켜 버리게 된 것— 이것이야말로 진실로 웅대한 복수전략이며, 멀리 내다보며, 은밀하며, 사전에 계획에 따라 손길을 뻗치는 흑마술黑魔術이라고 할 수 있는 것이 아닌가?"

나는, 그러나 유태민족과 로마민족의 싸움을 이처럼 예수를 둘러싼 기독교의 승리로 해석하고 싶지는 않다. 유태민족과 로마민족의 싸움은 유태교와 기독교의 싸움이었고, 그 승리에는 오늘날의 유태민족의 그것처럼, 2,000년이라는 그 엄청난 시간이 필요했던 것이다.

귀족도덕과 노예도덕

　모든 귀족도덕이 자기 자신에 대한 의기양양한 긍정에서 발전되는 반면에, 노예도덕은 처음부터 외부적인 것, 다른 것, 자기 자신이 아닌 것을 부정한다. 그리고 이 부정이야말로 노예도덕에서의 창조적 행위인 것이다. 가치설정의 시선을 이렇게 전도시키는 것이 원한의 본질이다.
　— 니체, 『도덕의 계보』에서

　주인은 "나는 선하다, 그러므로 너는 나쁘다"라고 말하지만, 노예는 "너는 나쁘다, 그러므로 나는 선하다"라고 말한다. 왜냐하면 주인은 타인의 의견을 경청함이 없이 그의 행복과 선을 긍정하며, 있는 그대로의 자신에 즐거워할 수가 있지만, 노예는 그 자신의 가치를 긍정하기에는 너무도 약하며, 그는 주인에 의해서 지배적인 방법으로 설정된 가치들을 전복시키지 않으면 안 되기 때문이다.

　이 주인과 노예의 싸움은 대단히 중요하고, 헤겔은 이것을 그의 변증법으로 설명한 바가 있다. 주인은 타자 의식이 없기 때문에 노예로 전락을 할 수가 있고, 노예는 타자의식이 있기 때문에 주인의 신분으로 올라설 수가 있다. 이 주인과 노예의 변증법은 상호경쟁심리이며, 최종심급은 타자의식이라고 할 수가 있다.

　타자는 나의 적이며, 나의 영원한 동지이다.

원한의 인간

원한의 인간은 결코 솔직하거나 순진하지 않으며, 또한 자기 자신에 대해서도 정직하거나 순진하지 않다. 그의 영혼은 곁눈질을 한다. 그의 정신은 은닉처를, 은밀한 길을, 뒷문을 사랑한다. 모든 비밀스러운 것이 그에게는 자기의 세계로서, 안전과 위안으로서 매력적으로 여겨진다. 그는 침묵을 지키는 법, 잊어버리지 않는 법, 기다리는 법, 잠정적으로 자기를 낮추고 비굴해지는 법을 안다. 이러한 원한의 인간들의 종족은 궁극적으로 어떠한 귀족적 종족보다도 영리할 수밖에 없다.
— 니체, 『도덕의 계보』에서

'성직자 대 귀족의 싸움'은 '지혜와 무력의 싸움'으로 설명할 수가 있다. 귀족은 자기 자신의 힘으로 성직자를 곧바로 제압할 수가 있지만, 성직자는 그 귀족의 힘에 곧바로 맞서 싸울 수가 없다. 귀족은 자기 찬양의 인간이 되고, 성직자는 원한의 인간이 된다. 귀족이 눈앞의 승리에 도취하여 그 승리의 찬가를 부르고 있는 동안, 성직자는 원한 맺힌 복수감정으로 그 귀족의 모든 가치관을 전복시켜버린다.

성직자의 미덕은 금욕주의이며, 이 금욕주의는 자기가 자기 자신에게 내리는 형벌이 된다. 성직자는 "침묵을 지키는 법, 잊어버리지 않는 법, 기다리는 법, 잠정적으로 자기를 낮추고 비굴해지는 법을" 알지만, '부유한 자, 힘 있는 자, 지배하는 자는 사악하고 천당 못가고', '가난한 자, 힘없는 자, 지배당하는 자는 착하고 천당간다'라는 복음 하나로 그 모든 천민들의 총궐기를 이끌어낸다. 금욕주의는 모든 잡음과 잡념을 일소하고, 만인평등—신앞에서는 만인이 평등하다—을 위하여 그 어떠한 희생이나 피 비린내 나는 싸움도 마다하지를 않았던 것이다.

귀족의 승리는 무기의 성과이며 눈앞의 승리에 불과하지만, 성직자의 승리는 지혜의 성과이며, 머나먼 미래의 승리라고 할 수가 있다. 모든 지혜의 토대는 금욕주의이며, 금욕주의는 청빈, 겸손, 정숙이라는 잔인성을 양식화시킨다. 모든 지혜는 잔인성이 양식화된 것이고, 예술품 자체가 된 승리라고 하지 않을 수가 없다.

오오, 우리 한국인들이여, 한 사람의 대사상가가 탄생하기 위하여, 자기 자신의 그 모든 것을 다 걸고 적어도 3~40년 동안이나 '고통의 쳇바퀴'를 돌려야만 하는 그 처절한 수업과정을 아직도 이해하지 못하겠는가?

자기 자신의 적

  귀족적 인간은 자기의 적에 대해서 얼마나 많은 외경심을 지니고 있는 것인가! 그리고 이와 같은 외경심은 바로 사랑에 이르는 교량인 것이다. 그러한 인간은 스스로를 위해서, 자기를 두드러지게 하기 위해서 적을 필요로 한다. 사실 그가 적으로 삼는 것은 경멸할 만한 점이 조금도 없고 진실로 존경할 만한 자에 국한된다. 이에 반해서 원한의 인간이 생각하는 적을 상상해 보자. 바로 여기에서 그의 행위, 그의 창조가 드러난다. 그는 우선 사악한 적을, 즉 악인을 마음 속에 품고, 이것을 사실상 기본개념으로 해서 그 다음 바로 거기에서 그것의 반대, 대조되는 상으로서 선인이라는 것을 생각해보는데—이 선인이 바로 자기 자신인 것이다.

  —니체, 『도덕의 계보』에서

  일본의 모든 언론의 관심이 문화선진국의 장점에 그 초점이 맞추어져 있다면, 한국의 모든 언론의 관심은 문화선진국의 약점에 그 초점이 맞추어져 있다고 할 수가 있다. 일본인들은 끊임없이 문화선진국의 장점을 배우고 그것을 통하여 고급문화를 연출해내기에 여념이 없었던 것이고, 우리 한국인들은 그 모든 것을 하나의 구경거리로 삼고, 아주 저질적인 퇴폐문화를 연출해내기에 여념이 없었던 것이다.

 일본은 아직도 영원한 제국의 꿈을 갖고 있다. 미국의 우수성과 고급문화를 배우기에 여념이 없고, 영국의 우수성과 고급문화를 배우기에 여념이 없다. 프랑스의 우수성과 고급문화를 배우기에 여념이 없고, 독일의 우수성과 고급문화를 배우기에 여념이 없다. 일본의 이러한 향학열과 탐구정신이 오늘날 일본을 문화선진국으로 만들었던 것이고, 그 결과, 일본은 일본문화의 우수성으로 미제국주의를 퇴치하고 영원한 제국을 건설할 고귀하고 위대한 꿈을 간직하게 되었던 것이다. 늘, 항상 근검절약하고 내 이웃을 내 몸처럼 사랑하는 것, 전국토에 쓰레기 하나 없게 하는 것은 물론 자연을 절대로 훼손하지 않는 것, 굶어죽는 한이 있다고 하더라도 사기를 치거나 도둑질을 하지 않는 것, 늘, 국가와 민족을 생각하며 자기 자신의 이익을 양보하는 것, 자기 자신의 가문과 그가 소속된 직장의 명예를 걸고 단 하나의 불량품마저도 생산해내지 않는 것—, 바로 이것이 일본정신과 일본문화의 힘이라고 할 수가 있는 것이다.

 우리 한국인들은 자기를 희생하는 법도 배우지를 못했고, 국리민복國利民福이라는 말이 있지만 그러나 국가의 힘을 어떻게 써야 하는 법도 배우지를 못했다. 친일파는 그토록 많이 있지만 일본문화의 장점은 하나도 배우지를 못했고, 친미파는 그토록 많이 있지만 미국문화의 장점은 하나도 배우지를 못했다. 우리 한국인들은 선천적으로 앎에의 의지가 거세된 민족이고, 따라서 복종하는 법과 명령하는 법, 경의를 표하는 법과 경멸하는 법 등, 그 어느 것 하나도 제대로 배우지를 못했다. 문화선진국의 고급문화마저도 하나의 구경거리로 만들고, 그들의 고급문화마저도 사적인 이익과 퇴폐문화—대저택, 고급차, 부의 대물림, 탈세, 해외여행, 도박, 음주가무, 온갖 사치와 허영, 표절과 모방 등—에 접목시키기에 여념이 없었던 것이다.

오늘날 우리 대한민국이 세계 10대의 경제대국이라고는 하지만, 이것마저도 순전히 일본문화의 힘이고, 우리 한국인들은 끊임없이 일본인들에게 감사함과 고마움에 대한 예의를 표시하지 않으면 안 된다. 만일, 일본이 근대화에 실패를 하고 문화선진국이 되지 않았더라면, 우리 한국인들은 아직도 전근대적인 '절대빈곤의 신세'를 면하지 못하게 되었을 것이다. 자기 자신의 적—모든 이웃국가는 잠정적인 적에 지나지 않는다—에 대하여 끊임없이 외경심을 갖고 더욱더 강력한 적을 찾아나서 자는 고급문화인이 되고, 자기 자신의 적에 대한 원한 감정만을 갖고 더욱더 강력한 적을 찾아나서지 못한 자는 문화적 야만인이 될 수밖에 없다.

우리 한국인들이 지난 식민시절의 치욕을 하루바삐 잊고 일본문화에 대한 경의를 표한다면 미래의 희망이 있지만, 그토록 지긋지긋한 지난 날의 원한감정만을 갖고 일본인들의 약점만을 물어뜯고 씹어댄다면 솔직히 더 이상의 미래의 희망이 없게 된다. 매년, 해마다 최고급의 인식의 제전을 통하여 그 지식의 힘으로 일본을 정복하고 지배해야 할 꿈을 꿔야 하는 것이지, 일본보다 도덕적으로 천배나 만 배쯤 더 타락한 주제에 그토록 고귀하고 위대한 일본인들을 물어뜯고 씹어대서는 안 된다. 우리 한국인들은 거인의 몸에 백치의 두뇌―학문 중의 학문인 철학을 가르치지 않는 것이 그 증거이다―를 지닌 노예민족과도 같고, 내가, 만일, 신이라면 우리 한국인들을 대청소하고 일본인들에게 무한한 은총과 축복을 내려주게 될 것이다.

우리 한국인들이여, 다시 한번 제정신을 똑바로 차리고 생각해보아라!

매년, 해마다 노벨상 수상의 잔치쇼를 연출해내는 일본인들과 매년, 해마다 유병언, 조희팔, 박근혜, 최순실 사건 등으로 단군 이래의 최대의 국치國恥만을 연출해내는 우리 한국인들이 과연 어떻게 인간대접을 받고 똑같은 고급문화인이 될 수 있는가를…….

우리 한국인들이여, 다시 한번 제정신을 똑바로 차리고 생각해보아라!

서양의 문명과 문화만을 재빨리 받아들이고 자기 자신의 역사와 전통을 최고급의 전통과 역사로 이끌어나가는 일본인들과 예수의 이름으로 단군의 목을 비틀고 개천절을 개탄절로 끌어내리면서, 유목민의 신인 예수를 절대적인 하나님으로 숭배하는 우리 한국인들이 과연 어떻게 인간대접을 받고 똑같은 고급문화인이 될 수 있는가를……

귀족의 나쁨과 천민의 나쁨

　귀족적 인간의 '좋은優'이라는 기본개념을 우선 자기 자신에게서 자발적으로 생각해 내어, 거기에서 비로소 스스로를 위하여 '나쁜劣'이라는 관념을 만들어 낸다. 귀족적 기원의 이 '나쁜'과 한없는 증오의 도가니 속에서 생겨난 저 '나쁜'을 대비해보면, 전자가 하나의 부산물이며 지엽적인 것이며, 보색補色임에 반해서 후자는 원형이며, 시원이며, 노예도덕의 구상에 있어서 특징적인 행위이다.
　— 니체, 『도덕의 계보』에서

　낙천주의자는 이 세상의 삶의 본능을 옹호하고 염세주의자는 이 세상의 삶의 본능을 혐오한다. 낙천주의자는 이 세상의 삶이 즐겁고 기쁜 것은 고통이 있기 때문이라고 말하고, 염세주의자는 이 세상의 삶이 괴롭고 슬픈 것은 고통이 있기 때문이라고 말한다. 낙천주의자는 고통을 긍정하며 고통 속의 쾌락을 만끽하지만, 염세주의자는 고통을 부정하며, 고통 속의 삶을 지긋지긋하게 싫어한다. 낙천주의자는 고통에 고통을 가중시키며, 외디프스나 프로메테우스처럼, 또는 안중근이나 유관순처럼 전체 인류를 구원하고자 하지만, 염세주의자는 그 어떠한 영웅적인 삶도 부정을 하며, 이 세상에 태어나지 않는 것이 최선이며, 곧바로 죽어버리는 것이 차선이라고 역설한다.

하지만, 그러나 염세주의자 역시도 이 세상의 삶의 고통을 발견하고, 죽음으로써 우리 인간들을 구원하고자 하고 있다고 해도 과언이 아니다. 이 세상의 삶은 아무런 의미도 없고, 죽음만이 이 세상의 고통으로부터 영원한 해방의 수단이 되고 있는 것이다. 바로 이 지점에서, 나의 낙천주의 사상의 정당성이 그 빛을 발하게 된다. 모든 사상은 낙천주의를 양식화시킨 것이다. 왜냐하면 염세주의자들마저도 고통으로부터 우리 인간들을 구원하고, 영원불멸의 극락세계로 인도하고자 하고 있었기 때문이다.

낙천주의자는 삶의 목표를 정하고 이 삶의 목표를 위하여 그 어떠한 고통마저도 다 받아들인다. 고통은 즐겁고 기쁜 것이 되고, 고통이 있기 때문에 삶의 에너지가 새롭게 생겨난다. 낙천주의자는 자기 스스로 '좋음의 가치'를 발견하고, 모든 것이 가능한 낙천주의에 반하여, 그토록 우리 인간들의 삶을 혐오하고 싫어하는 염세주의자들에게서 '나쁨의 가치'를 찾아내게 된다. 하지만, 그러나 염세주의자는 고통에 고통을 가중시켜 나가는 낙천주의자들을 미치광이로 취급하며, 바로 거기서 '나쁨의 가치'를 발견하고, 이 나쁨의 가치에 반하여, 자기 자신의 '좋음의 가치'를 찾아내게 된다.

모든 낙천주의자는 귀족이 되고, 모든 염세주의자는 천민이 된다. 낙천주의자의 '나쁨'은 자기 자신의 '좋음'을 돋보이게 하기 위한 '보색이며 부산물'인데 반하여, 염세주의자의 '나쁨'은 무조건 '원형이며 시원'에 지나지 않는다.

염세주의는 모든 역사의 종말이며, 그 근거가 없는 것이다.

모든 사상(예술)은 낙천주의를 양식화시킨 것이다.

강한 것에 대해서

 강한 것에 대해서, 그것이 강한 것으로 나타나지 않기를 요구하며, 그것이 압박욕, 제압욕, 지배욕, 적대욕, 저항욕, 승리욕이 아니기를 요구하는 것은, 실로 약한 것에 대해서 그것이 강한 것으로 나타나기를 요구하는 것과 똑같이 불합리하다.
— 니체, 『도덕의 계보』에서

 유목민은 살생을 전문으로 하는 포식성 동물에 해당되고, 농경민은 살생을 혐오하는 초식성 동물에 해당된다. 유목민은 사나운 발톱과 이빨을 자랑하며 그 영역을 넓혀가는 제국주의자들과도 같고, 농경민은 모든 것을 자연의 순리에 맡기며, 자급자족하는 평화주의자들과도 같다.

 자원의 저주라는 말이 있다. 자원이 많은 나라는 못살고, 자원이 부족한 나라는 잘 산다. 왜냐하면 자원이 적은 나라의 유목민들이 자원이 많은 나라를 정복하고, 그 모든 것을 다 강탈해가고 있기 때문이다. 유목민과 농경민의 싸움은 애초부터 이루어질 수가 없는 것이고, 대부분이, 거의 100% 농경민의 패배로 끝나게 되어 있는 것이다.

우리 한국인들도 이제부터는 농경민의 탈을 벗고, 최고급의 앎의 투쟁에서 승리할 수 있도록 잔인성으로 무장을 하고, 이 잔인성을 앎의 천성으로 육화시켜 나가지 않으면 안 된다. 사슴이 호랑이를 미워하고, 양이 늑대를 미워하는 것만으로는 그 사나운 맹수들을 때려잡을 수는 없고, 그 사나운 맹수들을 때려잡기 위한 사냥꾼이 되지 않으면 안 된다.

강력한 자, 더욱더 강력한 자, 영원한 제국주의자들을 때려잡기 위해서는 원한 맺힌 저주감정만으로는 안 되고, 그 어느 누구도 감히 상상할 수 없는 앎의 무기들을 생산해내지 않으면 안 된다.

세계적인 전산망을 초토화시키고, 세계적인 전산망을 다시 깔아줄 수 있는 무기, 이러한 지적 자산으로 영원한 승자의 노래를 부르지 않으면 안 된다.

앎은 핵이고, 원자폭탄이며, 우리 한국인들의 영원한 횃불이다.

'로마 대 유태', '유태 대 로마'

　인간의 전 역사를 통해서 읽을 만한 것으로 남겨진 기록에 의하면 이 싸움의 상징은 '로마 대 유태', '유태 대 로마'라고 되어 있다. ―오늘날까지 이 싸움, 이 문제, 이 숙명적인 대립보다 큰 사건은 전혀 없었다. 로마는 유태인을 반反자연 그 자체와 같은 것으로, 말하자면 자신과 적대적인 괴물로 느꼈다. 로마에게 있어 유태인은 '전 인류에 대한 증오의 죄'를 지은 것으로 보였다. 인류의 구원과 미래를 귀족적 가치, 즉 로마적 가치의 무조건적 지배와 연관시키는 것이 정당하다면, 그것은 정당한 것이었다.

　― 니체, 『도덕의 계보』에서

로마민족은 귀족의 가치, 즉, 영원한 제국의 가치를 지니고도 '전 인류에 대한 증오의 죄'를 진 유태민족에게 패배할 수밖에 없었다.

　로마제국의 승리는 무력에 의한 승리이었지만, 그러나 그 승리는 모든 가치의 전복과 새로운 가치의 창출이라는 유태민족의 공격 앞에서, 그 최종적인 승리를 내줄 수밖에 없었다.

　'로마 대 유태', '유태 대 로마'―. 이 싸움에서 로마는 승리하고도 패배를 했지만, 유태는 패배를 하고도 승리를 할 수밖에 없었다.

로마민족은 도저히 기사회생할 수 없을 만큼 영원한 패배를 기록했고, 그 구체적인 증거가 로마제국의 모든 신민들이 기독교도가 된 것이라고 하지 않을 수가 없다.

유태인의 승리

우선 로마와 유태인 중, 어느 쪽이 승리하였던가? 그러나 이것은 조금도 의심의 여지가 없는 것이다. 오늘날 로마 그 자체에 있어서—또한 로마에서 뿐만 아니라 거의 지구상의 절반에 걸쳐, 인간이 길들여지고 길들여지기를 바라는 곳에서는 어디서나—사람들이 모든 최고의 가치의 표본으로 여기고 그 앞에 머리를 숙이게 되는 자는 누구인지 한번 생각해 보라. 다 아는 바대로, 그것은 세 명의 유태인 남자와 한 명의 유태인 여자(나사렛의 예수, 어부인 베드로, 양탄자 짜는 바울, 그리고 예수의 어머니 마리아)인 것이다. 매우 주목할 만한 점은 로마가 의심할 여지없이 멸망하였다는 것이다.

— 니체, 『도덕의 계보』에서

"우선 로마와 유태인 중, 어느 쪽이 승리하였던가?" 그것은 두말할 필요도 없이 유태인이라고 할 수가 있다. 하지만, 그러나 이 유태인의 승리는 타고난 힘과 선천적인 두뇌의 우수성 때문이 아니라, 그들이 그들의 기독교와 유태교를 창출해냈기 때문이다.

모든 종교는 그 민족이 자기 자신의 삶과 역사를 찬양하기 위해 창출해낸 것이고, 이 종교가 있는 한 그들은 언제, 어느 때나 국력과 민심을 결집시키고, 그 결과, 최종적인 승리를 거둘 수가 있었던 것이다.

유태인들에게 있어서 '성경'이란 '들고 다니는 조국'이며, 따라서 로마제국에 의해서 이스라엘이 멸망했지만, 그것은 어디까지나 형식적인 것이었을 뿐, 유태인들은 단 한번도 그들의 조국을 빼앗긴 적이 없었던 것이다.

오늘날 이스라엘은 전세계의 기독교인들의 조국이며, 나사렛의 예수, 어부인 베드로, 양탄자 짜는 바울, 예수의 어머니 마리아는 모든 기독교인들의 조상이라고 할 수가 있다.

종교의 힘은 사상의 힘이고, 이 사상의 힘 앞에서는 만인들이 무릎을 꿇는다.

창세 이전과 창세 이후도 모르는 예수, 지구가 둥굴다는 것도 모르는 예수, 태양계는 수많은 은하계 중의 하나라는 것도 몰랐던 예수, 아메리카도, 태평양도, 대서양도 몰랐던 예수, 원자도, 전자도, 유전자도 몰랐던 예수, 자전거도, 자동차도, 비행기도, 인공위성도 몰랐던 예수, 그토록 좁디 좁은 이스라엘을 세계의 중심이라고 믿고 있었던 예수가, 그토록 조잡하고 허무맹랑한 신화의 옷을 입고 전지전능한 신이 되었다는 것 자체가 너무나도 가소롭고 어처구니가 없는 코미디라고 하지 않을 수가 없다.

기독교는 영혼을 빼앗아 가는 약탈자이며, 한 번 영혼을 빼앗긴 자는 영원히 제 정신을 차릴 수가 없다.

기독교—사대주의—부정부패.

대한민국은 이 악마의 함정에 빠졌으며, 예수를 위해 살고 예수를 위해 죽는다.

대한민국 전체가 예수, 또는 유태인들의 성전에 바쳐진 '어린 양고기'가 된 것이다.

건망이라는 것은

건망이라는 것은 천박한 무리들이 생각하는 것과 같은 단순한 타성력惰性力이 아니다. 오히려 이것은 하나의 능동적인 엄밀한 의미에 있어서 적극적인 저지능력이며, 우리가 경험하고 섭취하는 것이 소화상태(이 과정을 '정신적 동화'라고 불러도 좋다)에 있을 동안은, 우리의 육체적 영향, 이른바 '육체적 동화'가 영위되는 수많은 과정과 마찬가지로 우리의 의식에 떠오르지 않는다. 의식의 문과 창을 일시적으로 폐쇄하는 것, 의식 이하의 예속적인 여러 기관이 협동하든가, 대항하든가 하기 때문에 생기는 소음과 싸움으로부터의 도피, 새로운 것에 대한, 특히 고등기능과 고등기관에 대해서, 그 통제와 예측과 예정에 대해서 자유로운 여지를 주기 위한 의식의 약간의 정숙, 약간의 백지상태—이것이야말로 능동적인 건망의, 심적 질서, 안정, 예법의 문지기이며 관리자인 건망의 효용인 것이다. 따라서 곧바로 알 수 있는 것은 건망이 없다면 어떠한 행복, 명랑, 희망, 긍지, 현재도 있을 수 없다는 것이다. 이러한 저지장치가 파손되거나, 기능을 멈춘 사람은 소화불량 환자에게나 견줄만 하다. —그는 어떤 일도 마무리 지을 수 없다.

— 니체, 『도덕의 계보』에서

기억이란 인간의 경험을 정신 속에 간직하고 되살리는 것을 말하고, 망각이란 인간의 경험을 정신 속에 간직했다가 그것을 되살려내지 못하는 것을 말한다. 기억이 있기 때문에 인간의 유한성이 극복되고, 문명과 문화가 그 꽃을 피우게 된다. 모든 교육은 기억, 즉, 이 기억의 역사를 되풀이 학습하며, 그것을 토대로 새로운 앎(기억)의 역사를 써나간다고 해도 과언이 아니다. 이에 반하여, 우리 인간들은 망각이 있기 때문에, 전쟁의 상처나 이별과 죽음, 또는 사업의 실패와 육체적 고문의 흔적들을 지우며, 새로운 삶의 목표를 기획하고, 그 목표를 향하여 더욱더 강력하게 삶의 의지를 불태워나갈 수가 있는 것이다. "의식의 문과 창을 일시적으로 폐쇄한다"는 것, 그것은 말의 엄밀한 의미에서 "적극적인 저지능력"이며, 신의 축복이라고 할 수가 있다.

 우리 인간들은 기억이 없어도 살 수가 없지만, 망각이 없어도 살 수가 없다. 기억은 밥을 먹는 것과도 같고, 망각은 용변을 보는 것과도 같다. 인간의 기억은 한계가 있고, 이 기억은 시간의 흐름에 따라서 그 명료성을 잃어버린다. 이 명료성을 잃어버리는 것이 육체적인 것이라면, 전쟁의 상처나 이별과 죽음, 또는 사업의 실패와 육체적 고문의 흔적들을 지우는 것은 심리적인 것이라고 할 수가 있다. 망각의 기능에는 육체적인 것과 심리적인 것 이외에도 범죄적인 것이 있는데, 왜냐하면 자기 자신의 책임과 범죄의 고의성을 은폐하려고 이 망각의 기능을 활용하고 있기 때문이다. 문화계의 블랙리스트를 작성하라고 지시해놓고도 '나는 그런 적이 없다. 나는 모른다'라고 말하는 김기춘 전 비서실장이나 조윤선 전 문화부 장관의 예가 그 것이고, 특별수사본부와 언론과 헌법재판소에서 모든 협박과 공갈과 뇌물수수혐의가 만천하에 드러났는데도, '나는 억울하다, 나는 전혀 그러한 사실을 지시한 적이 없다'라는 박근혜 양의 예가 그것이다.

북한의 김일성과 김정일과 김정은도 망각의 대가들이고, 남한의 박정희와 박근혜도 망각의 대가들이고, 이병철과 이건희와 이재용도 망각의 대가들이다. 그들은 권력의 세습과 부의 세습이 얼마나 사악하고 크나큰 폐해를 안겨주고 있는지를 모든 역사가 다 증명해주고 있는데도 그 나쁜 역사적 교훈을 아예 생각조차도 하고 있지 않은 것이다. 피비린내 나는 권력투쟁과 숙청, 전기고문과 물고문, 강제추방과 비명횡사, 온 국민의 미래의 양식인 국민연금을 동원하여 사적 개인의 경영권 방어와 부의 대물림의 완성 등의 너무나도 사악하고 뻔뻔스러운 범죄의식에 대한 양심의 가책이 전혀 없는 것이다.

우리는 망각이라는 특효약을 먹고, 그 망각에 중독되어서 살아가는 망각의 대가들이라고 하지 않을 수가 없다.

기억 : 모든 역사의 기원

　이처럼 건망을 필요로 하는 동물에 있어서는 건망이란 하나의 힘, 억센 건강의 한 형식을 나타내는 것이지만, 이 같은 동물은 이번엔 그 반대의 능력을, 즉 어떤 경우에는 건망을 제거하는 역할을 하는 기억이라는 능력을 길렀던 것이다. 여기서 어떤 경우란 약속을 하지 않으면 안 되는 경우를 말한다. 따라서 이것은 일단 새겨진 인상에서 벗어날 수 없는 수동적인 상태가 결코 아니고, 또한 단순히 일단 저당잡힌 언질을 마무리 지을 수 없다는 소화불량도 아니라 오히려 다시는 벗어나지 않으려는 능동적인 의욕, 일단 의욕한 것은 어디까지나 계속하려는 의욕, 즉, 본래적인 의지의 기억인 것이다. 따라서 본래의 나는 '하고 싶다', '나는 할 것이다'와 의지의 실제적 표현, 의지의 활동과의 사이에는 신기한 사물과 사정뿐 아니라, 신기한 의지활동까지도 지닌 하나의 세계가 이 긴 의지의 연쇄를 단절시키지 않고 끼어들 수 있다.

　— 니체, 『도덕의 계보』에서

　망각을 제거하는 역할을 하는 것은 기억이지만, 이 기억으로 약속할 수 있는 동물만을 기르는 것은 아니다. 기억이란 오늘을 살고 내일을 살아가는 양식(앎)이며, 이 양식이 있기 때문에, 내가 나의 정체성을 잃지 않고, 나의 존재의 정당성을 확보해나가게 된다.

  수많은 식물들 중에서도 먹을 것과 먹지 못할 것을 구분해내는 것도 기억이고, 수많은 동물들 중에서도 사나운 동물과 온순한 동물을 구분해내는 것도 기억이다. 논과 밭의 경계를 알아보는 것도 기억이고, 이웃들과 이웃들을 알아보는 것도 기억이다. 도덕과 부도덕을 알아보는 것도 기억이고, 좋은 것과 나쁜 것을 알아보는 것도 기억이다. 우리는 기억 속에서 태어나 기억을 통해서 살아가며, 그리고 이 기억을 산란—역사에 기록하며—하며 죽어간다.

  기억은 모든 역사의 기원이며, 이 기억의 축적과 그 활용도에 따라서 고급문화인과 문화 이전의 야만인의 등급이 매겨진다.

  고급문화인은 약속할 수 있고, 신뢰할 수 있으며, 그리하여 존경할 수 있는 인간이라고 할 수가 있다.

약속할 수 있는 자들

 그는 필연적으로 자신과 동등한 자들을, 강자와 신뢰할 수 있는 자들(약속할 수 있는 자들)을 존경한다. 즉, 주권자처럼 육중하게, 드물게, 태연하게 약속하는 자, 쉽사리 타인을 신뢰하지 않고 특징적인 대상에게만 신뢰하는 자, 자신의 언질을 고초를 겪으면서도 심지어는 '운명에 항거하면서'까지도 지킬 만큼 자신이 충분히 강하다는 것을 알기 때문에 신뢰할 수 있는 언질을 주는 자, 이러한 모든 사람들을 존경한다. 또한 필연적으로 그는 지키지도 못하면서 약속하는 여윈 허풍장이들을 걷어찰 것이며, 입술에 침이 마르기도 전에 그 약속을 저버리는 거짓말장이들을 회초리로 응징할 것이다. 책임이라는 이상한 특권에 대한 자랑스러운 인식, 이 희한한 자유에 대한 의식, 자기 자신과 운명을 지배하는 이 힘에 대한 의식은, 그의 마음의 가장 깊은 밑바닥까지 침투해서 본능, 지배적인 본능이 되어버렸다. 만일 그가 그 본능에 이름을 붙일 필요를 느낀다면, 그것을 무엇이라고 부를까? 의심할 여지도 없이 이 주권자적 인간은 그것을 그의 양심이라고 부른다.
 ─ 니체, 『도덕의 계보』에서

그 옛날의 전쟁터에서는 가짜 황제를 내세우는 경우가 많았고,

이 가짜 황제들은 그들의 주군인 진짜 황제를 위해서 죽어간 충신들이라고 하지 않을 수가 없다.

일제 식민시대에는 그들의 동지인 독립군을 보호하려고, 끝끝내 모진 고문과 죽음까지도 마다하지 않았던 애국지사들이 많이 있었다.

한국전쟁 때는 인민군의 감시망을 피해서 은신해 있는 남편을 보호하려고 자기 자신의 정조를 바치거나 목숨까지도 버린 열녀들도 꽤 많이 있었을 것이다.

사랑의 토대는 약속이고, 약속의 힘은 사랑이다.

 그는 필연적으로 자신과 동등한 자들을, 강자와 신뢰할 수 있는 자들(약속할 수 있는 자들)을 존경한다. 즉, 주권자처럼 육중하게, 드물게, 태연하게 약속하는 자, 쉽사리 타인을 신뢰하지 않고 특징적인 대상에게만 신뢰하는 자, 자신의 언질을 고초를 겪으면서도 심지어는 '운명에 항거하면서'까지도 지킬 만큼 자신이 충분히 강하다는 것을 알기 때문에 신뢰할 수 있는 언질을 주는 자, 이러한 모든 사람들을 존경한다. 또한 필연적으로 그는 지키지도 못하면서 약속하는 여윈 허풍장이들을 걷어찰 것이며, 입술에 침이 마르기도 전에 그 약속을 저버리는 거짓말장이들을 회초리로 응징할 것이다.

나는 약속할 수 없는 자들을 싫어하고, 입만 열면 거짓말을 하는 박근혜와 그 일당들, 그리고, 우리 정치인들을 포항제철소의 용광

로에다가 산채로 집어넣고 싶다.

 한국인들과 한국인들 사이에는 약속(신뢰)이 없고, 불신만이 있다. 전 국토에 쓰레기가 하나도 없는 것은 물론, 사기꾼과 좀도둑이 하나도 없는 것이 문화선진국의 근본조건인데도 입만 열면 거짓말을 하고 사기를 쳐댄다. 죄를 지었으면 진정으로 참회를 하고 반성을 해야 되지만, 그때 그때마다 정당의 이름만을 바꾸는 대한민국의 정치사는 범죄인에 의한 범죄인을 위한 가면의 역사이다.

 나는 지금 우리 한국인들에게 오현정 시인의 「오늘」이라는 시를 소개해주고 싶다.

> 지금이 가장 좋은 때
>
> 첫 해산 후 숲길 걷는
> 지금이 가장 좋은 때
>
> 이제까지의 부끄러움 다 가려주는
> 활엽수가 친구하자는
> 지금이 가장 좋은 때
>
> 오후의 햇살이 남은 꿈을 찾아드는
> 지금이 가장 좋은 때

나는 어리석었지만 지혜를 찾아다닌 詩人

지금 이 순간이 고통의 詩를 빚는 행복한 시간

먼 길 돌아 다시 출발점에 서있는
지금 여기 그대 함께라면

오늘이 내 가장 좋은 때
— 오현정, 「오늘」 전문

기억술보다

어떻게 해서 인간이라는 동물에게 기억이 심어질 수 있을까? 어떻게 해서 한편으로는 우둔하고, 한편으론 경박한 이 찰나적인 오성悟性에 언제까지고 사라지지 않는 인상이 새겨질 수 있는가?

이러한 태고로부터의 문제는 누구나 알다시피, 반드시 부드러운 해답과 방법으로서 해결되지는 않았다. 뿐만 아니라 아마도 인간의 선사 시대 전체를 통해서 인간의 기억술보다 무섭고 섬뜩한 것은 없었다. 어떤 것이 기억에 남으려면 그것은 달구어져야 한다. 부단히 고통을 주는 것만이 기억에 남는다. 이것이 지상에 있어서 가장 낡은(유감스럽게도 가장 오래 지속된) 심리학의 근본문제이다.

— 니체, 『도덕의 계보』에서

새로운 것을 배우고 익히는 것은 몹시 어렵고 힘이 들지만, 그것을 잊어버리는 것은 순식간이다. 수천 년을 가장 아름답고 찬란하게 그 위용을 자랑해온 국보급 문화재도 그것이 전소하는 데에는 단 몇 시간도 안 걸린다. 기억은 인위적인 것이고, 망각은 자연적인 것이다. 기억이 없으면 백치처럼 살아갈 수도 있지만, 망각이 없으면 그 어느 누구도 살아갈 수가 없다. 기억보다는 망각의 힘이 더 세고,

이 망각과 싸우려면 백절불굴의 의지로서 피눈물 나는 훈련을 거듭하지 않으면 안 된다. "부드러운 해답과 방법으로"는 안 되고, 그것이 오랫동안 "기억에 남으려면" 달구어지지 않으면 안 된다.

성기능의 강화차원인 할례의식은 '하나님과 언약의 징표'가 되고, 이 세상에서 가장 잔인하고 비인간적인 형벌인 '십자가'는 신성모독자의 최후를 말해준다. 할례의식, 즉, 표피절단의 두려움을 '하나님과의 언약의 징표'로 기억하지 않으면 안 되고, 예수와도 같이 아버지를 부정한 신성모독자는 십자가에 매달아서 죽여버리지 않으면 안 된다. 모든 도덕은 자유의 제약이며, 대부분이 누구나 하기 싫어하는 일에 해당되지만, 그러나 그것은 공동체 사회를 위해서는 누군가는 꼭 하지 않으면 안 되는 일이라고 할 수가 있다.

그 무엇을 기억한다는 것, 그것은 자기 자신을 더욱더 잔인하게 학대하지 않으면 안 된다. 하루에 열 시간씩, 열두 시간씩 공부를 하는 수험생들, 하루에 열 시간씩, 열두 시간씩 강행군을 하는 군인들, 하루에 열 시간씩, 열두 시간씩 운동을 하는 선수들, 하루에 열 시간씩, 열두 시간씩 바둑을 두는 프로기사들, 새벽 네시부터 가게의 문을 여는 수산시장의 사람들, 새로운 가설을 설정하고 그것을 입증해내려는 과학자들, 에베레스트와 새로운 극지 정복에 나선 사람들, 10년째 면벽수행중인 수도승들이 바로 그것을 말해준다. 모든 도덕과 모든 금기에는 잔인성이 각인되어 있으며, 이 잔인성의 효과는 두 번 다시 잊어버리지 않도록 그 기억력을 심어주는 것이라고 할 수가 있는 것이다.

인간이 자기에게 기억을 새겨야 할 필요가 있을 때는 피와 고문, 그리고 희생 없이는 할 수 없었다. 가장 소름끼치는 희생과 저당(첫애기를 바치는 것도 그 중의 하나이다), 가장 역겨운 신체절단(예를 들면 거세去勢), 모든 종교적 의례에 있어서 가장 잔인한 법식(모든 종교는 가장 깊은 수준에 있어서의 잔인한 세계이다), 이 모든 것은 고통이야말로 기억술에 가장 유력한 도움이 됨을 알아낸 저 본능에서 생긴 것이다(니체, 『도덕의 계보』).

가장 소름끼치는 희생과 저당은 첫 아기를 신에게 바침으로써 다산과 행복을 기원하던 예에 해당되고, 가장 역겨운 신체절단은 할례의식이나 성기의 절단의 예에 해당된다. 할례의식은 신과의 언약의 징표에 해당되고, 성기의 절단은 정신박약아의 방지와 궁중 내시들의 예에 해당된다. 참선과 묵언수행, 금식기도는 종교적 잔인성이 육화된 것이고, 그 끝간 데는 신성모독자에 대한 처벌이라고 할 수가 있다.

기억은 푸른 하늘의 태양과도 같으며, 이 태양의 에너지는 우리 인간들의 붉디 붉은 피와 그 땀방울에서 얻어진다고 해도 과언이 아니다.

기억은 앎을 기록하고 역사를 쓰며, 기억은 미래를 예언하고, 미래의 앞날까지도 환하게 밝혀준다.

형벌제도와 사상가의 민족

 그러나 하나의 '사상가의 민족'을 육성하기 위해서는 우리의 옛날의 형벌제도를 한번 보는 것만으로 족하다. 이 독일인들은 그들의 천민적인 근본본능과 그에 수반되는 야수적인 추잡스러운 언행을 통제하기 위해서, 무서운 수단을 사용해서 그들 자신에게 기억을 새겼다. 독일의 저 옛날 형벌을 생각해 보라. 예를 들어보면 돌로 치는 형벌(이미 전설로도 되어 있듯이 맷돌을 죄인의 머리 위에 떨어뜨리는), 말뚝으로 꿰뚫는 형벌, 말로 찢어 발기거나 밟아 뭉개는 형벌(넷으로 찢는), 기름이나 술로 범죄자를 삶아 버리는 형벌(14, 15세기까지도 행해졌던), 유행하던 산 채로 껍질을 벗기는 형벌(가죽끈 만들기의 형벌), 가슴에서 살을 저미어 내는 형벌, 그리고 범죄자에게 꿀을 발라 강렬한 햇빛 아래서 파리떼들이 달려들게 하는 형벌 등등이 있다. 이와 같은 가지각색의 광경이나 전례를 보게 함으로써 사람들은 마침내, 사회생활의 편익을 누리기 위해서 대여섯 가지의 '나는 그것을 하지 않겠다'는 것을 약속하고 기억에다 새기게 되는 것이다. 그리고 사실, 이와 같은 기억의 덕택으로 사람들은 마침내 '이성'에 도달한 것이다. 아아, 이성, 진지함, 감정의 통제, 숙고熟考라고 불리는 모든 음울한 일, 인간의 모든 이러한 특권과 사치, 이들에 대해서 얼마나 값비싼 대가가 치러졌던가! 모든 '좋은 것들'

의 근저에는 얼마나 많은 피와 잔혹함이 있었던가!

— 니체, 『도덕의 계보』에서

 오늘날 독일은 '사상가의 민족'답게 전국민이 참여하는 '철학축제'를 열고 있으며, 이 철학의 힘으로 영원한 제국을 건설해나가고 있다고 할 수가 있다. 만일, 그렇다면, '사상가의 민족'이란 무엇을 뜻하는 것일까? 사상가란 인간 중의 인간이며, 많이 아는 자, 즉, 천하무적의 용사를 뜻한다. 그는 언어의 소유권을 가지고 있는 자이며, 모든 인간들이 날이면 날마다 찬양을 하고 면종복배를 하지 않으면 안 된다. 칸트 앞에서, 헤겔 앞에서, 마르크스 앞에서, 니체 앞에서, 베토벤 앞에서, 바하 앞에서, 바그너 앞에서, 괴테 앞에서 감히 어느 누가 말대답을 하고, 그 의사에 반하여 저항할 수가 있단 말인가? 사상가는 전인류의 스승이며, 총과 칼과 피비린내도 없이 전세계를 정복한 사람을 말한다. 싸우지 않고 이기는 것, 그 어떤 강요와 강제도 없이 전인류를 굴복시키는 것, 바로 이것이 '사상가의 민족'의 궁극적인 목표라고 할 수가 있는 것이다.

 모든 목표와 정책에는 상과 벌의 제도가 뒤따르게 되어 있다. 상이란 그가 소속된 국가와 공동체 사회에 크게 기여한 사람에게 주는 보상을 말하고, 벌이란 그가 소속된 국가와 공동체 사회에 크게 손해를 야기시킨 자에 대한 형벌을 말한다. 상 중의 최고의 상은 훈장일 것이며, 우리 한국사회에도 무궁화대훈장, 건국훈장, 국민훈장, 무공훈장, 근정훈장, 보국훈장, 수교훈장, 산업훈장, 체육훈장

등이 있다고 한다. 언제, 어느 때나 자기 자신을 희생시키고 고귀하고 위대한 업적을 쌓는다면 국가와 국민은 그 공을 잊지 않고 보답한다는 것, 바로 이 '최고의 명예와 영광'은 당신을 위해 있다는 것이 모든 서훈제도의 학습효과(기억술)일 것이다. 상과 훈장의 역사가 고귀하고 위대한 선인들의 업적을 기록한 것이라면, 형벌의 역사는 더럽고 추한 인물, 즉, 공동체 사회에 손해를 끼친 자나 국가에 크나큰 폐해를 안겨준 자에 대한 처벌의 역사라고 할 수가 있다. 독일인들이 "그들의 천민적인 근본본능과 그에 수반되는 야수적인 추잡스러운 언행을 통제하기" 위해 동원한 온갖 "무서운 수단들을" 다시 한번 생각해보지 않으면 안 된다.

예를 들어보면 돌로 치는 형벌(이미 전설로도 되어 있듯이 맷돌을 죄인의 머리 위에 떨어뜨리는), 말뚝으로 꿰뚫는 형벌, 말로 찢어 발기거나 밟아 뭉개는 형벌(넷으로 찢는), 기름이나 술로 범죄자를 삶아 버리는 형벌(14, 15세기까지도 행해졌던), 유행하던 산 채로 껍질을 벗기는 형벌(가죽끈 만들기의 형벌), 가슴에서 살을 저미어 내는 형벌, 그리고 범죄자에게 꿀을 발라 강렬한 햇빛 아래서 파리떼들이 달려들게 하는 형벌 등등이 있다. 이와 같은 가지각색의 광경이나 전례를 보게 함으로써 사람들은 마침내, 사회생활의 편익을 누리기 위해서 대여섯 가지의 '나는 그것을 하지 않겠다'는 것을 약속하고 기억에다 새기게 되는 것이다. 그리고 사실, 이와 같은 기억의 덕택으로 사람들은 마침내 '이성'에 도달한 것이다.

독일인들은 그들의 기억 덕택으로 '이성'에 도달했고, 이 기억 덕택으로 사상가의 민족이 되었다. 이 기억술을 개발하고 교육시키는 것, 바로 이 교육에는 수많은 돈과 시간과 육체적인 희생이 필요할 수밖에 없었던 것이다.

모든 교육의 역사는 잔혹의 역사이며, 이 잔혹의 역사에서만이 전인류의 영광인 '사상의 꽃'이 활짝 피어났던 것이다.

아아, 이성, 진지함, 감정의 통제, 숙고熟考라고 불리는 모든 음울한 일, 인간의 모든 이러한 특권과 사치, 이들에 대해서 얼마나 값비싼 대가가 치러졌던가! 모든 '좋은 것들'의 근저에는 얼마나 많은 피와 잔혹함이 있었던가!

형벌의 기원

"범죄자는 벌할 만하다. 왜냐하면 그는 다르게도 행동할 수 있었기 때문이다"라고 하는 그 사상은, 사실은 극히 늦게 깨우쳐진, 아주 교묘한 인간의 판단과 추리의 한 형식이다. 이러한 사상을 처음부터 있었던 것으로 여기는 사람은 고대 인류의 심리에 대해 폭력적인 오해를 하고 있는 것이다. 인류역사의 오랜 기간을 통해서 악행자가 자신의 행위에 책임을 져야 한다는 이유로 형벌을 가하는 일은 없었으며, 따라서 유죄자만이 벌받아야 한다는 전제 아래서 형벌을 가한 적도 없었다. 오히려 형벌은 오늘날에도 어버이가 자식을 벌주는 것과 같이, 가해자에 대한 피해자의 분노에서 가해졌던 것이다. 그러나 이 분노는 모든 손해에는 그 보상이 될 만한 등가물이 있으며, 따라서 그것은 가해자에게 고통을 준다는 수단으로서라도 사실상 배상될 수 있다는 관념에 의해 억제되고 완화되었다. 이 원시시대부터의 깊이 뿌리박힌, 이젠 제거할 수도 없는 관념, 손해와 고통은 등가等價라는 이 관념은 어디서 그 힘을 얻었던 것인가? 그 비밀을 이미 내가 폭로한 바이지만, 그 힘의 출처는 채권자와 채무자 사이의 계약관계 속에 있는 것이다. 이 계약관계는 '권리주체'라는 개념만큼 오래 된 것이며, 그리고 이 계약관계 그 자체가 또한 매매, 교환, 교역 등의 근본 형식에 환원되는 것이다.

― 니체, 『도덕의 계보』에서

  법률 제정 이전에는 선악이란 없는 것이며, 따라서 '만인 대 만인의 싸움'이 일어나게 된다. 왜냐하면 모두가 다같이 자기 자신의 이익만을 쫓아가고 타인의 손해 따위는 아예 생각조차도 하지 않기 때문이다. 이러한 '만인 대 만인의 싸움'을 제거하기 위한 것이 법률의 제정이며, 사회적인 계약이라고 할 수가 있는 것이다. 법률의 제정은 그 구성원이 국가의 명령에 따르는 것이 되고, 사회적 계약은 국가의 공권력에 호소하기 이전에, 서로간에 그 약속을 지킨다는 것이 된다. 만약 법률이 없었다면, 만약 계약이 없었다면 그 어느 누구도 죄의식(양심의 가책)을 가지지 않았을 것이고, 자기가 자기 자신의 행동을 뉘우치고 그 형벌(양심의 가책)을 가하는 일도 없었을 것이다.

  니체의 말대로, 형벌의 기원은 "가해자에 대한 피해자의 분노에서" 비롯된 것이고, 이 '만인 대 만인의 싸움'을 제거(예방)하기 위하여 국가가 그 싸움의 재판관으로 나서게 된 것이다. "범죄자는 벌할 만하다. 왜냐하면 그는 다르게도 행동할 수 있었기 때문이다"라는 말은 법률 제정 이후의 말이고, 따라서 개인의 죄의식이나 양심의 가책은 공동체 사회가 그 구성원들에게 강요한 강제에 지나지 않는다. 모든 교육은 도덕에 기초해 있고, 이 도덕은 인간의 자유를 억압하고 아주 집요하고 끔찍할 정도로 사회성을 다져넣는 행위가 된다. 법률 제정 이후, 그는 철두철미하게 그의 야성과 개인의 자유를 반납하고 공동체 사회의 법률에 따라 길들여지게 되었던 것이다. "손해와 고통은 등가等價라는 이 관념"은 경제학에서 비롯된 관념이며, 그것은 채권자와 채무자의 관계와도 같은 것이다.

국가와 국가, 내국인과 외국인, 인간과 인간, 인간과 정부, 정당과 정당인, 회사와 회사원과의 관계도 사회적 계약관계이며, 이 계약관계는 만물의 척도인 법률로 보장되어 있는 것이다.

나와 당신은, 아니, 모든 인간들은 서로가 서로에게 그 무엇을 팔고 사는 경제인에 지나지 않는다. 나는 너에게, 너는 나에게, 지식을, 상품을, 농산물을, 취미를, 권력을, 인간성을, 도덕성을, 꿈을, 생명보험을, 화재보험을, 사랑의 기술을, 자본을 축적하는 법을 팔고 산다.

나는 일찍이 주인과 노예, 또는 아버지와 아들의 관계를 다음과 같이 설명한 적이 있었다.

모든 주인의 도덕이 자기 자신에 대해서 의기양양한 긍정에서 비롯된 반면, 모든 노예의 도덕은 처음부터 외부적인 것, 다른 것, 자기 자신이 아닌 것을 부정함으로써 이루어진다. 주인은 "나는 선하다, 그러므로 너는 나쁘다"라고 말하지만, 노예는 "너는 나쁘다, 그러므로 나는 선하다"라고 말한다. 왜냐하면 주인은 타인의 의견을 경청함이 없이 그의 행복과 선을 긍정하며, 있는 그대로의 자신에 즐거워할 수가 있지만, 노예는 그 자신의 가치를 긍정하기에는 너무도 약하며, 그는 주인에 의해서 지배적인 방법으로 설정된 가치들을 전복시키지 않으면 안 되기 때문이다. 이러한 주인과 노예의 변증법은 니체의 『도덕의 계보』에서도 채권자와 채무자의 관계로 좀 더 폭넓게 변주되고 있다고 하지 않을 수가 없다. 주인(아버지)은 채권자이고, 노예(아들)는 채무자이다. 하지만 주인과 노예의 관계는 단순한 채권자와 채무자의 관계만도 아닌데, 그것은 주인의 의도대로 변제가 가능한 어떤 것이 아니기 때문이다. 주인은 오로지 자신의 '희생과 업적 덕택'으로 노예의 삶이 가능한 것이라고 확신하고 있지만, 노예의 입장에서 그것은 '괴물과 같이 무섭고 거대한 차원으로까지' 확대되고 있는 것이라고 하지 않을 수가 없다. 주인은 채권자의 입장에서 노예의 '법률적 의무'를 강요하는 신의 자리로 올라 서려고 하고, 노예는 채무자의 입장에서 주인의 명령을 거역함으로써 그 자신의 삶을 살아가고자 한다. 주인의 희생과 업적이 절대적이고 강력할 때는 그 주인에 대한 성화, 축제, 찬가, 의례 등의 복종의 형식이 융성하게 되지만, 주인의 유덕이 한계를 드러낼 때는 "종족 창시자의 정신에 두려움을 감소시키고, 또한 그 창시자의 영민한 통찰력과 그 힘을 경시하게" 된다. 마르크스의 '계급투쟁의 역사'라는 말이 시사해 주고 있듯이, 권력은 삶의 본능의 옹호이며, 무자비한 폭력, 혹은 투쟁의 전략을 낳게 하는 대상이라고 하지 않을 수가 없다(반경환, 「외디프스 신화의 수용양상과 재해석」, 『비판, 비판, 그리고 또 비판』).

채권자 만세의 사회

 그 저당들은, 예를 들면 자신의 육체이기도 하며, 자신의 처이기도 하며, 자신의 자유이기도 하며, 심지어는 자신의 생명이기도 하다. (혹은 일정한 종교적 전제가 있는 곳에서는, 자신의 사후의 축복과 영혼의 구원까지도, 마침내는 무덤 속의 안식까지도 저당되는 것이다. 그래서 이집트에서는 채무자의 시체는 무덤 속에서까지도 채권자로부터 휴식을 얻을 수 없었다. 이집트 사람들에게 이러한 휴식은 상당한 중요한 것이었다.) 더구나 채권자는 그 반대로, 채무자의 육체에다 모든 종류의 모욕과 고문을 가할 수 있었다. 예를 들면 부채의 액수에 상당할 만한 것을 채무자의 육체에서 살로 잘라 낼 수 있었던 것이다. 그리하여 오래 전부터 도처에서 이러한 견지에서 정밀한, 때로는 무서우리만치 자세하게 사지 및 신체의 각 부분의 하나하나에 대한 가격사정이, 합법적인 가격사정이 행해졌다. 로마의 12표법이 이같은 경우에 채권자가 잘라내는 분량의 많고 적음은 문제가 되지 않는다. "보다 많이 혹은 보다 적게 잘라 낼지라도 그것은 불법이 되지 않는다"라고 선포했는데, 나는 이것을 보다 자유로운 보다 고결한, 보다 로마적인 법률관의 증거이며 진보라고 생각한다.
 이 배상형식의 논리를 자세히 살펴보면, 그것은 정말 기묘한 것이다.

채권자는 손해에 대해서 직접적인 보상을 받는 대신에, (즉 금전이나 토지, 그밖에 어떤 소유물을 배상으로 받는 대신에) 일종의 쾌감을 맛봄으로써 손해를 배상받았던 것이다. 그것은 자기의 권력을 무력한 자에게 마음껏 발휘할 수 있다는 쾌감이기도 하고, '악을 저지르는 쾌감을 위해서 악을 저지른다'라는 탐욕스러운 쾌감이기도 하고, 폭행을 향락한다는 쾌감이기도 한 것이다. 이러한 향락의 쾌감은 채권자의 사회적 지위가 낮고 천할수록 더욱더 커지는 것이며, 그리고 이것은 쉽사리 그에게 더할 나위없이 맛난 것으로, 더구나 드높은 지위를 미리 맛보는 것으로 생각되었다. 채무자에게 '형벌'을 가함으로써 채권자는 지배권에 참여하는 것이다. 그리하여 마침내는 그도 역시 다른 사람을 '손아래'로서 경멸하고 학대할 수 있다는 우월감을—혹은 적어도, 실제의 형벌권, 즉 형의 집행권이 이미 '당국'에 넘어갔을 경우에는 그 사람이 경멸당하고 학대받는 것을 본다는 우월감을 경험할 수 있는 것이다. 그러고 보면 배상이란 잔인한 행위를 지시하고 요구하는 권리를 보장받는다는 데서 성립되는 것이다.

— 니체, 『도덕의 계보』에서

최고의 통치권자를 천자天子, 즉, 하나님의 아들이라고 불렀다면, 자기 자신의 재산에 대한 권리는 자연권이라고 불렀다. 자연권이란 자연의 권리인 동시에, 신이 부여한 권리—천자의 권리와도 같은—이고, 그 어떠한 권리보다도 우선하는 권리라고 할 수가 있다. 자연권(사유재산)은 영역표시이며, 이 영역의 침범은 생사를 넘어선 혈투의 대상이 된다. '빚지고 살 수가 없다'라는 말이 있듯이, 모든 법은 채권자에 의해서 채권자의 이익을 위한 법에 지나지 않는다. 채무자는 반드시 그 빚을 갚지 않으면 안 되고, 만일, 그가 그 빚을 갚지 못한다면, 그는 그가 야기시킨 손해에 대하여 그 어떤 형식으로든지 대납하지 않으면 안 된다.

 빚을 진다는 것은 저당(담보)을 잡힌다는 것이며, 그 저당의 예로는 그의 육체와 영혼과 처와 자유 등의 다양한 방법을 들 수도 있을 것이다. 자기 자신의 육체와 영혼까지도 저당 잡히고, 자기 자신의 아들과 아내까지도 노예로 팔아버린다는 것은 모든 경제의 역사는 '잔혹극의 역사'라는 것을 증명해주고도 남는다. 그렇다. "채무자에게 '형벌'을 가함으로써 채권자는 지배권에 참여하는 것이다."

 채무자, 즉, 신용불량자의 삶은 삶이 아니며, 그 빨간 딱지는 그가 이 세상을 떠나갈 때까지도, 아니, 그의 무덤 속에서까지도 결코 떨어지지 않는다.

 자본주의 사회는 신용사회이며, '채권자 만세'의 사회이다.

고급문화 : 잔인성이 정신화되고 신성화되고

　나는 고급문화의 모든 역사를 통해서 보이는 현상으로서 잔인성이 점차로 정신화되고 신성화되는 추세를 조심스럽게 지적해두었다. 어쨌든 사형집행과 고문 혹은 종교적 화형을 빼놓고서는 왕족의 결혼식이나 매우 장엄한 민족적 축제는 생각할 수 없었으며, 그리고 주저하지 않고 악의나 잔인한 조롱을 퍼부을 수 있는 상대가 없이는 귀족의 가정생활을 생각할 수 없었다는 것은 그다지 먼 옛날의 이야기가 아니다.
　— 니체, 『도덕의 계보』에서

　모든 고급문화는 '승자독식의 구조' 위에 기초해 있고, 전쟁, 약탈, 살육, 강도, 강간, 멸문滅門, 멸망滅亡의 성과 위에 기초해 있다. 대영박물관이나 르부르박물관, 또는 스미소니언박물관을 가보라! 바로 거기에는 수많은 국가와 그 국민들의 피 맺힌 한과 그 눈물이 담겨 있는 것이며, 철두철미하게 고귀하고 위대한 민족의 영광을 위하여, 자기 자신의 그 모든 것을 다 수탈당한 약소민족의 신음 소리가 배어 있는 것이다.

　모든 고급문화는 힘에의 의지의 산물이며, 모든 고급문화는 끊임없이 살육하고 착취하는 데에서 그 문화의 동력을 얻어나가게 된다.

전쟁, 약탈, 살육, 강도, 강간, 멸문滅門, 멸망滅亡이 없는 고급문화는 없는 것이며, 따라서 우리가 그 야만적인 행위를 미워하거나 비난할 이유가 없는 것이다.

승자만이 할 말이 있고, 승자만이 황금왕관을 쓸 자격이 있다.

우리 한국인들은 하루바삐 일본의 제국주의적인 온갖 만행들을 잊어버리고, 더 이상 일본인들을 미워하지 말기를 바란다.

울면 바보가 되고, 미워하면 백치가 된다.

우리 한국인들은 소크라테스를, 플라톤을, 아리스토텔레스를, 데카르트를, 스피노자를, 라이프니츠를, 칸트를, 마르크스를, 헤겔을, 니체를, 쇼펜하우어를 읽었는가? 그들은 서양철학사의 버팀목이며, 고급문화의 연출자이다. 우리 한국인들은 하루바삐 이 대철학자들을 때려잡지 않으면 안 되고, 바로 이 '인식의 힘'으로 미국도, 일본도, 영국도, 중국도, 독일도, 프랑스도 반드시 때려잡지 않으면 안 된다.

우리 한국인들도 공부하고, 또 공부하면 고급문화를 창출해낼 수 있다.

나는 철학적 의사다.

자아, 우리 백치들, 일테면, 우리 학자들, 우리 정치인들, 우리 한국인들의 좆대가리를 어서 내놓아라!!

축제와 잔인성

　타인이 괴로워하는 것을 보는 것은 유쾌하다. 타인을 괴로워하게끔 만드는 것은 더욱 유쾌하다. 이것은 하나의 냉혹한 명제다. (……) 잔인성이 없는 축제는 없는 것이다. 인간의 가장 오래고 가장 긴 역사는 그렇게 가르쳐 준다. 그리고 형벌에는 실로 축제의 요소가 참으로 많이 들어 있다고.
　— 니체, 『도덕의 계보』에서

　때때로 고양이는 쥐를 가지고 논다. 때때로 호랑이는 토끼를 가지고 논다.
　그 옛날에는 중국인들이, 가까운 옛날에는 일본인들이 그랬듯이, 오늘날의 미국인들은 우리 한국인들을 데리고 아주 유쾌하고 즐겁게 논다.
　한국놈들이 괴로워하는 것을 보면 유쾌하다. 한국놈들을, 북핵을 가지고, 사드를 가지고 못살게 만드는 것은 더욱더 유쾌하다.
　이 짐승만도 못한 놈들이 피 땀으로 농사를 짓고 상품을 만들어 팔면, 그 돈으로 모조리 미국산 낡디 낡은 전투기를 사게 하면 된다.
　만일, 우리 말을 듣지 않는다면, 한국놈들의 수괴(대통령)를 갈아치우면 된다.

Friedrich Nietzsche

인간은 약하지만 국가는 강하다

 사람은 누구나 공동체 속에서 살며 공동체의 편익을 누리고 있다. (오오, 얼마나 대단한 이익인가! 우리는 오늘날 그 이익을 때때로 과소평가하고 있다.) 사람들은, 공동체의 바깥에 있는 사람, 즉 '평화가 없는 사람'이 직면하는 어떤 상해傷害나 적대적인 행위에 관한 두려움 없이 보호되고, 돌보아지며 평화와 신뢰 속에서 살고 있다. ―독일인은 비참이란 말의 본래의 뜻이 무엇인지를 잘 알고 있다―즉 그러한 상해와 적대적 행위를 고려하였기에 사람들은 자신을 공동체에다가 저당잡혔던 것이며, 공동체에 대해서 의무를 지게 되었던 것이다. 만약 이러한 서약관계가 파괴된다면 어떻게 될 것인가? 기만당한 채권자로서의 공동체는 틀림없이 그 사람에게서 가능한 최대의 변상을 받아낼 것이다. 이 경우 범죄자가 야기한 직접적인 손해같은 것은 사소한 문제에 불과하다. 직접적인 손해의 문제는 도외시하더라도, 그는 무엇보다도 우선 하나의 '파괴자'가 되는 것이며, 이제까지 그가 혜택받아 온 공동체 생활의 모든 이익과 안락에 관한 전체와의 그의 약속, 계약을 파괴하는 자가 되는 것이다.
 ― 니체, 『도덕의 계보』에서

인간은 사회적 동물이며, 무리를 짓는 데서 최선의 삶의 수단을 확보하게 되었다. 개인의 자유와 생명과 재산도 사회적 획득물이고, 사랑과 평화와 행복도 사회적 획득물이다. 언어와 명예와 지위도 사회적 획득물이고, 역사와 전통과 도덕도 사회적 획득물이다. 인간은 공동체 사회 속에서 태어나 공동체 사회가 제공하는 편익을 누리고 살면서 이 공동체 사회를 공동체 사회로 살아움직이게 하는 역군으로서 그 사명과 의무를 다하지 않으면 안 된다. 인간은 약하지만, 국가는 강하다. 국가는 강하지만, 그 국가를 떠받치고 있는 국민의 힘은 더 강하다. 인간(개인)이 타락하면 그가 소속된 국가의 힘이 약해지고, 국가의 힘이 약해지면 그 국가에 소속된 개인의 힘도 약해진다. 국가는 신성하며, 어느 누구도 이 국가의 명령을 거역해서는 안 된다.

　국가를 형성하지 못한 민족은 민족이 아니다. 국가란 끊임없이 이웃 민족을 침략하고 착취하는 강도집단에 지나지 않으며, 이 전투체제로 편성된 국가와 맞서서 그 어떤 개인이나 떠돌이 집단이 싸울 수는 없다. 공동체 사회의 바깥에 있는 사람은 평화가 없는 사람이며, 일테면 추방당한 개인이나 죄인들, 그리고 떠돌이 유랑민족들이 바로 그것을 증명해준다. 떠돌이—나그네들, 즉, 공동체 바깥에 있는 사람들은 인간도 아닌데, 왜냐하면 그들을 보호해줄 어떤 안전장치도 없기 때문이다. 그들은 또한 최소한도의 생존수단도 확보하고 있지 못한데, 왜냐하면 이 세상은 그들로 하여금 그들이 정주할 수 있도록 땅을 제공해주지 않기 때문이다.

Friedrich Nietzsche

인간은 국가에게 그의 자유와 생명과 재산 등, 그 모든 것을 다 맡겼고, 국가는 그 자산들을 토대로 하여 외부의 적을 물리치고, 개인과 개인의 다툼을 막아주고, 학교, 병원, 군대, 정부, 회사 등의 수많은 권력과 자원을 분배해준다. 이 국가의 명령은 지상 최대의 명령이며, 이 명령의 강제성을 완화시킨 것이 개인의 의무가 된다. 개인의 의무는 자발적인 것이 되고, 따라서 어느 누구도 아무런 저항이나 굴욕감없이 스스로, 자발적으로 교육의무, 병역의무, 납세의무, 근로의무, 법률준수의 의무에 참여하는 모범시민이 될 수밖에 없었던 것이다.

개인은 국가에 충성을 다하고, 국가는 개인의 행복을 보장해준다. 이 개인과 국가는 상호 계약관계이며, 그것은 채권자와 채무자의 관계와도 같다. 국가가 그 책무를 다하지 않을 때는 민란이나 혁명이 일어나고, 개인이 그 책무를 다하지 않을 때는 수많은 도덕적 비난과 함께 형무소로 가지 않으면 안 된다. 어느 개인이 야기시킨 손해, 즉, 그가 야기시킨 탈세와 공공기물의 파손 등은 아주 작고 사소할 수도 있지만, 그러나 그것은 다른 한편, 국가의 명령에 정면으로 도전하는 범죄행위일 수도 있다.

직접적인 손해의 문제는 도외시하더라도, 그는 무엇보다도 우선 하나의 '파괴자'가 되는 것이며, 이제까지 그가 혜택받아 온 공동체 생활의 모든 이익과 안락에 관한 전체와의 그의 약속, 계약을 파괴하는 자가 되는 것이다(니체, 『도덕의 계보』).

기만당한 채권자인 공동체의 분노는 그에 대한 이제까지의 보호를 절단하고 그를 다시금 야만적인, 법률 보호밖의 상태 속으로 추방한다. 즉 공동체는 그를 몰아내는 것이며, 이제 그에게는 모든 적의를 퍼부어도 괜찮다는 것이다(니체, 『도덕의 계보』.)

공동체의 권력

공동체의 권력과 자신이 증대함에 따라 형법도 항상 보다 그 엄격성을 완화시킨다. 공동체의 권력이나 자신이 약화되고 위험하게 될 때에는 형법은 언제나 다시금 준엄한 형식을 취한다. 채권자는, 그가 부유해짐에 따라 그만큼 더 관대하게 되었다. 결국은 채권자가 얼마만큼 괴로움을 당하지 않고 피해를 견딜 수 있는가 하는 것이 그의 부유함의 실제적인 척도가 되기도 했다. 가해자를 처벌하지 않는 것―이처럼 가장 고귀한 사치를 허용할 수 있는 사회의 권력의식이란 것도 생각할 수 없는 것은 아닐 것이다. "이 기생충과 같은 것들이 나에게 무슨 상관이 있단 말인가? 멋대로 처먹고 살찌게 놔두려무나. 나에겐 아직 그만한 힘은 충분히 있으니 말이야!"라고 말할 것이다.

"모든 것은 변상될 수 있다. 모든 것은 변상되어야 한다"라는 명제로서 시작된 정의는 빚을 변상할 능력이 없는 자들을 관대하게 그냥 보아 넘김으로써 끝나는 것이다. 정의는 지상의 모든 좋은 사물과 꼭같이, 자기 자신을 지양함으로써 끝나는 것이다. 이같은 정의의 자기지양―이것이 어떤 미명美名으로 불리워지고 있는가는 모든 사람들이 잘 알고 있다. ―즉, 자비. 이 자비가 가장 권력이 강한 사람의 특권임은 두말할 필요도 없으며, 보다 적절하게 표현하자면 그의 '법의 피안'이다.

— 니체, 『도덕의 계보』에서

  채무를 상환할 능력이 없는 개인이나 단체의 죄를 사면해주고, 양심에 따른 병역기피자와 국가와 사회, 즉 공익의 목적을 위하여 죄지은 자를 사면해주는 것은 얼마든지 가능하고, 그것은 국가의 "부유함의 실제적인 척도가 되기도" 한다. 그가 지은 죄는 용서할 수 없지만, 그 죄를 지은 범죄자는 용서할 수가 있다. 일벌백계의 단죄보다도 더없이 너그럽고 인자한 관용이 그 국가와 국민들을 더욱더 고귀하고 위대하게 만들 수도 있다. "가해자를 처벌하지 않는 것—이처럼 가장 고귀한 사치"는 그러나 그 어떠한 사회적 합의 없이는 절대로 함부로 허용해서는 안 된다.

  고대 스파르타는 단 한 번도 사면복권을 해주지 않았고, 고대 로마의 그 어떠한 권력자도 절대로 사면복권을 해주지 않았다고 한다. 이 법률 준수와 그 도덕의 힘으로 스파르타는 500년을, 로마는 영원한 제국을 건설한 바가 있었던 것이다. 적은 법률로 엄격하게 다스리면 문화선진국이 되고, 수많은 법률로 그 시민들을 옭아매면 삼류국가가 된다. 대한민국은 수많은 법률재앙의 불량국가이며, 사면복권이 악마의 은총처럼 쏟아지는 '범죄인 만세의 국가'이다. 대한민국의 모든 법률은 범죄인에 의해서 범죄인의 이익을 위한 반도덕적인 법률들에 지나지 않는다. 정치자금법 위반자도 사면해주고, 선거법 위반자도 사면해준다. 청문회 불출석자도 사면해주고, 사법질서를 유린하는 위증자도 사면해준다. 뇌물의 수수와 증여자도 사면해주고, 온갖 탈세와 악덕 사기꾼도 사면해준다. 유병언과 조희팔도 사면해주고, 상속법과 증여법의 위반자도 사면해준다. 재벌총수의 재산도피도 사면해주고, 공금횡령이나 배임죄를 지은 자도 사면해준다. 병역기피자와 강간범도 사면해주고, 음주운전자와 재벌총수의 그룹섹스도 사면해준다. 대한민국은 근본적으로 불법국가이며, 이 불법의 힘으로 수많은 법률들을 제정한다.

나는 이렇게 선언하고자 한다. 내가 만일 대통령이라면 이제까지 사면복권을 남발한 자들을 모조리 잡아다가 광화문 광장에서 총살하고, 그 일족의 재산들을 모조리 국가의 재산으로 환수할 것이다. 이 사법질서의 파괴자, 이 국가의 기틀을 파괴하고 이민족인 외세 앞에서 그 어떤 힘도 쓸 수 없게 만든 이 개새끼들을 처벌하지 않고는 그 어떤 도덕 국가도 세울 수가 없는 것이다.

너희 파렴치범들이 '범죄인 만세'를 만들어 놓고 있는 동안, 일본은 그 국가의 힘을 극대화시켜 세계 최고의 강대국으로 올라서고 있는 것이다.

자, 보아라! 동북아에서 미국의 힘이 약화되고, 불구대천의 원수와도 같은 일본이 세계적인 강대국으로 올라설 그날을—.

내가 일본의 아베 수상이라면 대한민국을 재빨리 재식민지화하고, 이 짐승만도 못한 한국인들을 무차별적으로 총살시키고, 그 나머지는 노예로 만들어버릴 것이다.

학문 중의 학문인 철학을 공부하지 않은 대가, 거짓말로 숨쉬고, 뇌물로 밥 먹고, 표절로 출세를 한 대가, 걸핏하면 '통 크게 사면하라'고 외치는 여야 정당의 파렴치범들의 범죄의 대가는 우리 한국인의 소멸과 대한민국의 소멸로 이어지게 될 것이다.

전세계인의 망신거리로 태어난 민족, 추한 인간의 본보기로서 살아온 민족, 유병언, 조희팔, 박근혜, 최순실, 전두환, 노태우, 박정희, 이승만에서 보듯이 개만도 못한, 더 이상 더럽고, 더 이상 더러울 수도 없는 민족—. 나는 하루바삐 이 추한민족을 반납하고자 한다.

오오, 일본인들이여, 혹시 한국을 다시 식민지배할 날이 오거든 단 한 놈도 남겨놓지 말고 모조리 총살시켜다오.

강자의 이익을 위한 법률

이제까지 법의 온전한 운용과 또한 법에 대한 진정한 요구가 지상에 뿌리를 박게 된 것은 대체 어떤 영역에서였던가? 반동적 인간의 영역에서였던가? 천만에! 오히려 능동적인, 강력한, 자발적인, 공격적인 인간의 영역에서였다. 역사적으로 고찰해 보면, 법은 이 지상에서 반동적 감정에 대한 투쟁, 능동적이고 공격적인 권력 쪽에서 그 힘의 일부를 사용하여 반동적인 파토스가 지나치지 않도록 억제하고, 타협할 것을 강요하는 반동적 감정과의 싸움을 나타낸다. 정의가 행해지고 유지되는 곳에서는 어디서나 보다 강한 권력이 하급의 보다 약한 자들(집단이건 개인이건) 사이에서의 원한의 미친 듯한 광란을 종식시키기 위한 수단을 강구하는 것을 볼 수 있다.

— 니체, 『도덕의 계보』에서

우리 재벌들은 노사분규 때는 '법대로'를 강조하고, 재벌들의 탈세와 일탈행위에는 자기 자신들의 사회적 공헌도와 '경제가 어려운데'를 상투적으로 남발한다. 노동자들은 법률의 보호하에 묶어두고 싶고, 자기 자신들은 법률 위에 군림하고자 한다.

법률은 강자가 강자의 이익을 위해서 제정한 것이며, 오늘날 자본주의 사회에서 '유전무죄'의 타당성이 바로 여기에서 생겨난 것이다. 왕권신수설王權神授說, 즉, 신으로부터 왕권을 허락받았다는 것이 '천자-황제'의 용어에 각인되어 있는 것이라면, 오늘날의 법률은 모든 재벌들에게 하나님의 은총과도 같은 것이다. 노동자나 사회적 약자들의 피 맺힌 생존투쟁은 "원한의 미친 듯한 광란"에 불과하고, 그것은 또한 하늘의 뜻에 거역하는 대역죄에 지나지 않는다.

국가의 공권력을 동원하여 경영권을 방어하고 부의 대물림을 완성한 것은 이 세상의 그 어디에도 없는 후안무치한 행위에 지나지 않는다. 대한민국은 전체주의 국가이지, 자본주의의 국가가 아니다. 독재자의 딸이자 대역죄인인 박근혜도 마찬가지이지만, 삼성그룹의 이재용 부회장은 전재산 몰수와 함께, 이백 년 징역형으로 처벌하지 않으면 안 된다. 지금, 이 순간에도 법치국가와 법률의 준수를 강조하고 있는 것은 박근혜와 이재용과 그 아류들이지, 우리 대한민국의 국민들이 아니다.

만일, 내가 대통령이 된다면 우리 정치인들과 우리 재벌들을 모조리 총살하고, 그 모든 재산들을 다 몰수하게 될 것이다.

우리 정치인들과 우리 재벌들을 총살시켜야 나라가 살고 사법정의가 바로 서게 된다.

법률의 제정

 법률의 제정이다. 이것은 최고의 권력의 눈으로 보아서 일반적으로 무엇이 허용되며 무엇이 올바른 것이며, 그리고 무엇이 금지된 것이며, 무엇이 올바르지 못한 것인가에 관한 명령적 성명이다. 최고 권력은 일단 법률을 제정한 이후엔 개인, 혹은 집단 전체의 폭력이나 횡포와 같은 침해행위를 법률에 대한 침범으로 최고 권력 자체에 대한 반역으로 취급함으로써 그 신민臣民들의 감정을 그러한 침범에 의해 야기된 직접적인 피해에서 벗어나게 하여 마침내는 오직 피해자의 입장만을 옹호하고 인정하는 모든 복수가 기도하는 것과는 정반대의 자세를 취한다. 그 이후로는 사람들의 눈은 행위를 점차적으로 비인격적인 것으로 평가하게끔 훈련된다. 그리고 피해자 자신의 눈마저도 그렇게 훈련되는 것이다.

 따라서 올바름(법)과 올바르지 못함(불법)은 오직 법률제정 이후에야 나타나는 것이다. (이것은 뒤이링이 주장하는 것처럼 침해행위가 있은 연후에 나타나는 것은 아니다.) 법과 불법을 그 자체로서 논하는 것은 전혀 무의미한 일이 아니다. 삶이란 본질적으로, 즉 그 근본기능에 있어서 침해, 공격, 착취, 파괴를 통해서 움직이는 것이며, 이러한 성격이 없이는 전혀 생각할 수도 없는 것이기에, 침해도 공격도 착취도 파괴도 그 자체로서는 결코 '불법적'일 수 없음은 물론이다. 그리고 우리는 훨씬 더 불쾌한 일이지만 다음의 사실을 인정해야만 한다. 즉 최고의 생물학적 견지에서 보면 법률적 상태라는 것은, 권력을 목표로 하는 본래의 삶의 의지를 부분적으로 제약하는 것으로서, 그리고 이 삶의 의지의 전체적인 목적에 종속되는 개별적인 수단으로서, 간단히 말해서 보다 거대한 권력의 단위를 창조하기 위한 수단으로서 단지 예외적인 상태일 뿐이라는 점이다.

— 니체, 『도덕의 계보』에서

니체의 도덕은 인도의 철학자들, 예컨대 푸라나 카샤파의 '도덕부정론'과 아지타의 '유물론'의 영향을 받았으며, 그 복사판과도 같다. 이 세상에 선과 악은 없는 것이다. 이 선악을 넘어 서서 행동하라는 것이 니체의 도덕철학이자 삶의 철학이었던 것이다.

"올바름(법)과 올바르지 못함(불법)은 오직 법률제정 이후에야 나타나는 것이다. 법과 불법을 그 자체로서 논하는 것은 전혀 무의미한 일이 아니다. 삶이란 본질적으로, 즉 그 근본기능에 있어서 침해, 공격, 착취, 파괴를 통해서 움직이는 것이며, 이러한 성격이 없이는 전혀 생각할 수도 없는 것이기에, 침해도 공격도 착취도 파괴도 그 자체로서는 결코 '불법적'일 수 없음은 물론이다."

인간의 탄생, 즉, 한 생명의 탄생은 영웅이 탄생하는 것과도 같다. 수억 마리의 정자와의 싸움에서 승리를 하지 않으면 안 되고, 그 좁디 좁은 자궁 속에서 10개월을 참고 견디며, 그리하여 마침내, 그 지옥의 문을 빠져나오지 않으면 안 된다. 생존경쟁은 약육강식이며, 약육강식은 끊임없이 침해, 공격, 착취, 파괴를 통해서만이 가능한 것이다. 유치원 입학, 초등학교 입학, 중학교 입학, 고등학교 입학, 대학교 입학, 대학졸업, 사회생활과 죽음에 이르기까지, 이 생존경쟁이 근본조건으로 되어 있는 것이다. "법률적 상태라는 것은, 권력을 목표로 하는 본래의 삶의 의지를 부분적으로 제약하는 것으로서," 즉, 그처럼 노골적이고 야만적인 상태―침해, 공격, 착취, 파괴―를 은폐하고 제어하는 장치에 지나지 않는다.

법치국가에서 법정투쟁은 생사를 넘어선 투쟁이며, 이 싸움에서 패배를 하면 그의 미래는 없게 된다. 자연의 법칙은 생존경쟁이 되고, 생존경쟁은 약육강식이 된다. 이 자연의 법칙, 이 약육강식의 법칙인 '침해, 공격, 착취, 파괴'가 법정투쟁으로 옮겨간 것 뿐이다.

강한 인종의 번영을 위해

대다수의 집단으로서의 인류가 하나의 보다 강한 인종人種의 번영을 위해서 희생된다는 것—이것이야말로 진보라고 하는 정의일 것이다.
— 니체, 『도덕의 계보』에서

우리 한국인들이여, 너희들은 언제까지 거짓말로 숨쉬고, 뇌물로 밥을 먹으며, 표절로 출세를 하고 살아갈 것이란 말인가?

작은 단체이든, 커다란 단체이든, 또는 작은 국가이든, 거대한 국가이든지간에, 그 조직이 죽어 있는 조직이 아닌, 살아 있는 조직이 되려면 그 구성원들과의 상호 신뢰와 그 애정이 뒷받침이 되지 않으면 안 된다.

부정부패는 육체와 영혼을 썩게 만드는 병이며, 이 병이 악화되면 그 어떤 단체나 국가도 전혀 그 힘을 쓸 수 없게 된다. 이 부정부패 때문에 수천 년 동안 이민족의 군홧발에 그처럼 짓밟히고 두들겨 맞았으면서도 아직도 제 정신을 차리지 못하고 있는 우리 한국인들의 미래가 참으로 걱정되기만 한다.

강대국의 제물이 된다는 것, 강대국의 제물로서만이 그 존재 가치가 있다는 것, 이 엄청난 사실들이 나를 더없이 슬프고 화가 나게 한다.

오오, 한국인들이여, 너희들이 과연 이 세상에서 가장 훌륭한 나라, 대한제국을 건설할 지식과 능력과 그 용기가 있느냐?

박근혜는 미국과 일본의 압력을 뿌리치고 기세등등하게 중국의 '전승절'에 참석했고, 시진핑과 푸틴 옆에 앉아서 더없이 그 오만방자함을 과시한 바가 있었다.

이에 화가 난 미국의 오마바 대통령은 박근혜를 소환했지만, '메르스 사태'를 핑계대고 곧바로 가지 않았고, 따라서 그 후유증은 대한민국의 외교적 참사로 이어졌던 것이다. 한일 위안부 문제 타결과 한반도 사드 배치라는 재앙이 바로 그것이다. 한일 위안부 문제 타결과 한반도 사드 배치라는 굴욕으로 모든 정치, 경제, 외교관계가 엉망진창으로 되어버린 것이다.

오바마 대통령은 외면적으로는 참으로 선량하고 인자한 대통령이었지만, 미제국주의를 대표할 때는 너무나도 험상궂고 악마적인 마피아 두목으로 돌변하게 되었을 것이다.

"너, ＸＸ, 내 말을 잘 들어"하고, 미국 중앙정보국의 보고문서를 건네 주었을 것이다. "너, ＸＸ, 나는 네가 국정원과 경찰과 국군 사이버 사령부를 동원해서 대통령이 되었다는 것도, 네가 최순실과 정윤회를 통해서 대한민국의 국정을 농단하는 것도 다 알고 있어. 너 따위를 하야시키는 것은 우리 미국의 힘으로는 단 한 시간도 안 걸려. 죽을래? 살래? 여기에 서명해! 한일 위안부 타결조건 10

억엔, 한반도 사드배치. 이 조건만 받아들이면 네 임기를 보장해줄 게."

박근혜의 방미는 군사주권, 경제주권, 문화주권, 그 모든 주권의 무너짐으로 이어졌던 것이다. 단 한 마디의 항변의 말도 해보지 못하고—.

부패한 지도자는 부패했을 뿐, 그 어떠한 외교적 힘도 발휘할 수가 없다.

민주적인 특이성과 지배자 혐오주의

지배하고 있으며, 지배하려고 하는 모든 것에 반대하는 민주적인 특이성, 현대적인 지배자 혐오주의는 정신의 영역에 침투해서 가장 정신적인 형식으로 변장함에 이르러서, 오늘날에는 그것은 가장 엄밀한, 외견상 가장 객관적인 과학 속에까지 침입하며, 또한 침입해도 무방할 정도로까지 되었다.
— 니체, 『도덕의 계보』에서

사회적 동물들은 조직사회를 이루며, 이 조직사회는 '계급'이라는 서열제도를 구축하게 된다. '황제—장군—장교—사병과도 같은 상명하복의 계급질서가 바로 그것이며, 이 계급질서를 거역하면 그는 소위 '왕따'를 당하거나 형무소를 가지 않으면 안 된다.

민주주의는 이 계급질서를 거부하는 반사회적인 정치제도이며, 그 실현가능성이 전혀 없는 한여름밤의 잠꼬대와도 같다. 지식을 얻고 새로운 지식을 창출해내는 것도 극소수이고, 돈을 벌고 돈을 축적하는 것도 극소수이다. 소위 이 1%, 아니, 이 0.01%의 최고의 지식인들이 그 사회를 이끌고 나가지 않으면 안 되고, 모든 민주주의 선거에서 그들의 당선확률은 99.9%에 가깝다고 해도 과언이 아니다. 만인평등과 공정한 부의 분배, 그리고 주권재민主權在民이라는 말들은 이 최고의 지식인들이 대다수의 국민들을 현혹시키기 위한 '사탕발림의 말들'에 불과하며, 이 어리석고 우매한 대다수의 국민들은 언제, 어느 때나 이 '사탕발림이라는 미끼'를 덥석덥석 물었던 것이다. "민주적인 특이성, 현대적인 지배자 혐오주의"는 이 최고의 권력에 대한 혐오일 수도 있지만, 그러나 그것은 언제, 어느 때나 도로아미타불의 수고에 지나지 않게 된다.

민주주의는 시대착오적이며, 자연의 순리를 거역하는 반역의 물길과도 같다. 정치란 물의 흐름과도 같으며, 어떤 국가와 협상을 하거나 전쟁을 할 때, 그 어떤 사업에 투자를 하거나 회수를 할 때, 또는 그 어떤 정책을 입안하거나 폐기할 때, 그 순간의 타이밍을 놓쳐버리면 그 제방이 허물어지는 물길과도 같다. 이 순간의 선택이 국가와 민족, 개인과 개인들의 운명을 좌우하고, 이처럼 너무나도 중요하고 거대한 판단들을 반드시 모든 국민들의 의사를 반영해야 하는 것은 아니다.

나는 민주주의에 반대하며, 그가 고귀하고 위대한 인물이라면 입헌군주제를 옹호한다. 하지만, 그러나 내가 옹호하는 입헌군주제는 그 옛날의 군주주의가 아니라, 오늘날의 '대통령제'를 의미한다. 대통령에게 모든 권한을 다 몰아주되, 그 권력의 행사를 감시-탄핵하며, 그의 성공을 보장해줄 수 있는 대통령제도가 바로 그것이다.

형벌의 의미

형벌의 의미가 얼마나 불분명하며 얼마나 추보적이며, 얼마나 우연적인가, 그리고 하나의 동일한 처치절차가 얼마나 근본적으로 다른 목적에 사용되며, 적용되며 준용될 수 있는가라는 문제에 대해서 적어도 하나의 지침을 제시하기 위해서, 내가 주목해온 비교적 적은 우연적인 예를 근거로 생각해낸 패턴을 여기에서 살펴보자. 위해를 제거하는 것으로서의, 더 이상의 위해를 방지하는 것으로서의 형벌, 피해자에 대한 어떠한 형태로든지의(심지어 감정의 배상의 형태로까지지도) 손해배상으로서의 형벌, 소요의 확산을 방지하기 위해서 교란자를 격리시키는 것으로서의 형벌, 형벌을 결정하고 집행하는 자에 대한 공포감을 일으키는 것으로서의 형벌, 범죄자가 이제까지 누려 온 편익에 대한 일종의 반제返濟로서의 형벌(예를 들면 범죄자가 광산에서 노예로 사용되는 경우), 퇴화적 요소를 제거하는 것으로서의 형벌(어떤 경우에는 중국의 법률에서 보는 바와 같이 일족一族 전체를 제거하는 것으로, 이는 종족의 순결을 유지하거나 사회의 형태를 유지하는 수단으로 쓰이는 것이다), 축제로서의 형벌, 즉 마침내 타도된 적에 대한 능욕과 조롱으로서의 형벌, 수형자에게든 처형의 목격자에게든—소위 교도敎導라는 이름으로—기억을 새기게 하는 것으로서의 형벌, 범죄자를 극단적인 복수로부터 보호하는 권력에 대한 지정된 사례금액의 지불로서의 형벌, 복수가 힘 센 종족에 의해 여전히 유지되고 또한 특권으로서 요구되고 있는 상황에서는 자연적인 상태의 복수와의 타협으로서의 형벌, 평화의 적, 법률의 적, 질서의 적, 권력체의 적, 이들은 공동체에 대해 하나의 위험으로서, 공동체의 존립조건인 계약을 파기한 자로서 반역자, 배신자, 평화의 파괴자로서, 전쟁에 사용하는 것과 꼭같은 무기로서 공격해야 할 적이지만, 이러한 적에 대한 선전포고 및 작전수단으로서의 형벌.

— 니체, 『도덕의 계보』에서

사회적 동물들, 즉, 우리 인간들의 최선의 조직 형태는 국가이며, 우리는 이 국가라는 조직을 위해서 살고 죽는다. 오늘도 국가를 위해서 자유를 바치고, 오늘도 국가를 위해서 목숨을 바친다. 내일도 국가를 위해서 재산을 바치고, 모레도 국가를 위해서 평화를 바친다. 국가는 주군主君이 되고, 우리는 모두가 다같이 국가의 충신忠臣이 된다. 소크라테스도, 플라톤도, 공자도, 맹자도, 셰익스피어도, 괴테도, 알렉산더도, 나폴레옹도 이 국가가 없었다면 한낱 어중이 떠중이들이거나 추풍의 낙엽과도 같았을 것이다.

국가는 이념과 사상의 형태로 조직되고, 그 다음, 민족시조에 대한 예배의 형태—종교와 신화 등—로 조직되며, 그 다음, 마지막으로 국가는 그 조직원들간의 결사체 형태—입법부, 행정부, 사법부 등—로 조직된다. 형벌제도는 이 조직의 질서를 파괴하거나 위해를 가한 자를 처벌하기 위한 제도이며, 이 국가라는 조직체계를 이끌어 나가기 위한 가장 강력하고 가장 중요한 통치수단이라고 할 수가 있다. 니체의 이 글은 미셸 푸코의 『감시와 처벌』의 밑텍스트가 되었던 것이며, 국가의 형벌들이 얼마나 불분명하고 우연적인가를 보여주는 동시에, 그 다양한 형벌들을 예시해주는 아주 소중한 글이라고 할 수가 있다.

나는 이처럼 아름답고 뛰어난 이 문장을 몇 번이고 수없이 되풀이 읽어보지 않을 수가 없었다.

위해를 제거하는 것으로서의, 더 이상의 위해를 방지하는 것으로서의 형벌, 피해자에 대한 어떠한 형태로든지의(심지어 감정의 배상의 형태로까지도) 손해배상으로서의 형벌, 소요의 확산을 방지하기 위해서 교란자를 격리시키는 것으로서의 형벌, 형벌을 결정하고 집행하는 자에 대한 공포감을 일으키는 것으로서의 형벌, 범죄자가 이제까지 누려온 편익에 대한 일종의 반제返濟로서의 형벌(예를 들면 범죄자가 광산에서 노예로 사용되는 경우), 퇴화적 요소를 제거하는 것으로서의 형벌(어떤 경우에는 중국의 법률에서 보는 바와 같이 일족一族 전체를 제거하는 것으로, 이는 종족의 순결을 유지하거나 사회의 형태를 유지하는 수단으로 쓰이는 것이다), 축제로서의 형벌, 즉 마침내 타도된 적에 대한 능욕과 조롱으로서의 형벌, 수형자에게든 처형의 목격자에게든—소위 교도敎導라는 이름으로—기억을 새기게 하는 것으로서의 형벌, 범죄자를 극단적인 복수로부터 보호하는 권력에 대한 지정된 사례금액의 지불로서의 형벌, 복수가 힘 센 종족에 의해 여전히 유지되고 또한 특권으로서 요구되고 있는 상황에서는 자연적인 상태의 복수와의 타협으로서의 형벌, 평화의 적, 법률의 적, 질서의 적, 권력체의 적, 이들은 공동체에 대해 하나의 위험으로서, 공동체의 존립조건인 계약을 파기한 자로서 반역자, 배신자, 평화의 파괴자로서, 전쟁에 사용하는 것과 꼭같은 무기로서 공격해야 할 적이지만, 이러한 적에 대한 선전포고 및 작전수단으로서의 형벌.

형벌은 인간을 비정하게

일반적으로 말해서, 형벌은 인간을 비정하게 그리고 냉혹하게 만든다. 형벌은 또한 인간을 자기집중적으로 만든다. 형벌은 소외의 감정을 날카롭게 한다. 형벌은 또한 저항력을 강하게 한다. 형벌이 인간의 활력을 꺾어버리고 비참한 굴종과 자기비하를 초래한다면, 이러한 결과는 분명히 삭막하고 음울한 엄숙함이라는 특징을 지니고 있는 형벌의 통상의 효과보다도 더 한층 언짢은 것이다.

— 니체, 『도덕의 계보』에서

무인도에서 30년 가까운 세월을 살아온 로빈슨 크루소의 삶은 어떠했고, 살인자의 누명을 쓰고 '악마의 섬'에 유폐되었던 빠삐용의 삶은 어떠했을까? 오늘날 문명인으로서 그들의 삶을 되돌아 볼 때, 그들은 차마 인간이라고 할 수 없는 괴이한 동물의 첫 번째 형태와도 같았을 것이다. 사나운 비바람과 추위, 물과 식량의 부족, 무서운 전염병과 사나운 짐승들의 공격 앞에서, 미래의 희망은커녕, 오직 생존만이 최고가 되는 삶이 바로 그들의 삶이었을 것이다.

형벌은 도덕 이후의 형벌이며, 도덕을 부정하거나 그것을 파괴했을 때, 그것에 대한 반대급부로써의 죄의 대가라고 할 수가 있다. 적은 법률과 적은 규제는 도덕이 살아 있다는 증거가 되고, 수많은 법률과 수많은 규제는 도덕이 죽어 있다는 증거가 된다. 도덕이 살아 있는 사회는 법이나 형벌 이전에, 그 무슨 일을 하든지간에, 전체의 이익을 생각하는 사회를 말하고, 도덕이 죽어 있는 사회는 그 무슨 일을 하든지간에 전체의 이익보다는 자기 자신의 이익을 먼저 생각하는 사회를 말한다. 반드시 형벌이 공명정대하게 부과된다고는 할 수 없지만, 형벌이란 그가 소속된 사회에 죄를 지었다는 것을 말한다. 따라서 형벌이란 공동체 사회에 죄를 짓고 공동체 사회로부터 소외되었다는 것을 말한다. 형벌은 공동체 사회로부터의 자격정지나 자격박탈과도 같으며, 따라서 그는 만인들의 비난과 질책의 대상이 되었다는 것을 뜻한다. 사랑하는 부모형제와도 멀어지고, 사랑하는 아내와 자식들과도 멀어진다. 그 어떤 친구도 그의 말을 믿어주지 않으며, 그가 제 아무리 천길 벼랑 끝에 내몰리게 되더라도 그 어느 누구도 도와주려고 하지를 않는다.

형벌은 이마 위의 주홍글씨이며, 소위 '사회적 매장의 표시'이다. 형벌은 전과로서 그의 일생을 관리-감독하며, 그는 단지 생존만이 최고인 삶을 살아가게 된다. 이 외로움, 이 고독, 이 생살을 후벼파는 듯한 고통 속에서, 그는 끊임없이 자기 자신의 죄를 되돌아 보고 반성하는 것은 물론, 타인들의 삶과 공동체 사회의 도덕과 법률들을 따져보게 만든다.

하지만, 그러나 형벌을 받은 자, 즉, 전과자가 자기 자신의 죄를 진정으로 뉘우치거나 참회를 하는 경우는 드물며, 이것이 바로 그가 또다른 죄를 짓고, 더 큰 죄를 짓는 근거가 되어준다. 소위, 천억이나 이천 억, 또는 수조 원이나 수십 조원을 훔친 자는 사회적 영웅의 취급을 하고, 자기 자신과도 같은 생계형 범죄자는 반사회적인 흉악범 취급을 한다는 것이 바로 그것이다. 빅토르 위고의 『장발장』이나 도스토예프스키의 『죄와 벌』이 바로 그러한 사실들을 증명해주고 있는 것이다.

양심의 가책

 만약 인간의 역사 이전의 저 수천 년을 생각해본다면, 우리는 아무런 주저함도 없이 바로 형벌에 의해서만 죄책감의 발달이 가장 강력하게 억제되었다고 단정할 수 있다. 적어도 형벌의 강권強勸 발동을 받은 희생자에 관한 한 그렇다. 범죄자가 재판절차나 집행수속을 실제로 목격함으로써, 얼마나 자기 행위와 행실을 그 자체로서 비난받아야 할 일이라고 생각하는 데 방해받게 되는가 하는 점을 결코 경시해서는 안 된다. 왜냐하면 범죄자는 자기와 똑같은 행실이 정의를 위해서 행해지고 시인될 뿐만 아니라 양심의 가책없이 행해지는 것을 보기 때문이다. 즉 간첩행위, 사기, 매수, 모함, 경찰과 검찰이 수작하는 교활하고 은밀한 책략의 전체, 게다가 또한 각양각색의 형벌의 특이한 점을 감정상으론 용서할 수 없는 것이지만 원칙적으로는 허용되는 강탈, 폭력, 중상, 감금, 고문, 살해 등—이 모든 것은 결코 재판관들이 그 자체로서 비난하거나 처벌해야 할 대상이라고 생각하는 행동이 아니다. 오히려 그 행동들이 어떤 특수한 목적에서 이용되고 고려될 뿐이라는 것을 범죄자들이 보기 때문이다.

 '양심의 가책'이라고 하는 지상의 식물 중에서도 가장 괴기스럽고 흥미로운 이 식물은 결코 이와 같은 형벌의 토양에서 자라난 것이 아니다.

사실 극히 오랫동안 재판관과 형집행자들 자신도 자기들이 '죄인'을 다루고 있다고는 결코 의식하지 못했다. 오히려 그들이 다룬 대상은 손해를 야기시킨 자, 책임이 없는 하나의 숙명적인 존재였던 것이다. 그리고 그후에 형벌이 또다시 하나의 숙명처럼 희생자의 머리 위에 떨어졌을 때, 그로서는 아무런 '내적인 고통'도 느끼지 않았다. 그는 다만 예측치 못했던 사건, 어떤 무서운 자연현상이 돌발했을 때와 같은 느낌, 바위덩이가 무너져 내려 어쩔 수 없이 짓눌리게 되는 것 같은 느낌밖에는 가질 수 없었던 것이다.

— 니체, 『도덕의 계보』에서

언제, 어느 때나 교활하고 음흉하며 이성의 간계로써 불법과 탈법을 일삼으며, 사회적-문화적 영웅의 탈을 쓰고 있는 자들이야말로 소위 성공한 자들이기도 했던 것이다. 정의는 강자의 편이고, 강자가 하는 일은 그 무엇이든지 다 옳기만 한 것이다. 상속세와 증여세를 탈세하고, 위장계열사를 통해서 자금세탁을 해도 무죄가 되고, 내부거래를 하거나 주가조작을 통하여 그토록 엄청난 부를 축적해도 무죄가 된다. 국회청문회나 국정감사현장에서 위증을 하거나 불참을 해도 무죄가 되고, 사사건건 지역구 민원을 빙자하여 수많은 뇌물을 챙겨 먹어도 무죄가 된다. 주지육림酒池肉林 속에 빠졌다가 돌아와 허위보고서를 제출해도 무죄가 되고, 타인의 저작권을 침해하여 표절을 해도 무죄가 된다. 대형교회 목사의 성추행이나 사기 사건도 무죄가 되고, 전관예우를 받는 자가 전화변론을 통해서 수백

억원씩 벌어 먹어도 무죄가 된다. 언제, 어느 때나 탈법과 불법을 일삼을 권리는 강자에게 있기 때문에, 사회적 약자의 입장에서는 그들의 죄에 대한 죄책감을 전혀 느낄 수가 없게 된다.

 사회적 약자의 죄는 반사회적인 파렴치범의 죄가 되고, 사회적 강자의 죄는 어쩌다가 우연히 실수로 저지른 죄가 된다. 사회적 약자의 죄는 일벌백계로 다스려지고, 사회적 강자의 죄는 무한한 관용의 미덕―기소유예나 사면복권 등―으로 다스려진다. 한 사회를 움직이는 것은 정의가 아니라 불의이며, 죄를 짓지 않는다면 약육강식의 체계가 무너져버리게 되는지도 모른다. 죄를 짓고 또 죄를 짓지 않으면 우리 공무원들, 우리 경찰들, 우리 검찰들, 우리 판사들, 우리 국회의원들, 우리 장관들의 밥벌이가 보장되지를 않으며, 그들의 생존 자체가 문제가 되는지도 모른다. 경찰과 검찰은 범죄의 피의자들보다도 더욱더 교활하고 파렴치한 사기꾼들이며, 지옥이 만원이라고 해도 지옥에 가게 될 대악당들에 지나지 않는다.

 "왜냐하면 범죄자는 자기와 똑같은 행실이 정의를 위해서 행해지고 시인될 뿐만 아니라 양심의 가책없이 행해지는 것을 보기 때문이다. 즉 간첩행위, 사기, 매수, 모함, 경찰과 검찰이 수작하는 교활하고 은밀한 책략의 전체, 게다가 또한 각양각색의 형벌의 특이한 점을 감정상으론 용서할 수 없는 것이지만 원칙적으로는 허용되는 강탈, 폭력, 중상, 감금, 고문, 살해 등―이 모든 것은 결코 재판관들이 그 자체로서 비난하거나 처벌해야 할 대상이라고 생각하는 행동이 아니다. 오히려 그 행동들이 어떤 특수한 목적에서 이용되고 고려될 뿐이라는 것을 범죄자들이 보기 때문이다."

사실, 따지고 보면, 정의와 불의, 법과 불법, 선과 악, 위선과 양심 따위는 도덕이나 법률 이전에는 없었던 것이며, 그것에 대한 정의는 매우 자의적이고, 불명료한 것에 지나지 않는다. 배가 고프면 타인의 빵을 빼앗아 먹을 수도 있고, 반드시, 꼭 필요한 물건이 있으면 이웃집 담장을 넘어갈 수도 있다. 하지만, 그러나 이러한 개인과 개인, 단체와 단체, 정부와 정부간의 이해와 그 갈등을 조정하기 위하여 법률을 제정했던 것이고, 그 모든 권력을 국가에게 일임했던 것이다. 따라서 국가는 모든 권력을 독점하고, 이 권력의 힘으로 죄책감, 즉, '양심의 가책'이라는 이념을 그토록 끈질기고 집요하게 주입시켜왔던 것이다. 비록, 굶어 죽게 되었을지라도 타인의 빵을 빼앗아서는 안 되고, 제 아무리 필요한 물건이 있다고 하더라도 그것을 훔쳐서는 안 된다. 타인의 빵을 빼앗은 것도 너의 잘못이고, 타인의 물건을 훔친 것도 너의 잘못이다. 따라서 공동체 사회가 너에게 형벌을 부과하기 이전에, 네 스스로 네 자신의 잘못을 뉘우치지 않으면 결코 용서를 하지 않게 된다. 바로 이것이 양심의 가책의 기원이며, 이 양심의 가책은 자기가 자기 자신을 물어뜯어야만 하는 반생물학적인 고문(형벌)이라고 할 수가 있다.

양심의 가책의 기원

밖으로 발산되지 않은 모든 본능은 안으로 향해진다. 이것이 바로 내가 말하는 인간의 '내면화'라는 것이다. 이에 의해서 인간은 비로소 훨씬 후에 '영혼'이라고 불리어지는 것을 개발해 냈다. 원래는 두 개의 얇은 피부막 사이에 펼쳐진 것처럼 빈약했던 저 전체 내면세계는, 인간의 본능이 밖으로의 발산이 저지됨에 따라 더욱더 분화되고 팽창되어 깊이와 넓이와 높이를 얻게 되었다. 낡은 자유의 본능에 대해서 정치조직(국가)이 스스로를 지키기 위해서 구축해 놓은 저 무서운 방벽―형벌도 이러한 방벽 중의 하나이지만―은 거칠고, 자유롭고, 방랑적인 인간의 저 모든 본능이 인간 자신에게로 향하도록 만들었다. 적의, 잔인, 박해, 공격, 변혁과 파괴의 책략, 이 모든 것이 이러한 본능의 소유자 자신에게로 방향을 돌리는 것, 이것이 바로 '양심의 가책'의 기원인 것이다.

― 니체, 『도덕의 계보』에서

니체는 자칭 심리학자이자 철학자였다. '승화'라는 말과 '내면화'라는 말은 니체가 최초로 명명한 말이고, 이 개념들이 프로이트를 비롯한 심리학자들에게 끼친 그 영향은 이루 말할 수가 없다. "밖으로 발산되지 않은 모든 본능은 안으로 향해진다." 참으로 멋진 말이고, 이 말만큼 '내면화'라는 말을 잘 설명해주는 말도 없다.

모든 유기체들에게는 공격본능과 방어본능이 있다. 공격본능은 정치, 경제, 사회, 문화, 학문, 국방 등 모든 분야에서 새로운 영역을 개척하려는 본능에 해당되고, 방어본능은 정치, 경제, 사회, 문화, 학문, 국방 등, 모든 분야에서 자기 자신이 이미 확보하고 있는 영역을 사수하려는 본능에 해당된다. 공격본능이 없으면 그는 발전할 수가 없고, 방어본능이 없으면 그는 도태할 수밖에 없다. 이 공격본능과 방어본능 사이에서 보다 중요한 것은 균형이며, 모든 유기체가 살아 있는 유기체라면 이 공격본능과 방어본능을 매우 적절하게 구사하지 않으면 안 된다.

하지만, 그러나 방어본능만이 있고, 공격본능이 밖으로 발산되지 못한다고 해서, 이 공격본능이 사라진 것이 아니다. "밖으로 발산되지 않은 모든 본능은 안으로 향해진다"는 것, 이 내면화의 법칙이 영혼이라는 말을 만들어냈고, 이 영혼이라는 말이 모든 종교와 신화의 근본토대가 되었던 것이다. 육체는 소멸하지만 영혼은 죽지 않는다는 것, 이 영혼불멸의 용어야말로 죽음을 극복할 수 없는 인간이 그 죽음과 싸워 이긴 말이며, 모든 사찰과 교회와 그 신전의 금자탑을 쌓아 올렸다고 하지 않을 수가 없다. "인간의 본능이 밖으로의 발산이 저지됨에 따라 더욱더 분화되고 팽창되어" 영혼의 "깊이와 넓이와 높이를 얻게 되었다." 양심의 가책이라는 말 역시도 그의 무수한 사회적 기도와 그 실천들이 소위 성공을 하지 못하게 되자, 그 자책감(공격본능)의 물길을 자기 자신에게 돌린 것에 지나지 않는다. "적의, 잔인, 박해, 공격, 변혁과 파괴의 책략, 이 모든 것이 이러한 본능의 소유자 자신에게로 방향을 돌리는 것, 이것이 바로 '양심의 가책'의 기원인 것이다."

공격본능이 없고 방어본능만이 있는 인간이나 국가처럼 나약하고 불쌍한 존재도 없다. 사사건건 하는 일마다 실패를 한 인간이 그 화풀이를 자기 자신의 아내와 그 자식들에게 향하는 것을 보게 될 때도 우리는 눈을 감고, 날이면 날마다 일본에게, 중국에게, 러시아에게, 미국에게 얻어터지고 있는 국가가 자기 자신의 유일한 혈육인 동생(북한)을 두들겨 패는 것을 볼 때도 우리는 눈을 감는다. 이때에 눈을 감는다는 것은 차마 눈 뜨고 더 이상 못볼 것을 보았다는 뜻이고, 더 이상 그 존재 의미를 상실할 대상에 대한 분노와 자기 체념의 한 형식이라고 할 수가 있다.

대한민국은 전형적인 불량배의 나라이며, 전혀 그 개과천선의 길이 보이지 않는 나라에 지나지 않는다. 학문 중의 학문인 철학을 가르치지 않는 나라이며, 전인류의 스승이자 문화적 영웅인 세계적인 사상가들의 가르침을 배우려고 하지 않는 나라이다. 삼천리 금수강산은 쓰레기 천지이며, 그 어느 누구 하나 기초생활질서를 준수하려고 하지 않는다. 자연과학이 신의 숨통을 끊어버렸고, 그 결과, 서양의 모든 교회들이 다 망해버렸다고 해도 과언이 아니다.

하지만, 그러나 대한민국의 교회는 대성업 중인데, 왜냐하면 모든 교회가 대사기꾼들의 천국이기 때문이다. 사기꾼, 일본의 165배―. 날이면 날마다 유병언, 조희팔, 박근혜, 최순실, 이명박, 전두

Friedrich Nietzsche

환, 노태우, 박정희가 나타나서 그 모든 힘을 다 소진시켜버리고, 일본과의 위안부 협상이나 미국에 의한 사드 배치의 예에서처럼, 우리의 주적들인 외국과는 싸움 한번을 해보지도 못한 채 날이면 날마다 항복선언을 하고 있는 것이다. 우리의 돈, 우리 국민들의 피와도 같은 방위사업비, 즉, 그 엄청난 전투기를 구입하면서도 미국산 재래식 무기를 사야만 하는 굴욕을 왜 우리가 감내해야 하는지를 나는 도대체가 알다가도 모르겠으며, 세계 10대 경제대국이라는 대한민국이 왜 우리의 동포이자 통일의 대상인 북한을 그처럼 두들겨 패대야 하는지도 알다가도 모르겠다.

양심의 가책의 발명자

　외부의 적과 저항이 없어지고, 관습의 억누르는 듯한 협소함과 꼼꼼한 형식 속에 처박혀진 인간은 참을 길이 없어 자기 자신을 찢고, 책망하고 물어뜯고, 괴롭히고, 학대했다. '길들이기' 위한 울의 창살에다 몸을 부딪쳐 상처투성이가 된 이 동물, 황야에의 향수에 지쳐 스스로 모험, 고문대와, 불안하고 위험한 황야에 몸을 내던지지 않을 수 없었던 이 궁핍한 동물, 이 바보, 그리움에 지치고 절망해버린 이 죄수야말로 '양심의 가책'의 발명자가 된 것이다. 게다가 이와 아울러 인류가 오늘날에도 역시 치료하지 못하고 있는 저 가장 무겁고 위험한 병도 비롯되었던 것이다. 즉, 인간이 인간에 대해서, 자기 자신에 대해서 괴로워하는 병이다.

　― 니체, 『도덕의 계보』에서

　양심의 가책이란 그 모든 것을 '내탓'으로 돌리는 도덕의 유형을 말하고, 우리는 이 양심의 가책이 있기 때문에, 선량한 인간이 될 수가 있었던 것이다. 사회적 동물들에게는 도덕의식이 강요되었고, 이 도덕의식 때문에 책임감이 강한 인간이 되었다. 양심의 가책이란 도덕적 인간, 즉, 책임감이 강한 인간이 그 사회를 구원할 수 있는 가장 중요한 수단 중의 하나라고 할 수가 있다.

 이에 반하여, 자유인은 그 모든 것을 자기 마음대로 판단하고, 자기 자신의 꿈과 이상을 위하여 그 어떠한 위험과 박해와 고통도 마다하지를 않는다. 자유인은 사회의 적이며, 이 자유인은 그 천형의 형벌과도 같은 삶을 자기 자신의 행복으로 연주하지 않으면 안 된다.

 자유인은 이 바보, 이 얼간이, 이 기생충과도 같은 사회적 인간을 물어뜯으며, 자기 자신의 왕국에서 자기 자신의 행복을 연주한다.

 하지만, 그러나 자유인은 양심의 가책이 없는 반사회적 인간에 지나지 않으며, 사회로부터 고립된 떠돌이-나그네에 지나지 않는다.

국가 : 전투체제로 편성된 강도집단

나는 '국가'라는 단어를 사용했지만, 그것이 뜻하는 바는 분명하다. 그것은 금발의 야수의 한 무리, 어떤 지배자, 정복자 종족을 일컫는 것으로 이들은 전투적 체제로 편성되어 있고 조직을 지니고 있기 때문에 수적數的으로는 아마도 압도적으로 우세하면서도 아직 형태를 이루지 못하고 유랑하고 있는 주민에게 주저없이 그 무서운 발톱을 들이댔다. 실로 이렇게 해서 국가가 비롯되었던 것이다. 이것으로 국가는 '계약'에 의해서 비롯되었다고 주장하는 저 몽상은 처리되었다고 나는 생각한다. 명령할 수 있는 자, 천성적으로 '지배자'인 자, 행위나 태도에 있어 폭압적인 자—이러한 자에게 계약같은 것이 무슨 뜻이 있단 말인가! 이러한 자와는 아무런 이유도 고려도 구실도 없다. 이들은 번개처럼 거기에 와 있는 것이다. 너무도 무섭고 너무도 갑작스럽고 너무도 압도적이며, 너무도 '다르기' 때문에 미워할 수도 없을 정도다.

— 니체, 『도덕의 계보』에서

국가란 전투체제로 편성된 강도집단에 지나지 않으며, 국가와 국가간의 약속이란 강자가 약자에게 강요하는 명령에 지나지 않는다. "천성적으로 '지배자'인 자, 행위나 태도에 있어 폭압적인 자"에게 있어서의 약속이란 다만 공허한 말들의 성찬에 지나지 않는다.

 강한 자는 유리할 때는 약속을 강조하고, 자기 자신이 불리할 때는 그 약속을 파기한다. 약한 자는 유리할 때도 약속을 강요받고, 자기 자신이 불리할 때도 그 약속을 지키기 않으면 안 된다.

 우리 한국인들이 가장 경계할 자, 가장 용서할 수 없고 신뢰할 수 없는 자는 미국—그 다음은 일본—이지, 북한이 아니다. 미국은 민족통일과 남북통일을 이룩하고 대한제국을 건설하기 위해서는 반드시 몰아내야 할 강도집단에 지나지 않는다.

 언제, 어느 때나 미국 앞에서 충성을 맹세하면서도, 그 미국에게 언제, 어느 때나 뒤통수를 맞고도 말 한마디도 못하는 대한민국의 무력함이 바로 그것이다. 천년, 만년, 미국에게 충성을 맹세해보라! 미국이 우리를 진정으로 도와주고 남북통일을 시켜주는가를! 이 바보, 이 얼간이, 이 개, 돼지만도 못한 인간들아!

비이기적인 것의 기원

도덕적 가치로서의 '비이기적인 것'의 기원 및 이 가치를 발생케 한 토양에 관해서는 지금으로선 다음과 같은 사항만을 지적해 두자. 즉, 양심의 가책이야말로, 자기학대에의 의지야말로 비이기적인 것의 가치를 낳게 하는 전제가 되었던 것이다.
― 니체, 『도덕의 계보』에서

전 국토에 쓰레기 하나 없고, 이웃에게, 타인에게 절대로 민폐를 끼치지 않는다. 사기꾼이나 도둑질 하는 인간도 없고, 그 무엇을 만들어도 최선을 다하여 명품을 만들어낸다.

언제, 어느 때나 국가의 이익과 민족의 이익을 우선시 하고, 자기 자신의 사리사욕을 최소화시킨다. 인간과 인간의 상호 신뢰의 토대 위에서 '사랑의 꽃'이 피고, 이 '사랑의 꽃'에 의하여 모든 인간의 마음을 감동시킨다.

언제, 어느 때나 타인의 마음을 사로잡고 감동시킨다는 것, 바로 이것이 도덕적 인간의 '사랑의 꽃'이기도 한 것이다.

문재인이여, 안철수여!

당신들이 오마바보다도, 시진핑보다도, 아베보다도, 메르켈보다도 더 뛰어난 세계적 지도자라고 선언하라!

문재인이여, 안철수여!

하루바삐 하버드대학교보다도 더 훌륭한 교수법을 통하여 우리 한국인들의 백만 두뇌를 양성하고, 매년, 해마다 노벨상 수상의 잔치쇼를 벌이겠다고 선언하라!

일본보다도, 미국보다도 열 배나 백 배, 더 훌륭한 대한제국을 건설하고, 전세계에서 매년, 해마다 수많은 유학생과 수천 만명 이상의 관광객이 찾아오게 하겠다고 선언하라!

종족창시자

 원래의 종족 공동체—태고적 시대의 공동체를 뜻하지만—의 내부에 있어서는 현재의 세대는 앞선 세대에 대해서 특히 종족을 창시한 최초의 세대에 대해서 일종의 법률적 의무를 지고 있음을 항시 승인한다. 거기에 있어서는 종족은 오로지 조상의 희생과 업적의 덕택으로 존속한다는 확신이—따라서 희생과 업적으로서 조상에게 되갚아야 한다는 확신이 지배하고 있는 것이다. 더구나 이 조상들이 강력한 정신으로 존속하여 종족에게 새로운 이익과 새로운 힘을 끊임없이 부여하기 때문에 이러한 채무는 부단히 증대되어 간다. 조상은 아마도 무상으로 그러는 것일까? 그러나 저 야만스럽고 '영혼이 빈약한' 시대에는 무상이란 것이 전혀 없었다. 그러면 무엇으로 보상할 수 있을 것인가? 희생(대충 말해서 처음에는 음식물), 축제, 찬가, 의례, 특히 복종으로써 보상할 것이다. 왜냐하면 모든 관습은 조상들이 만든 것으로서, 그들의 법령이며, 명령이기 때문이다. (……)

 종족이 쇠퇴해 가는 한 단계, 한 단계, 모든 불행한 사태, 모든 퇴화의 징조, 해체되기 시작하는 온갖 징조, 이러한 것들은 항상 종족의 창시자의 정신에 두려움을 감소시키고 또한 창시자의 영민한 통찰력과 그 힘을 경시하게 된다. 이 투박한 논리가 도달하는 그 종점을 생각해 보

자. 그러면, 가장 힘 센 종족의 조상은 증대되는 두려움의 상상에 의해 마침내는 괴물과 같이 무섭고 거대한 차원으로까지 커지고, 신적인 무서움과 신비의 어둠 속으로 밀려들어가지 않을 수 없게 된다. 그리하여 결국엔 조상은 필연적으로 하나의 신으로 변형되고야 마는 것이다. 아마도 이것이 바로 신들의 기원일 것이며, 두려움으로부터 신의 기원을 나타내는 것일 것이다.

— 니체, 『도덕의 계보』에서

우리 인간들은 신이 없으면 잠시도 살아갈 수 없는 나약한 동물이며, 이 신이 있기 때문에 그 불완전함을 극복하고 오늘날 만물의 영장이 되었다고 해도 과언이 아니다. 신들 중의 신인 제우스는 천둥과 번개의 신인데, 왜냐하면 일년내내 건조한 그리스인들에게는 그 무엇보다도 물이 가장 소중했기 때문이다. 힌두교의 삼신三神, 즉, 브라만, 비쉬누, 시바 중에서 오늘날 최고의 신은 시바인데, 왜냐하면 시바—시바의 상징이 남근이다—가 삶과 죽음을 관장하고 있기 때문이다. 모든 신들은 우리 인간들의 간절한 소망과 꿈의 산물이며, 하나의 가상으로서 존재하는 상징적 존재들에 지나지 않는다. 전지전능한 신은 존재할 수도 없고, 만약에, 그 신들이 존재한다면 대자연의 법칙에 거역하는 악마들에 지나지 않는다.

신이란 우리 인간들의 상상적 존재일 수도 있고, 특정 민족의 종족창시자(아버지)가 성화된 존재일 수도 있다. 제우스나 시바는 상상 속의 존재에 불과하고, 예수나 부처는 아버지가 성화된 존재에 지나지 않는다. 왜냐하면 제우스와 시바는 죽음을 모르지만, 예수와 부처는 인간의 탈을 쓰고 그 인간의 삶을 살다가 갔기 때문이다. 이 부처와 예수가 신이 된 것은 그들의 가르침, 혹은 그들의 삶의 지혜—이 삶의 지혜마저도 수많은 그들의 제자들과 추종자들의 사유를 짜깁기 한 것에 지나지 않는다—가 없으면 우리 인간들이 살아갈 수가 없기 때문이다. 종교의 구성 요건은 다음과 같은 세 가지 조건이 충족되지 않으면 안 된다. 첫 번째는 사상의 차원이고, 두 번째는 예배의 차원이며, 마지막으로 세 번째는 조직의 차원이다. 신 앞에서는 만인이 평등하고, 네 이웃을 내 몸과 같이 사랑하면 된다(사상의 차원). 일요일에는 꼭 교회나 절에 가서 예배를 드리고 그 감사함의 뜻으로 헌금을 하지 않으면 안 되고(예배의 차원), 주지 스님이나 목사를 중심으로 그 신도들의 조직을 구성하지 않으면 안 된다 (조직의 차원).

아버지는 종족의 창시자이며, 아버지의 힘이 강력할 때는 우리는 끊임없이 아버지의 희생과 업적에 대하여 찬양을 하지 않으면 안 된다. 하지만, 그러나 아버지의 힘이 쇠퇴해갈 때, 즉, 특정 민족이 이웃민족에게 복속되거나 문화의 쇠퇴기에는 "종족의 창시자의 정신에 두려움을 감소시키고 또한 창시자의 영민한 통찰력과 그 힘을 경시하게 된다." 뿐만 아니라 대한민국의 모든 사당과 장승과 산신제들이 다만 미신행위로 사라져간 것처럼, 자기 자신의 아버지의 목을 비틀고, 그 역사와 전통을 짓밟아버리게 된다. 아프리카와 북미, 중남미, 남미의 원주민들이 그러한 것처럼, 자기 자신의 조상(단군–

아버지)의 목을 비틀어버리고, 이민족의 아버지(예수)를 받들어 모시는 민족처럼 불쌍한 민족들이 또 있을까? 대한민국은 사납디 사나운 예수의 군홧발에 짓밟힌 나라이며, 그 예수를 믿는 민족의 반역자들(목사들)에게 오늘도 시뻘건 피를 빨아먹히고 있는 나라에 지나지 않는다. 유병언, 조희팔, 박근혜, 최순실, 우리 목사들의 반역행위는 대한민국을 정복자 민족(기독교인들에게)에게 송두리째 가져다가 바치는 매국 행위에 지나지 않는다.

종족창시자(아버지-신)가 살아 있는 나라는 문화선진국이 되고, 종족창시자가 없는 나라는 문화후진국이 된다. 조국도 없다. 역사와 전통도 없다. 아버지도 모르고 어머니도 모른다. 이 뿌리뽑힌 떠돌이 유랑자의 민족은 사나운 사자와 악어 앞의 어린 영양의 운명과도 같다.

신의 기원은 아버지이며, 이 아버지는 단군과도 같은 종족창시자이다.

한국은 수천 년 동안 자기 혁신과 자기 발전이 불가능한 나라이다. 학문 중의 학문인 철학적 사유가 불가능하고, 한국인의 지적 사유는 끊임없이 퇴보한다. 소위 잡범들의 죄는 일벌백계로 다스리고, 소위 범털의 죄는 가문의 영광이 된다. 사나운 흡혈귀와 부정부패의 화신인 이승만과 박정희를 보라! 그들이 국립묘지의 명당을 차지하고 끊임없이 '범죄인 만세'를 주창하고 있지 않은가?

오오, 한국인들이여, 너희들이 팔푼이이지 과연 인간이냐?

원죄, 영원한 벌

  죄와 의무의 개념을 도덕화하여 그것들을 양심의 가책 속에다 되돌리는 것과 더불어, 신은 앞서 말한 발전방향을 역전시키려는 시도, 혹은 적어도 그 발전의 움직임을 정지시키려는 시도가 행해졌었다. 그리하여 이제 비관적인 일이지만 부채의 완전 상환의 전망은 종국적으로 폐쇄되지 않을 수 없게 된다. 이제 눈은 강철과 같은 불가능성에 부딪혀 절망적으로 되돌아오지 않을 수 없게 된다. —누구에게로 향하는 것일까? 의심할 것도 없이 그것은 무엇보다도 먼저 '채무자'에게로 향했던 것이다. 그리하여 이제부터 양심의 가책은 채무자에게 깊이 뿌리를 박고, 잠식하며 파고들어 무좀처럼 그의 속에서 생장하고 확산한다. 그 결과 마침내는 부채의 상환이 불가능하게 됨과 더불어 죄는 보상될 수 없는 사상, 속죄의 불가능 '영원한 벌'이라는 개념이 싹트게 되었다. 그러나 결국 그 개념들은 또한 '채권자'에게까지 향하게 된다. 이 점에 대해서는 인간의 제1원인, 인류의 태초를, 이제 저주의 무거운 짐을 받고 있는 인류의 최초의 조상(아담, 원죄, 의지의 부자유)을 생각해 봐도 좋을 것이다.

  — 니체, 『도덕의 계보』에서

Friedrich Nietzsche

모든 신화와 종교는 신들이 절대적으로 지배하고 있으며, 어느 누구도 이 신들의 권위에 도전하는 자가 있으면 그의 죄는 결코 용서받을 수가 없다. 아담이 그러했고, 이카루스가 그러했다. 파에톤이 그러했고 시지프스가 그러했다.

왜, 신들만이 전지전능하고, 왜, 신들만이 영원불멸의 삶을 살아야만 했던 것일까? 이 신들의 권한은 절대적인 특권이며, 이 신들의 특권이 특권으로 유지되기 위해서는 그 신들의 피조물에 불과한 인간은 언제, 어느 때나 무지하고 무능하며, 또한 언제, 어느 때나 죽어가지 않으면 안 된다. 아담과 이브가 선악과를 따먹고—지혜를 얻었으니—, 이제는 생명나무의 열매를 따먹고 영생불사할까봐 '영원한 벌'을 내리신 하나님이 그것을 증명해준다.

내가 생각해볼 때, 이 '원죄의 형벌'만큼 가혹한 것도 없으며, 이 죄의 대물림은 모든 신자들이 제 아무리 노력을 해도 갚을 수가 없는 것이다. 이 '속죄의 불가능성—영원한 벌'은 우리 인간들의 권력 욕망과 그 이성의 간교함이 창안해낸 걸작품에 지나지 않는다. 왜냐하면 신은 죽지도 않았고, 모든 만물의 역사 이전에도 존재하지 않았기 때문이다. 신은 전지전능한 아버지가 되고 싶어하는 우리 인간들의 어릿광대에 지나지 않으며, 그 아버지가 그토록 자기 자신을 미화하고 성화시킨 존재에 지나지 않는다. 아버지, 혹은 종족창시자가 날이면 날마다 신 앞에서 예배를 드리는 것은 너무나도 뻔뻔스럽고 파렴치한 대사기극이며, 자기가 자기 자신에게 예배를 드리는 것에 지나지 않는다.

황제 앞에 나아갈 때도 여러분은 속고 있고, 아버지 앞에 나아갈 때도 여러분은 속고 있다. 모든 권력은 상대를 인정하지 않으며, 천상천하유아독존적일 수밖에 없다. 큰 아버지이든, 작은 아버지이든지 간에, 이 권력의 속성은 똑같으며, 늘, 항상 그들의 권력 앞에서 개같이 학대를 받고 신음을 하고 있는 것은 그토록 어리석고 우매한 대중들일 수밖에 없다. 원죄는 속죄의 불가능성이며, 영원한 벌과도 같다. 신, 혹은 종족창시자의 은혜는 하늘과도 같고, 그 은혜는 영원히 갚을 수가 없다. 모든 불행, 모든 고통, 모든 실패는 이 하나님(아버지)의 은혜에 보답하지 못한 '네탓'이며, 이 죄는 또한, 천세, 만세, 영원히 너희 후손들에게 이어지게 될 것이다.

종족창시자(신-아버지)는 채권자가 되고, 그 후손들은 연대채무자가 된다. 이 채권자와 채무자의 관계는 결코 소멸되지도 않고 역전되지도 않는다. 원죄는 양심의 가책이 되고, 이 양심의 가책은 아버지의 권위 앞에서 자기가 자기 자신을 물어뜯는 행위가 된다.

사회적, 혹은 국가의 명령인 모든 형벌제도도 이 종교의 잔혹성에 맞닿아 있다. 네가 네 자신을 물어뜯는 양심의 가책―진정한 반성과 참회―없이는 결코 너의 죄는 용서받을 수가 없는 것이다.

목사가 날이면 날마다 예배를 드리는 것은 자기 자신이지, 전지전능한 신이라는 어릿광대가 아니다.

목사인 나는 신이며, 너희들은 끊임없이 무릎꿇고 예물을 바치지 않으면 안 된다.

이것이 목사왕국의 진리이며, 목사의 대사기극은 이렇게 시작된다.

신 스스로 인간의 죄 때문에

 즉 신 스스로 인간의 죄 때문에 자신을 희생한다. 신 스스로가 자신을 자기에게 지불한다. 신이야말로 인간을 인간의 힘으로는 어찌할 수 없는 상황으로부터 구제할 수 있는 유일한 존재인 것이다. 채권자가 채무자를 위해서 자신을 희생한다. 그것도 사랑에서(당신들은 이것을 믿는 것인가?), 자기의 채무자에 대한 사랑에서!

― 니체, 『도덕의 계보』에서

 성부聖父, 성자聖子, 성령聖靈, 이 '삼위일체의 사상'만큼 조잡하고 공허한 사상이 이 세상에 또 어디에 있을까? 하나님과 그의 아들인 예수와 그 영혼이 하나라는 사상은 후세에 그 신자들이 조작해낸 가공의 이야기에 지나지 않으며, 너무나도 터무니없고 허무맹랑한 궤변에 지나지 않는다. 하나님과 그의 아들이 하나라는 것은 그 성직이 대물림되었다는 것을 뜻하고, 그들의 영혼과 육체가 하나라는 것은 그들의 말과 행동이 조금도 빈틈이 없다는 것을 뜻한다.

 하지만, 그러나 성부聖父, 성자聖子, 성령聖靈, 즉, 이 삼위일체의 사상이 수천 년을 지배해왔음에도 불구하고, 이 세상의 혼돈은 조금도 그치지 않고 어느 것 하나 진리로 드러난 것도 없다.

예수는 왜 인류의 죄를 대속하고 죽어갔을까? 인류가 죄를 지었다면 그 죗값은 인류가 치루어야 하는 것이지, 전지전능한 예수가 대속해야 하는 것은 아니다. 전지전능한 예수가 인류의 죄를 다스리지 못하고 죽어갔다는 것도 문제가 있지만, 그토록 부활을 약속하고, 그 부활을 실천했음에도 불구하고, 그 모습을 아직도 드러내지 않고 있는 예수는 하나의 가공의 인물이며, 우리 목사님들의 황금알을 낳는 거위에 지나지 않는다.

예수는 죽지도 않았고, 존재하지도 않았다. 이 사실무근의 토대 위에서 과학이 모든 믿음을 대청소해버렸다. 태양열 에너지, 원자폭탄, 인공위성, 로봇과 자동차, 이종교배와 줄기세포 등은 신성모독의 구체적인 증거이며, 현대사회의 모든 문명과 문화는 이 신성모독의 토대 위에서 구축되었다고 해도 과언이 아니다.

하지만, 그러나 이처럼 신의 부재가 너무나도 완벽하게 증명되고 있는데도 예수에 대한 믿음이 좀처럼 사라지지 않고 있는 것은 '신이라는 마약'이 없으면 잠시도 살아갈 수가 없는 미치광이들 때문이라고 하지 않을 수가 없다.

모든 신자는 마약중독자이며, 미치광이이고, 모든 교회는 정신병원과도 똑같다.

그리스의 신들

 그리스의 신들은 고귀하고 전제적인 인간의 모습의 반영으로서 그것에 비추어 보면 인간 속의 야수는 자신이 신화神化됨을 느꼈으며, 따라서 결코 자신을 물어뜯거나 자신을 학대하지도 않았다. 이들은 그리스인들은 '양심의 가책'을 피하고 그 영혼의 자유를 즐길 수 있게끔 아주 오랜 동안 그들의 신들을 이용했었다. 그것은 기독교가 그 신을 이용한 것과는 정반대의 것이었다. 그들은 저 훌륭한, 사자와 같은 용맹을 지닌 어린이들은 이 방향으로 극단까지 밀고 나아갔다.
 ─ 니체, 『도덕의 계보』에서

 그리스의 신들은 인간화된 신들이며, 우리 인간들과 거의 똑같은 생활을 한다. 에로스의 화살을 맞은 제우스가 수많은 여성들의 정조를 유린하는가하면, 그때 그때마다 아내인 헤라에게 그 장면들을 들키고 쩔쩔매기도 한다. 헤라는 결혼의 여신이면서도 질투의 화신이기도 한데, 왜냐하면 이오를 벌주고 디오니소스마저도 갈갈이 찢어죽이고 있기 때문이다. 오딧세우스는 포세이돈의 아들인 폴리페모스의 눈알을 빼버리는가하면, 그 어느 누구도 갈 수 없는 지하의 세계로 내려가 테이레시아스의 예언을 듣고 온다. 불화의 여신인 에리스가 던진 황금사과를 차지하기 위하여 헤라와 팔라스 아테네와 아프로디테가 서로가 서로간에 이전투구를 벌이고, 그 결과, '파리스의 판결'로 말미암아 그토록 잔인하고 끔찍했던 트로이 전쟁이 일어나기도 한다. 직물의 여신인 팔라스 아테네와 아라크네가 직물짜기의 시합을 하기도 하고, 아폴로 신과 히아신스가 원반던지기 시합을 하기도 한다. 사랑과 미의 여신인 아프로디테의 남편이 이 세상에서 가장 못생긴 절름발이, 즉, 헤파이스토스이기도 하고, 이 사랑과 미의 여신인 아프로디테는 죽음의 인간인 아도니스와 뜨거운 연애를 하기도 한다.

신이 인간을 위해서 봉사를 하지, 인간이 신을 위해서 봉사를 하지는 않는다. 그리스인들의 상상력은 무한히 크고 웅장하며, 그들의 행동은 언제, 어느 때나 자유 자재롭고 거침이 없었다. 그들에게는 모든 것이 가능했고 어느 것 하나 부족한 것이 없었다. 고대 그리스인들은 우리 인간들의 이상적인 모델이자 그토록 아름답고 찬란한 문명과 문화를 선사했다고 해도 과언이 아니다. 그리스인들에게 있어서 불행은 죄의 대가가 아니라 그것은 단지 재앙에 불과했던 것이다. 만일 불행이 죄의 대가라면 그것은 자기가 자기 자신을 물어뜯는 '양심의 가책'으로 이어질 수도 있지만, 그러나 불행이 단지 뜻밖의 재수없는 일에 불과했다면, 자기가 자기 자신을 그토록 잔인하고 무자비하게 물어뜯을 필요가 없었던 것이다.

그리스인들의 백절불굴의 용기와 성실함, 그리고 백 개의 눈동자를 지닌 거인적 삶의 지혜는 이 세상을 그 얼마나 아름답고 풍요롭게 창출해냈단 말인가?

  이 세상에 기독교적 '양심의 가책'만큼 더럽고 끔찍하고 추한 삶의 질병들이 그 어디에 있단 말인가?

하나의 성전이 세워지기 위해서는

그러나 당신들은, 이 지상에서 이상을 세우는 일이 얼마나 많은 대가를 치르었던가를, 당신들 스스로 물어 본 일이 있는가? 그 때문에 얼마나 많은 현실이 오해되고 비방되었으며, 얼마나 많은 거짓이 신성화되었으며, 얼마나 많은 양심이 교란되었으며, 얼마나 많은 신이 그때마다 희생되어야만 했던가? 하나의 성전이 세워지기 위해서는, 하나의 성전이 무너져야만 한다―이것이 법칙인 것이다―이 법칙에 맞지 않는 경우가 있다면 나에게 제시해 보라!
― 니체, 『도덕의 계보』에서

우리 기독교인들은 거짓말로 숨쉬고, 거짓말로 밥 먹고, 거짓말로 거짓말을 생산하며, 그 거짓말을 위해서 죽어간다. 거짓말의 생산성이 기독교인들로 하여금 유목민의 신인 예수를 농경민의 신으로 둔갑시키고, 자기가 자기 자신의 조상이자 민족시조인 단군의 목을 비틀어버린다. 대한민국의 민족시조는 단군이며, 성탄절은 10월 3일이며, 따라서 10월 3일은 대한민국 최고의 건국기념일이다.

하지만, 그러나 '홍익인간'의 초상이자 민족시조인 단군을 기념하는 건국기념일은 이웃집 똥개의 생일만큼도 취급하지 않고 있는데,

왜냐하면 미군과 함께 들어온 예수가 단군의 목을 비틀어버렸기 때문이다. 단군은 민족시조이지만, 예수는 유태민족의 이단자에 지나지 않는다. 기독교인들의 조국은 이스라엘이며, 그들의 왕은 예수이고, 그들의 혈통에는 유목민의 피가 흐른다. 사시사철 아름답고 풍요로운 땅에 살면서도 손바닥만한 열사의 땅을 그리워하고, 언제, 어느 때나 젖과 꿀이 넘쳐흐르는 샘물이 있는데도 사막의 오아시스를 그리워한다. 예수를 위해서 살고 예수를 위해서 죽으며, 오직 이스라엘의 영광을 위해서 산다.

오천 년의 역사와 전통을 부정하며, 농경민의 예의와 풍습을 자랑하며 농경민의 후예로서 살아가면서도 자기 조상을 부정하는 이 기독교인들은 마치 불꽃에 사로잡힌 수많은 불나비떼들과도 같다. 당신들은 이 지상에서 기독교의 이상을 세우는 일이 얼마나 끔찍한 재앙을 불러왔던가를 알고나 있는가? 단군 자손으로서 농경민의 문화유산이 얼마나 파괴되었고, 이스라엘의 사기꾼인 예수의 가르침에 따라서 얼마나 많은 패륜적인 일들이 벌어졌는가를 알고나 있는가?

단군의 홍익인간은 있어도 예수는 없다. 삼천리 금수강산은 있어도 이스라엘 사막은 없다. 현모양처인 신사임당은 있어도 막장드라마 속의 창녀인 마리아는 없다.

기독교의 성전이 세워지기 위해서는 수많은 단군의 성전이 무너지지 않으면 안 되고, 예수의 탄생일이 성탄절이라면 단군의 탄생일은 개탄절이 된다.

이 막가파, 이 패륜아! 이 개, 돼지만도 못한 네 아비, 어미의 목을 비트는 예수쟁이들아!

미국의 명령에 절대적으로 복종하며, 그토록 남북통일에 반대하는 예수쟁이들아!

칸트의 미학과 스탕달의 미학

칸트는 "미라는 것은 무관심하게 우리에게 즐거움을 주는 것이다"라고 말하였다. 무관심하게! 이 정의와 진정한 '관찰자'이면서 예술가인 스탕달에 의해 내려진 정의와 비교해 보라. 그는 일찍이 미를 '행복에의 약속'이라고 불렀다. 어쨌든 스탕달은 미적 상태에 관해서 칸트가 강조했던 무관심이라는 것을 거절하고 부인했던 것이다. 누가 옳단 말인가? 칸트인가? 스탕달인가?
— 니체, 『도덕의 계보』에서

칸트의 미학의 핵심은 순수미와 고착미라는 두 기둥이라고 할 수가 있다. 순수미는 목적이 없는 것을 말하고, 고착미는 목적이 있는 것을 말한다. 순수미는 이론철학에 속하고, 고착미는 실천철학에 속한다. 순수예술과 참여예술이 '예술(문학)이란 무엇인가'라는 그 이론투쟁을 벌였을 때, 장 리카르두는 칸트의 추종자로서 '예술은 그것이 있다는 것만으로도 가난한 삶을 추문으로 만든다'라고 가장 아름답고 정교하게 그 이론철학의 칼날을 들이댄 바가 있었다.

하지만, 그러나 칸트와 그 추종자들인 쇼펜하우어와 장 리카르두는 예술에 대해서만큼은 눈 뜬 장님과도 같은 판단력의 어릿광대에 지나지 않았다. 인생 자체가 예술이고, 우리는 모두가 다같이 자기 자신의 행복을 연주하는 예술가라고 하지 않을 수가 없다. 우리는 모두가 다같이 흐느끼고, 신음하고, 기뻐하고, 즐거워하며, 대환호성을 지르고 있지 않던가? 예술은 자기 위로–자기 찬양의 최고급의 양식인 동시에, 인간 위로–인간 찬양의 최고급의 양식인 것이다.

순수예술(순수미)과 참여예술(고착미), 혹은 이론철학과 실천철학은 둘이 아닌 하나이다. 아무런 목적도 없이 황홀하게 몰입할 수 있는 것도 예술이고, 가난하고 어렵거나 또는 부유하고 행복하거나 간에 그 사람들의 행복을 기원하기 위한 것도 예술이다. 예술의 사회적 기능은 종교적 기능과 교육적 기능, 그리고 축제적 기능으로 설명할 수가 있고, 예술의 효과는 진정제 효과, 강장제 효과, 흥분제 효과, 영생불사의 효과로 설명할 수가 있다.

예술은 인간의 의지의 산물이면서도 행복에의 약속인 것이다.

예술은 내가 내 식으로 불러본다면 낙천주의를 양식화시킨 것이다.

우리 한국인들의 생식기는 악의 씨앗만을 생산해낸다. 전관예우에 집착하는 법조인들, 사면복권이라는 특권을 통해서 '권력무죄'를 주창하며 사법질서를 초토화시키는 우리 대통령들—.

나는 우리 학자들과 우리 정치인들이 고급문화와 고급문화인의 자격을 말하는 것을 단 한번도 들어본 적이 없다. 내가 쓰레기이니까, 우리 한국인들 모두가 다같이 쓰레기 인간이 되지 않으면 안 된다는 것이다. 도덕이 무엇인지도 모르고, 정치가 무엇인지도 모른다. 문화가 무엇인지도 모르고, 예술이 무엇인지도 모른다.

이 반예술적인 쓰레기 인간들을 하루바삐 아우슈비츠로 끌고가 학살하지 않는 한 대한민국의 미래는 없다.

오오, 우리 한국인들을 처형해줄 히틀러는 어디에 있는가?

미는 행복을 약속한다

"이것은 에피쿠로스가 최고의 선이요, 신의 상태라고 찬양했던 고통이 없는 상태이다. 잠시 동안만이라도 우리는 의지의 한결같은 야비한 주장으로부터 구제되어질 수 있다. 의지력의 고역 상태가 맞게 될 안식일을 축하하며, 익시온의 수레바퀴는 조용히 멈추어 선다(쇼펜하우어, 『의지와 표상으로서의 세계』)."

얼마나 격렬한 말씨인가! 얼마나 고통스럽고 기나긴 낙담의 영상映像인가! 이 얼마나 '한순간'과 '익시온의 수레바퀴', '의지의 고역상태', 그리고 '의지의 한결같은 야비한 주장'과의 사이에 존재하는 병적인 대립이란 말인가! ―비록 쇼펜하우어가 그의 주장에 있어서 상당히 옳은 견해를 가지고 있었다손 치더라도, 우리들에게 미의 본질에 대한 어떠한 통찰력을 가져다 준단 말인가? 쇼펜하우어는 미의 한 가지 효과, 미의 의지에 대한 고요한 효과를 묘사하고 있다. ―하지만 이것이 정상적인 효과란 말인가? 스탕달은 우리가 앞에서 본 바와 같이 쇼펜하우어 못지 않게 관능적이고, 그보다는 좀 더 행복한 감정을 지닌 자인데, 그는 미의 또 하나의 다른 효과를 강조한다. 즉 "미는 행복을 약속한다"는 것을. 그에게 있어서는 미가 '의지―관심상태를 불러일으킨다'는 사실이 아주 타당한 것처럼 보여진다.

— 니체, 『도덕의 계보』에서

 이 세상의 삶 자체는 고통이며, 이 고통을 떠나서는 그 어떠한 삶도 향유할 수가 없다. 밥을 먹고 옷을 입으며 잠자리를 마련하는 것도 쉽지가 않으며, 부모에게 효도를 하거나 연애를 하는 것도 쉽지가 않다. 따라서 언제, 어느 때나 최악의 상태를 전제하고 그 고통 속의 삶을 긍정하지 않으면 이 세상을 살아갈 수가 없다. 고통만이 삶의 터전이 되고, 고통만이 삶의 기쁨을 생산할 수가 있다. 고통만이 삶의 지혜를 가르쳐주고, 고통만이 삶의 목적과 그 수단을 가져다가 준다. 고통은 모든 지혜의 아버지이며, 고통만이 위대하고, 또 위대하다.

 쇼펜하우어는 이 세상의 삶이 고통뿐이라는 것을 너무나도 잘 알고 있으면서도 이 고통을 부정하고 그토록 어리석고 처절하게 고통이 없는 삶을 추구했던 것이다. 의지는 욕망의 산물이고, 욕망은 만악의 근거가 된다. 따라서 그는 순수예술의 아름다움 속에서 모든 의지의 한결같은 야비한 주장들을 몰아내고자 했었던 것이다. 하지만, 그러나 순수예술의 존재근거는 욕망이고, 욕망의 존재근거는 순수예술이다. 의지의 한결같은 야비한 주장으로부터 우리를 구제할 수 있는 예술은 애초부터 존재하지도 않았고, 그 예술 자체가 돈과 명예와 권력 등, 모든 욕망의 산물에 지나지 않는다. 예술가는 자기 자신의 예술을 위해 그의 작품 속에다가 수많은 욕망들을 각인시키고, 그 욕망을 방해하는 수많은 타인들의 욕망을 그토록 처절하고 무자비하게 짓밟아버리고 있지 않던가?

 '나는 신성모독을 범한다, 고로 존재한다'는 모든 예술가들의 근본명제이며, 오늘도 익시온의 수레바퀴는 그 역사의 발걸음을 멈추지 않는다. 그리스 신화 속의 익시온은 장인어른을 살해한 죄인이었지만, 신들 중의 신인 제우스가 용서를 해주었다. 하지만, 그러나 그는 제우스 신의 은혜에 보답을 하기는커녕, 그의 아내인 헤라를 유혹하려 했고, 그 결과, '영원한 벌'로서 '불의 수레바퀴'를 돌리지 않으면 안 되었던 것이다. 산다는 것은 생명이 생명을 먹으며, 끊임없이 사기, 폭력, 약탈, 살생을 한다는 것이다. 죄를 짓고 죄악을 정당화하지 않으면 살 수가 없고, 바로 이 지점에서 나의 낙천주의 사상의 정당성이 생겨나고 있는 것이다.

 예술가는 이 세상을 끊임없이 미화하고 찬양하고 있지 않던가? 예술은 무목적의 합목적성, 즉, 순수미의 결정체가 아니라 욕망의 꽃이며, 우리 인간들의 낙천주의를 양식화시킨 것이다.

 나는 제우스의 독수리에게 하염없이 간을 뜯어먹히는 프로메테우스를 통해서 신성모독자의 위대함을 깨닫고, 나는 익시온의 수레바퀴를 통해서 이 세상의 삶을 찬양하고 긍정한다.

 모든 예술은 행복에의 약속이다.

결혼이란

모든 동물은—그러므로 철학적 동물도 포함하여—그의 전력을 다하여 최고의 권력 감정을 달성할 수 있는 최적의 유리한 상태를 추구하기 위해 본능적으로 노력한다. 모든 동물은 본능적으로나 모든 이성을 초월하는 미묘한 분별력으로써, 최적 상태로 이르는 통로를 막거나, 막을 수 있는 모든 종류의 방해자나 장애물을 혐오한다. (나는 행복에 이르는 통로에 관해서 말하고 있는 것이 아니라, 권력이나 행동, 가장 강력한 활동에 이르는, 그리고 대부분의 경우에 있어서 실제로 불행에 이르는 통로에 관해서 말하고 있는 것이다.) 그렇듯이 철학자들은 결혼을, 결혼하기를 설득할 지도 모를 것들과 더불어 혐오한다. 결혼이란 최적의 상태로 이르는 통로에 놓여진 방해물이며, 재난인 것이다. 지금까지 위대한 철학자로 일컬어지던 사람들로서 결혼한 자가 있었던가? 헤라클리투스, 플라톤, 데카르트, 스피노자, 라이프니츠, 칸트, 쇼펜하우어—그들은 결혼하지 않았던 것이다. 더구나 그대들은 결혼한 그들을 상상할 수조차도 없는 것이다. 결혼한 철학자들은 희극에 속하는 것이며, 이것이 나의 주장인 것이다. —그 예외자인 소크라테스에 관한 한—악의 있는 소크라테스는 이러한 나의 주장에 시위하기 위해서 아이러니컬하게 결혼한 것처럼 보인다.

Friedrich Nietzsche

— 니체, 『도덕의 계보』에서

이 세상에서 가장 고귀하고 위대한 일이란 무엇인가? 그것은 두말할 것도 없이 가장 어렵고 힘들며, 그 어느 누구도 해낼 수 없는 일이라고 할 수가 있다. 알렉산더 대왕이 정공법正攻法을 택하면서 '나는 승리를 훔치지 않는다'라고 했을 때에도 모든 사람들이 열광을 했고, 나폴레옹이 '불가능은 없다'라고 알프스를 넘어갔을 때에도 모든 사람들이 열광을 했다. 소크라테스가 '악법도 법이다'라는 말을 남기고 죽어갔을 때에도 모든 사람들이 열광을 했고, 마르크스가 '만국의 노동자여, 단결하라'고 외쳤을 때에도 모든 사람들이 열광을 했다.

금욕주의의 세 가지 명제가 '청빈, 겸손, 정숙'인 것처럼, 금욕주의는 이타성의 결정체이며, 이 금욕주의의 대가들은 살신성인殺身成仁의 성자라고 할 수가 있다. 플라톤의 이상국가의 통치자는 결혼을 하지 않는 것은 물론, 단 한 푼의 사유재산을 가져서도 안 된다. 정치인은 무보수 명예직의 자리이며, 늘, 항상 공명정대하게 조국과 민족을 위해서 헌신하라는 것이 플라톤의 정언명령이기도 했던 것이다. 가톨릭의 사제와 불교의 사제들이 결혼을 하지 않는 것도 바로 그것을 말해주고, 서양철학의 대부분의 대가들이 결혼을 하지 않고 학문을 위해 출가를 한 것도 바로 그것을 말해준다.

대부분의 사상가들, 대부분의 예술가들, 대부분의 성자들은 금욕주의의 신봉자들이며, 그들은 단 한 끼의 식사—영원불멸의 명예—를 위해서 그 모든 음식들을 거절한 욕망의 화신들이었던 것이다. 결혼을 하지 않으면 처자식을 위해 노력하지 않아도 되고, 사유재산에 대한 욕망을 버리면 수많은 이익다툼들을 공명정대하게 처리할 수도 있다. 오직 자기 자신의 직업과 그 임무에 충실하고, 따라서 만인들의 존경을 받게 된다.

금욕주의는 영웅, 또는 성자 탄생의 산실이며, 모든 기적의 진원지가 된다. 우리는 금욕주의를 통해서 이 세상의 삶의 고통을 극복하고, 이 세상의 삶을 끊임없이 미화하고 찬양하게 된다.

금욕주의는 낙천주의를 양식화시킨 것이고, 언제, 어느 때나 최종심급은 낙천주의 라고 하지 않을 수가 없다.

Friedrich Nietzsche

3부

금욕주의적 이상

그러면 철학자에게 있어서 금욕주의적 이상이란 무엇을 의미하는가? 나의 대답은—그대들은 오래 전부터 추측할 수 있었을 터이지만, 철학자들은 금욕주의적 이상 속에서 가장 높고 대담한 정신을 추구할 수 있는 최적 상태를 바라보면서 웃음짓는 것이다—그는 '생존'을 부정하지 않는다. 그는 오히려 그 속에서 그의 생존을, 그의 생존만을 확신한다. 그리고 아마도 불경스러운 바램, 즉 "세상은 망하더라도 그의 철학과 철학자인 나는 살아 남으리라!"라는 생각을 품을 정도로 생존을 확신하는 것이다.

— 니체, 『도덕의 계보』에서

최고급의 욕망의 산실도 금욕주의이고, 문화적 영웅의 산실도 금욕주의이다. 문명과 문화의 산실도 금욕주의이고, 모든 기적의 산실도 금욕주의이다.

태초에 어둠이 쩌억 갈라지며 태양이 떠올랐고, 태초에 하늘과 바다가 쩌억 갈라지며 수많은 별들과 수많은 동식물들이 태어났다.

나는 전지전능한 신이며, 그 모든 것을 다할 수 있다. 물 위를 걸을 수도 있고, 빛보다 더 빠른 속도로 수천 억 개의 별들에다가 나의 신전을 마련할 수도 있다. 나는 아무 것도 먹지 않아도 배가 부르고, 절세의 미인과 연애를 하지 않아도 수많은 미인들에게 둘러싸여 있다. 나는 불행을 모르며, 언제, 어느 때나 즐겁고 유쾌한 콧노래를 부르며 천지창조주로서의 행복한 삶을 살고 있다.

나는 금욕주의 속에서 태어나 금욕주의를 먹으며, 이 금욕주의를 통해서 그 모든 고통들을 다 극복해냈다.

'너희들, 즉, 모든 유물론자들과 모든 쾌락주의자들이 다 망한다고 하더라도 나와 나의 낙천주의 사상만은 영원할 것이다.'

청빈, 겸손, 정숙

> 금욕주의적 이상의 세 가지의 커다란 슬로건은 그들에게 친숙하리라. 즉 청빈과 겸손과 정숙이다.
> — 니체, 『도덕의 계보』에서

청빈이란 모든 욕망을 절제하며 가난한 삶을 즐기는 것을 말하고, 겸손이란 자기를 낮추고 타인을 존중하는 것을 말하며, 정숙이란 몸과 마음을 잘 단속하고 조용한 가운데 엄숙한 삶을 사는 것을 말한다. 만악의 근원은 욕망이며, 이 욕망으로부터 우리 인간들을 구원하겠다는 것이 금욕주의의 목표라고 할 수가 있다. 욕망이 있는 곳에 금욕이 있고, 금욕이 있는 곳에 욕망이 있다. 욕망과 금욕은 선과 악의 관계처럼 일란성 쌍생아이며, 서로가 서로를 그토록 미워하고 싫어하는 무서운 짝패라고 할 수가 있다. 불교, 기독교, 힌두교, 이슬람교 등, 이 모든 종교들은 금욕주의에 기초해 있으며, 이 금욕주의를 통해서 전체 인류를 영원한 이상낙원으로 인도하겠다는 것이 그 도전적이고 야심만만한 목표라고 할 수가 있다.

청빈이란 정직하고 성실한 인간의 징표가 되고, 겸손이란 모든 인간을 위한 이타성의 징표가 되며, 정숙이란 황소처럼 묵묵히 자기 자신의 길을 걸어가되, 모든 인간들의 무거운 짐을 다 짊어지고 가겠다는 우리 사제들의 징표가 된다. 사제는 그 사회의 아버지이자 재판관이며, 또한 사제는 그 사회의 스승이자 구원자이다. 사제는 금욕주의의 신봉자가 되고, 금욕주의는 사제의 토양이 된다. 자기 자신의 몸과 마음에 맞는 역사와 전통을 자랑하고, 그 역사와 전통의 토대에서 자라난 학교와 사원과 재판소를 갖고 있다면 그 민족과 그 국가는 전인류의 자랑이자 존경의 대상일 수도 있다. 스승, 혹은 사제는 청빈과 겸손과 정숙의 표상이자, 금욕주의의 왕관을 쓴 황제라고 할 수가 있다.

영국과 일본의 국왕제도는 전국민의 자랑이자 전인류의 문화유산이라고 할 수가 있다. 역사와 전통은 낡을수록 새롭고, 이 낡을수록 새로운 역사와 전통이 최고급의 삶의 지혜를 가져다가 준다. 이에 반하여, 미군과 함께 들어와, 미제국주의의 총과 칼로 단군의 목을 비틀어버린 예수의 역사는 대한민국의 치욕이자 전인류의 조롱거리에 지나지 않는다.

오오 한국인들이여, 자기 자신의 역사와 전통도 지키지 못한 너희들이 과연 인간이냐?

오오, 대한민국이여, 수많은 외세의 총과 칼에 신음을 하고 있는 네가 과연 국가냐?

나는 종종 "한국에는 참다운 스승이 있는가? 한국에는 진정한 스님과 사제가 있는가? 한국에는 진정한 재판관과 아버지가 있는가?"라고 나 자신에게 물어본다.

"그러믄요. 한국에는 유병언과 조희팔과 최순실과 박근혜와 사면복권을 통해서 사법질서를 유린한 노무현과 김대중과 박정희와 이명박 등이 있지요."

"금욕주의의 '금'자도 모르고, '청빈, 겸손, 정숙'도 모르는 개, 돼지만도 못한 목사-스님들이 많이 있지요?"

이이제이以夷制夷 전법: 한국인을 기독교화시켜 한국정신을 모조리 말살케 한 미제국주의의 식민통치법. 단군 자손이 단군 자손으로서 살 수 없도록 한 만악의 근원은 기독교라는 암적인 종양이었던 것. 오늘날 단 한 명의 기독교인도 없는 북한이 바로 그것을 증명해준다.

철학자

> 철학자는 너무나 밝은 빛을 피한다. 즉 이것은 그가 그의 시대를 회피하고 낮을 회피하는 이유이다. 이러한 점에서 그는 그림자를 좋아한다. 즉 태양이 좀 더 지면 질수록, 철학자는 점점 커지는 것이다. 철학자의 '겸손'에 관한 한, 철학자는 그가 암흑을 참아 내듯이 어떠한 종속이나 명예의 실추에도 견디어 낸다.
> — 니체, 『도덕의 계보』에서

실력보다 그 이름이 앞서면 사인史人이 되고, 그 이름보다 실력이 앞서면 야인野人이 된다. 대부분의 진정한 철학자들은 시대를 앞서간 선구자들이며, 소위 '왕따'를 당하여 동시대인들로부터 버림을 받았던 인물들이었다. 범신론을 주창했던 스피노자와 유일신의 횡포를 비판했던 장 자크 루소도 그 비참한 생애를 어찌할 수가 없었고, 인간의 자기 발견을 이룩해냈던 데카르트와 신의 사망증명서를 발급했던 니체도 그 비참한 생애를 어찌할 수가 없었다.

나는 한국문단의 황제이자 '문지그룹의 전제군주'였던 김현 교수를 정면으로 비판한 1990년대 초부터 한국문단과 한국사회로부터 생매장을 당했고, 아직도 영원히 이름없는 얼굴로 살아가고 있다.

나의 글과 책, 그리고 나의 이름조차도 금기의 대상이며, '제3세계의 문화적 풍토병'과 '비평의 만장일치제도', 그리고 나의 '낙천주의 사상'과 그 '이론'조차도 금기의 대상이다.

하지만 그러나 야인은 이름없는 풀꽃처럼 역동적인 생명력과 그 아름다움을 자랑한다. 그는 가장 아름답고 찬란한 빛을 피하고, 그 시대를 피한다. 또한 그는 어린아이와도 같은 유명인사들의 어릿광대짓에도 축하를 해주고, 싸늘한 냉소와 조소, 그리고 무시당하고 있다는 사실까지도 무시하면서 영원한 사상의 금자탑을 쌓아나간다. 자기 스스로 명명하고, 자기 스스로 판단(심판)하고, 자기 스스로 하늘을 찌를듯한 환희에의 기쁨을 향유하고 있는 철학자에게 있어서, 그 무슨 산송장과도 같은 유명인사들의 만행 따위가 그 무슨 충격을 줄 수가 있단 말인가? 크게 만족하는 자는 그 어떠한 어려움도 참고 견디며, 제우스가 그의 아버지인 크로노스의 목을 비틀었듯이, 그 신성모독의 힘으로 이 세상에서 가장 아름답고 찬란한 풀꽃, 즉, '사상의 풀꽃'을 피워낸다.

천재는 이름없는 풀꽃이며, 느닷없이 그 사상의 아름다움과 그 위용을 드러낸 풀꽃과도 같다.

모든 예술가들은

　모든 예술가들은 커다란 정신적 긴장이나 준비상태에 있을 때 성교를 행한다는 것이 얼마나 해로운 결과를 가져오는가를 알고 있다. 가장 거대한 힘과 가장 확실한 본능을 지니고 있는 자들은 경험을, 불행한 경험을 해봄으로써 그것을 배울 필요가 없는 것이다.
　— 니체, 『도덕의 계보』에서

　자기보존본능이 우선이고, 그 다음이 종족보존본능이다. 올림픽 결승전을 앞둔 운동선수에게도 성욕이란 있을 수가 없고, 사형집행의 형장으로 끌려나갈 사형수에게도 성욕이란 있을 수가 없다. 최악의 생존의 위기에 몰리게 되면 그 불안과 공포 때문에 미치광이처럼 발광을 하게 되고, 그 불안과 공포 때문에 자기 스스로 자해를 하거나 자기 스스로 목숨을 끊게 된다. 내가 있고, 그 다음에 성욕이 있다.

　나는 내가 나의 모든 것을 다 걸고 김현 교수를 정면을 비판했을 때, 바로 그때부터 아내와의 각방을 쓰기 시작했고, 그 버릇은 64세인 지금까지도 그대로 이어져 오고 있다.

　불안과 공포, 까마득한 절망감과 초조함, 하늘과 땅에 가득찬 외로움과 쓸쓸함―. 모든 혁명가의 고독은 사형수의 고독과도 똑같다.

'사느냐/ 죽느냐?', '성공하느냐/ 실패하느냐?'.

소위 생사의 문제는 모든 성욕을 초월해 있다.

어차피 누구나 다같이 죽는 것이다.

목숨을, 단 하나뿐인 목숨을 걸어라!

낙천주의 사상을 위해! 우리 한국어와 우리 한국인의 영광을 위해!

미군철수와 남북통일을 위해!

이 세상에서 가장 아름답고 멋진 혁명가의 삶을 살다가 가는 것이다.

낙천주의 사상

철학자가 지니고 있는 일련의 다양한 기질이나 덕성을 끄집어내 보자—의심하려는 경향, 부정하고 판단을 유보하려는(억제적) 경향, 분석하고 조사하고 탐구하고 감행하려는 경향, 비교하여 균형을 맞추려는 경향, 중립성과 객관성에 대한 의지, 모든 분노나 애정에 대하여 멀리하려는 의지가 그것이다. 이러한 모든 것이 아주 오랜 동안 도덕성이나 양심의 근본적인 요구에 위반하였다는 것은 명백하지 않느냐?
— 니체, 『도덕의 계보』에서

사상가는 백 개의 눈동자와 백 개의 팔과 다리를 가지고 있으며, 그는 동시대를 떠나서 머나먼 미래를 내다보는 지혜를 지니고 있다. 머나먼 미래를 내다보는 지혜, 현실을 직시하는 지혜, 과거를 되돌아보고 역사를 성찰하는 지혜, 시대마다 국가마다 선악의 가치기준표가 바뀌고 도덕철학을 통하여 최고급의 문화를 연출해내는 지혜, 천재생산의 교수법과 그 제도를 연출해내는 지혜, 적은 규제와 적은 법률로 그 국민의 삶의 질을 쾌적하게 만들고 그 독창성과 창의성을 통하여 수많은 지적 재산을 창출해낼 수 있는 지혜—. 이 지혜와 지혜들이 모여서 삼천리 금수강산을 이루고, 이 삼천리 금수강산의 지혜들이 최고급의 사상으로 그 빛을 발하게 된다.

　사상가는 가장 빠른 지름길을 택하면서도 언제, 어느 때나 역사와 전통을 무시하지 않는다. 가장 빠른 지름길은 절약의 법칙이 되고, 역사와 전통을 중요시 하는 것은 연속성의 법칙이 된다. 사상가는 변화가 필요할 때에도 변하지 않는 역사 철학적인 인식을 지녔고, 다른 한편, 변화가 필요없을 때에도 재빨리 변화를 꾀하는 자기갱신과 혁명가적인 정신을 지녔다.

　나는 대한민국 최초로 낙천주의 사상가가 되었다. 나의 사상은 우리 한국인들 전체가 오천 년 동안이나 먹고도 남을만큼의 지적인 양식이 되어줄 것이다. 나의 사상에는 이론철학으로서의 자연철학도 있고, 나의 사상에는 실천철학으로서의 도덕철학도 있다. 알렉산더, 나폴레옹, 잔 다르크, 넬슨 만델라, 이광요, 아베, 오바마, 시진핑을 깔아뭉갤 수도 있는 천재생산의 교수법도 들어 있고, 예수를 퇴치하고 단군신화를 연출해낼 홍익인간의 이념도 들어 있다. 모든 세습적인 폐해를 청산할 수 있는 경제학도 들어 있고, 미군을 철수시키고 남북통일을 이룩해낼 정치철학도 들어있다.

　우리 한국인들이여, 가장 영양이 풍부하고 산해진미의 이 성찬(사상)을 맛보려면 어서 빨리 나를 대통령으로 선출해다오!

　나는 우리 한국인들의 백만 두뇌를 양성하고, 우리 한국인들을 고급문화인으로 양성하기 위하여 태어났다.

　철학은 모든 학문의 제왕이며, 철학의 토대는 도덕이다. 나는 철학을 초등학교 때부터 가르치고, 세계 제일의 천재(사상가)들을 창출해낼 것이다. 많이 아는 자가 가장 빠르고, 가장 빠른 자가 이 세계를 정복한다. 사상가는 이상낙원의 창조주이며, 이상낙원은 영원한 그의 신전이 된다. 고전주의, 낭만주의, 현실주의, 구조주의, 탈구조주의, 공산주의, 염세주의, 초현실주의, 실존주의 등, 모든 사상들은 낙천주의를 양식화시킨 것이다.

사면장// 성명 노무현// 귀하는 사면권 남용으로 사법질서를 초토화시키고 전국흉악범의 명예를 드높인 바 있으므로 이에 '권력무죄이름'으로 사면장을 드립니다// 대한민국 탄핵 제1호 대통령 박근혜// 자료제공 모범시민 자살자협회.

대통령 사면권은 무조건 박탈해야 한다. 왜냐하면 사면권은 모범시민의 싹을 모조리 제거하고 범죄인 천국을 만들기 때문이다. 내가 만일 대통령이 된다면 사면권을 남발한 자들을 모조리 사형시키고 현충원의 국가원수, 혹은 불량배의 무덤도 다 파헤칠 것이다.

나는 우리 정치인들과 우리 학자들과도 같은 불량배들을 모조리 사형시키고, 모범시민과 모범시민으로 구성된 대한제국을 건설할 것이다.

병은 모든 건강의 아버지

　병이란 도움이 되는 것이며, 건강보다도 보다 더 유익한 것이라는 것을 믿어 의심하지 않는다. 오늘날에는 병들게 하는 자가 의사라든가, 구원자보다도 더욱더 우리에게 필요한 것처럼 보인다.
　— 니체, 『도덕의 계보』에서

　병은 육체적인 질병이며, 이 질병과의 싸움에서 지게 되면, 그는 이 세상을 떠나갈 수밖에 없다. 하지만, 그러나 병이란 건강만큼 소중하고 유익한 것이며, 이 병이 없으면 그의 정신과 육체는 그 무료함과 권태에 사로잡혀서 너무나도 더럽고 추하게 쇠퇴를 거듭하게 될 것이다. 건강과 병과의 싸움, 이 투쟁 속의 조화를 통해서 우리 인간들의 신진대사의 촉진이 원활해지고, 삶의 아름다움과 그 행복을 맛보게 된다.
　병은 모든 건강의 아버지이고, 병은 모든 천재적인 힘의 아버지이다. 병은 상상력의 아버지이고, 병은 모든 혁명의 아버지이다. 고독이라는 병, 우울증이라는 병, 고통이라는 병, 광장공포증이라는 병, 밀실공포증이라는 병, 정신병적 편집증이라는 병, 물신주의라는 병, 예수라는 맹신과 광기라는 병, 천상천하유아독존이라는 병,

과대망상증과 피해망상증이라는 병, 사나운 야수처럼 피에 굶주린 자의 전쟁광이라는 병, 전지전능한 신이 되겠다는 사상가라는 병―. 이 모든 병들은 그 얼마나 찬란하고 화려하며, 최고급의 인식의 제전을 펼쳐보여왔던 것이란 말인가?

모든 사상은 병의 꽃이고, 모든 문명과 문화도 병의 꽃이다.

이 세상에서 가장 아름답고 찬란한 것도 병이고, 이 세상에서 가장 고귀하고 위대한 것도 병이다.

모든 선한 것들은

　모든 선한 것들은 전에 악한 것들이었다. 모든 원천적인 죄는 원천적인 덕으로 변모해왔다. 예를 들어, 결혼이라는 것도 오랫동안 사회 공동체의 권리에 대한 침해로 여겨졌다. 매우 건방지게도 그 자신이 한 여자에 대해서 권리를 주장하려면, 그것에 대한 보상을 지불하여야만 했다(그래서 예를 들면, 캄보디아에서 아직도 모든 신성한 관습의 수호자인 성직자들의 특권으로 되어 있는 첫날밤의 권리가 그것이다).
　— 니체, 『도덕의 계보』에서

　그 옛날 봉건주의 시대에는 민주주의와 인간평등만큼 사악하고 파렴치한 말도 없었을 것이다.
　선악은 영원불변의 것이 아니라, 매우 자의적이고 임의적인 어떤 것에 지나지 않는다. 선은 욕망의 대상이 되고 악은 혐오의 대상이 된다. 아니다, 도덕군자로서의 임마뉴엘 칸트의 말은 틀렸다. 왜냐하면 악은 욕망의 대상이 되고 선은 혐오의 대상이 되고 있기 때문이다. 부유함은 행복의 조건일 수도 있고, 가난함은 불행의 조건일 수도 있다. 황금왕관은 행복의 상징일 수도 있고, 이 세상의 어중이떠중이들의 남루한 옷은 불행의 상징일 수도 있다.

만일, 선이 욕망의 대상이고 악이 혐오의 대상이라면 거기에는 도덕이라는 강제의 힘이 개입되어 있을 수밖에 없는 것이다. 언제, 어느 때나 자기 자신이 하고 싶은 일을 찾아서, 오직 제멋대로 살고 싶은 자에게는 도덕처럼 거추장스럽고 몸에 맞지 않는 옷도 없을 것이다.

하지만, 그러나 인간은 가축떼와도 같은 동물들에 지나지 않고, 이 도덕이라는 울타리를 떠나서는 살 수가 없다. 때로는 부유함이 혐오의 대상이 되고, 때로는 가난함이 욕망의 대상이 된다.

그 옛날의 자유연애는 나쁜 것이었지만, 오늘날에는 자유연애가 전지전능한 신이 되었다.

법의 특징은 폭력

　법이란 것은 오랫동안 하나의 금지물이었으며, 불법행위이었으며, 하나의 혁신이었다. 그것의 특징은 폭력이었다.
　—니체, 『도덕의 계보』에서

　모든 법은 정언명령이며, 그것은 반드시 지켜야만 하는 도덕적 의무가 된다. 모든 법은 불법을 전제로 하고 있으며, 이 불법으로 인한 다툼과 그 사회적 혼란을 방지하기 위해서 제정된 것이라고 하지 않을 수가 없다. 자기 자신의 행복의 원리와 공동체 사회의 행복의 원리가 충돌할 때, 누구나 다같이 법을 불법으로 간주하며, 그 법을 뛰어넘고 싶은 충동에 사로잡히게 된다. 도둑질, 사기, 횡령, 배임, 탈세, 강간, 간통 등은 법을 불법으로 느낀 자들만이 저지를 수 있는 범죄이며, 대부분의 범죄자들이 양심의 가책을 갖고 있지 않다는 것이 바로 그것을 말해준다.

　모든 피고인들의 참회의 눈물은 어쩌면 다 가짜의 눈물일는지도 모른다. 법이라는 물리적 강제와 그 형벌의 고통 때문에, 어쩔 수 없이 마음에도 없는 눈물을 흘리고 있는 것이며, 그것은 완전범죄를 저지르지 못한 것에 대한 자책의 눈물일는지도 모른다.

모든 법률은 불법의 산물이며, 그 법률은 국가라는 강도집단의 폭력성에 기초하고 있다고 해도 틀린 말이 아니다.

오늘날에는 철학자가…

　오늘날에는 철학자가 지구상에 존재할 수 있도록 충분한 자부심, 대담성, 용기, 자신감, 충분한 정신의 의지, 책임에 대한 의지, 의지의 자유가 존재하는가?
　— 니체, 『도덕의 계보』에서

　오늘날은 과학의 시대이고, 과학이 모든 믿음을 대청소해버렸다. 신의 죽음이 인간의 죽음으로 이어지고, 인간의 죽음이 마침내 '인간의 탈을 쓴 유령들의 사회'를 탄생시켰다고 해도 지나친 말이 아니다. 서로가 서로를 믿고 사랑하며 그 모든 담장들을 다 허물어버린 열린 사회는 그 어디에도 없고, 싸늘한 철제대문과 시멘트 벽으로 닫힌 사회만이 존재하고 있다고 하지 않을 수가 없다. 당신도 당신의 이웃들에게 불순한 침입자나 범죄자처럼 다가가고 있는지도 모르고, 당신의 이웃들도 당신에게 불순한 침입자나 범죄자처럼 다가오고 있는 것인지도 모른다.
　학교의 교육은 진리 탐구와 인류 전체의 행복을 위하여 존재하지도 않으며, 오직 개인의 이익과 그 행복을 위해서 존재한다고 해도 과언이 아니다. 이제 인간은 사회적 동물이 아닌 단독자로서만 존재한다. 왜냐하면 인간의 삶의 양상은 전체의 이익이 아닌 개인의 이익만을 위해서 그 정당성을 얻어가고 있기 때문이다. 신문과 TV가 있어도 인간과 인간의 관계는 개선되지 않으며, 스마트폰과 컴퓨터가 있어도 인간과 인간의 관계는 불순한 음모의 관계로 악화되기만 한다.

  학교의 교육은 오직 '출세의 수단'으로 변질되었으며, 돈만이 최고가 되는 자본주의 사회의 가치관만을 재생산해내게 되었다. 자본주의 사회는 돈이 최고가 되는 사회이며, 싸늘한 이기주의가 그 발톱을 드러낸 사회에 지나지 않는다. 부모도 없고, 친구도 없다. 스승도 없고, 제자도 없다. 돈이 있고, 유령인 내가 있기 때문에, 그 모든 관계는 영역싸움이며, 단 한 치도 양보할 수 없는 백병전을 방불케 한다. 아들이 아버지를 고소하고, 아버지가 딸을 고소한다. 남편이 아내를 고소하고, 아내가 오빠를 고소한다. 제자가 스승을 고소하고, 대통령이 국민을 고소한다. 이 소송전은 임전무퇴의 백병전이며, 자본주의 사회를 자본주의 사회로 살아 움직이게 하는 원동력이라고 할 수가 있다. 너도 침입자나 범죄자처럼 존재하고, 나도 침입자나 범죄자처럼 존재한다. 고소왕은 다국적 기업의 유령이 되고, 이 유령의 이마에는 그 옛날의 청동현판처럼 이렇게 써있다.

  '소송전은 나의 존재 근거이며, 소송전은 나의 행복이다.'

  다국적 기업의 유령들이 이렇게 외치니까, 우리들의 스승도, 우리들의 목사도, 우리들의 아버지도, 우리들의 자식도 그 복음의 말씀을 받들어 모신다.

이 고소왕, 이 유령들이 우리 인간들의 학문마저도 돈벌이 수단으로 전락시켰고, 그 결과, 인간의 생명을 담보로 최고의 이윤의 법칙을 창출해내게 되었다. 생명공학은 질병과 불치병의 치료에 그 목적이 있지 않고, 오직 돈벌이에만 관심이 있기 때문에, 자연의 법칙에 반하는 고령화 사회를 연출해내게 되었다. 모든 유기체는 생식기능이 끝나고 신체의 기능이 약화되면 곧 그 일생을 마치게 되지만, 오늘날의 인간은 단지 수명연장만이 최고가 되는 유령이 되었다고 하지 않을 수가 없다. 이 고령화는 백약이 무효인 바이러스처럼 그 전염력이 강해서 전세계의 자원과 우리 젊은이들의 미래의 앞날까지도 다 탕진해버린다.

  신도 죽었고, 인간도 죽었다. 생명이란 단지 돈벌이의 수단에 지나지 않으며, 늙고 병들고 쇠약하고 오래 살수록 더 많은 돈벌이의 수단이 된다. 만일, 수명연장, 즉, 늙고 병들고 쇠약하고 오래 살수록 돈벌이가 되지 않는다면, 과연, 이 고소왕, 이 다국적 자본이라는 유령들이 그 무슨 살신성인의 모습으로 오늘날의 생명공학을 발전시킬 것이란 말인가? 늙은이는 병들었고, 약하고, 속이기가 쉽다. 늙은이는 단순하고, 오늘에 살고 오늘에 죽으며, 단지 수명연장만을 최고로 생각한다. 이 늙은이들이 돈벌이의 대상으로 악용되지 않는다면, 모든 유령들이 스스로, 제 발로, 다 물러가고, 서로가 서로를 믿고 사랑하는 인간의 사회가 머나먼 그 옛날의 행복처럼 되돌아오게 될는지도 모른다.

  오현정 시인의 「폐파와 함께 춤을」다함께 읽고 생각해보기를 바

Friedrich Nietzsche

란다.

도쿄로 출장 가는 그이에게
– 로봇 하나 사다 줘
어젯밤 TV로 본 성적 여자 로봇처럼 눈을 깜박이며 말하자
– 무슨 로봇! 산업 일자리 만들기 조라봇으로 게임하게?
– 아니 페퍼pepper가 갖고 싶어 내 감정을 읽고 대화할 인간로봇
– 그거 나온 지 1분 만에 완판됐잖아
– 예약이라도 하고 오라고

로봇을 원하는 인간은 그만큼 인간과 교심하기 싫다는 거지
로봇은 점점 인간이길 원하는데 소통과 공감을 인간로봇과 하겠다고,

– 그게 얼마나 재밌고 편해
– 사랑해~ 하면 하트 눈이 빨간불로 깜빡이잖아
– 닥쳐! 하면 좋지 않은 말입니다
정중하게 일러주고

–서빙은 나에게
귀찮은 일까지 척척해줄 텐데,
게다가 우울한 날엔 음악에 맞춰 함께 춤을 추며 아이언 맨의 자비스

처럼 로봇과 자유로운 대화를 할 수 있으니 얼마나 좋아

　어차피 움직이는 인공지능과 더불어 살아야할 미래
　이왕이면 좀 빨리 편해지고 싶다는 거지
　인간은 로봇화 되어가고 있어
　자신의 감정을 타인에게 드러내지 않고 외로움이나 자존심을 들키지 않고
　단순하게 살고 싶어 하지
　감정로봇은 감정프로그램과 반성프로그램을 다 갖고 싶어 하는데
　– 당신 생각나서 샀어,
　– 무슨 로봇 가졌니? 물으면 태권V 하면 되잖아
　그이는 뇌 과학의 대가나 인간로봇 연구소장처럼 말한다
　나와 함께 춤춘 지가 까마득한데
　― 오현정,「페파와 함께 춤을」(『몽상가의 턱』)전문

　오늘날은 과학의 시대이고, 이 과학의 시대는 철학이 종말을 고한 시대이다. 이 우주와 자연 전체를 찬양하고, 인간이 인간을 서로 믿고 사랑하던 지상낙원의 시대는 사라지고, 싸늘한 이기주의 앞에서 우울증과 외로움이라는 질병을 앓게 된다. 당신이 있어도 당신과 떨어져 살아야 할 그날을 위해서 지능로봇과 감정로봇의 노예가 되지 않으면 안 되고, 단지 수명연장만이 최고의 목적이기 때문에, 「페파와 함께 춤을」추지 않으면 안 된다. "– 사랑해~ 하면 하트 눈

이 빨간불로 깜빡이잖아/ – 닥쳐! 하면 좋지 않은 말입니다/ 정중하게 일러주고// –서빙은 나에게/ 귀찮은 일까지 척척해줄 텐데,/ 게다가 우울한 날엔 음악에 맞춰 함께 춤을 추며 아이언 맨의 자비스처럼 로봇과 자유로운 대화를 할 수 있으니 얼마나 좋아// 어차피 움직이는 인공지능과 더불어 살아야할 미래/ 이왕이면 좀 빨리 편해지고 싶다는 거지/ 인간은 로봇화 되어가고 있어/ 자신의 감정을 타인에게 드러내지 않고 외로움이나 자존심을 들키지 않고 단순하게 살고 싶어 하지."

  나는 이 유령들, 이 지능로봇의 노예들 앞에서 철학예술가로서의 할 말을 잃어버린다. 철학의 시대는 종말을 고하고, 로봇의 시대가 되었다. 이 로봇은 유령들의 영원한 하나님이 되었고, 날이면 날마다 돈이라는 인공식물을 먹고 살아간다.

실증의 유행병

 인간은 자주 싫증을 느꼈다. 실제적으로 싫증의 유행병이 있다. (죽음의 무도회 같은 시기인, 1348년경처럼) 인간의 삶에 대한 부정은, 마치 마력에 의한 것처럼, 풍성한 더욱 부드러운 긍정을 드러내 놓는다. 심지어 그가 그 자신이 파괴의 대가, 자기 파괴의 대가에게 상처를 입힐 때에도—바로 그 상처 그 자체가 후에 그에게 살도록 강요한다.
 — 니체, 『도덕의 계보』에서

 싫증의 유행병은 삶에의 의지가 왜곡된 형태이며, 배반을 당한 애정의 표현에 지나지 않는다. 이 세상을 그토록 혐오하고 헐뜯던 염세주의자가 그 염세주의의 미학을 통해서 명예와 명성을 얻고 배부른 돼지가 되었던 것을 우리는 너무나도 많이 보아왔다.

 세계대전이나 한국 전쟁 이후, 자살이 그 무슨 돌림병처럼 유행하기도 했었지만, 그러나 이 자살자의 숫자는 전체 인간의 증가에 비하면 새발의 피에 지나지 않았다. 상이군경들, 정신대여성들, 수많은 고아들과 과부들마저도 싫증의 유행병을 앓고 있었으면서도 자살자의 삶을 선택하지는 않았다. 산 자는 살아 있는 동안 대부분이 자기 스스로 목숨을 끊지 않고 있는데, 왜냐하면 산다는 것은 그 수명이 다할 때까지 종족의 명령이기 때문이다.
 염세주의는 자연에 반하는 철학이며, 그 만행과도 같다.

공포

 우리는 바로 인간에 대한 공포가 감소되어지는 것을 보기를 의욕해서는 안 된다. 왜냐하면 이 공포는 강한 자를 더욱 강하게 만들고 때로는 무서운 자가 되게끔 강요하기 때문이다. ―이 공포는 건전한 인간의 유형을 존속시키는 것이다.
 ― 니체, 『도덕의 계보』에서

 인간과 인간의 관계는 계급의 관계이며, 이 계급의 관계는 물리적인 폭력과 맞물려 있다. 아들이 아버지에게 함부로 대들어도 처벌을 받게 되어 있고, 제자가 스승에게 함부로 대들어도 처벌을 받게 되어 있다. 일개 병사가 장군에게 함부로 대들어도 처벌을 받게 되어 있고, 절대권력자가 국민을 무서워하지 않아도 처벌을 받게 되어 있다. 계급은 차이의 표시가 되고, 차이의 표시는 질서의 표시가 된다. 질서를 준수하면 모범시민이 되고, 질서를 파괴하면 불량시민이 된다.
 계급이 서열제도를 낳고, 이 서열제도는 '공포'라는 가면을 쓰게 된다. 이 가면은 무시무시한 폭력을 지시하고, 따라서 누구나 다같이 이 서열제도에 복종할 것을 강요한다. 부모형제 사이에 애정이 싹트는 것도 공포 때문이고, 스승과 제자 사이에 애정이 싹트는 것도 공포 때문이다. 아내와 남편 사이에 애정이 싹트는 것도 공포 때문이고, 친구와 친구 사이에 우정이 싹트는 것도 공포 때문이다.

   질서는 공포이고, 공포는 모든 사랑을 가능하게 한다. 공포가 질서를 구축하며 사랑을 꽃 피우고, 공포가 건강한 인간관계와 지상낙원을 연출해낸다.

   질서, 혹은 공포가 없는 사회는 암흑의 사회이며, 더 이상의 행복한 삶이 가능하지 않은 지옥과도 같다.

병든 자들은

  병든 자들은 인간의 가장 큰 위험물이다. 악인도 맹수도 인간의 가장 큰 위험물은 아닌 것이다. 처음부터 실패를 맛본 자, 유린당한 자, 좌절된 자—가장 약한 자인 그들이야말로 인간 속에서 삶을 갉아 먹어야만 하는 자이며, 가장 위험하게 삶과 인간과 우리들 자신에 대한 우리들의 믿음을 의심과 독극물 속에 집어넣는 자이다. 그대들은 어느 곳에서, 그대들에게 비탄을 안겨주는 저 가려진 눈총을, 어떻게 그러한 자가 중얼거리고 있는지를 폭로하는 타고난 실패의 색조를 띤 내향적인 눈총을—한숨뿐인 저 눈총을 회피할 수 있는가?
  — 니체, 『도덕의 계보』에서

국민이 있고 나라가 있으며, 그 다음에 임금이 있다. 따라서 임금은 국민과 국가의 충복이 되어야 하지만, 그러나 이 충복이라는 자가 천자天子의 탈을 쓰고 국민과 국가 위에 군림을 하게 된다. 국민과 국가의 행복은 전혀 돌보지도 않은 채, 무서운 공포정치와 수많은 살육과 약탈의 나날로 자기 자신의 이익을 채우기에 여념이 없었던 것이다. "천하의 모든 것이 다 내 것인데, 그 따위 사소한 재물을 왜 내가 탐을 내겠는가"라는 깨달음도 없었고, "모든 국민이 다같이 행복하면 그것이 곧 나의 행복이다"라는 어진 임금으로서의 깨달음도 없었다. 어진 임금의 길은 그렇게 가깝고 쉬울 수도 있지만, 그러나 대부분의 군주들은 등잔 밑이 어둡듯이, 앞 보는 장님들에 지나지 않았다.

임금, 즉, 절대권력자의 길—우리 정치인들의 길—은 첫 번째로 무보수 명예직(봉사)의 길이고, 두 번째는 평화시에는 덕으로 다스리는 것이고, 그리고 마지막으로 세 번째는 사회적 위기시에는 절대권력자로서의 그 물리적 강제력을 행사하는 것이다. 사리사욕에 눈이 멀면 사회적 재화와 수많은 권력의 분배가 제대로 이루어지지 않게 되고, 그 반대급부로서 그의 절대권력에 균열이 생기게 된다. 평화의 시기에는 가능하면 모든 사람의 말과 그 주장을 다 들어주되, 가장 어렵고 힘든 일들을 자기 스스로 도맡아함으로써 국민들 스스로가 자발적인 충성을 맹세하게 하지 않으면 안 되고, 사회적 위기시에는 그 위기의 원인을 진단하고 그 위기를 수습하기 위해서는 전광석화처럼 그 모든 반대파들을 다 때려잡지 않으면 안 된다. 절대권력자의 존재론적 근거는 도덕철학이며, 그 다음에는 '대덕大德의 철학'과 '무인武人의 철학'이라고 하지 않을 수가 없다.

그 옛날 봉건주의 시대나 현대 민주주의 시대에도 권력의 본질과 그 속성은 전혀 변한 것이 없다. 권력은 수많은 재화와 다양한 권력(자리)을 배분하는 자리이며, 모든 욕망들이 집중되어 있는 싸움의 장소라고 하지 않을 수가 없다. 권력은 영양만점의 산해진미이면서도 가장 부패하기 쉽고, 또한 권력은 천지창조의 명검과도 같으면서도 제멋대로 함부로 살생을 하기가 쉽다. 이 권력싸움에서 소외된 자들, 너무나도 뛰어난 두뇌와 지식을 가지고 있으면서도 명예를 얻지 못한 자들, 임전무퇴의 정신으로 조국을 위해 싸웠지만 상처뿐인 영광만을 가졌던 자들, 근면과 성실함의 대가로 부를 축적했지만, 그것을 너무나도 억울하게 **빼앗겼던** 자들, 애초부터 입신출세의 길과 먹고 사는 길이 막혀있었던 최하의 천민들—. 이 병든 자들은 그 어떠한 사나운 야수보다도 더 무섭고, 따라서, 이 병든 자들을 소수의 예외자들로 묶어두거나 퇴치하지 않으면 그의 절대권력은 더 이상 버텨낼 수가 없다.

병든 자들은 인간의 가장 큰 위험물이다. 악인도 맹수도 인간의 가장 큰 위험물은 아닌 것이다.

프리드리히 니체의 가치관은 철두철미하게 귀족의 가치관에 그 초점이 맞추어져 있고, 따라서 이 글은 사회적 천민을 옹호하고 선동하는 금욕주의적 성직자, 즉, 오늘날의 기독교의 사제들에게 그 비판의 칼날을 겨눈 것이라고 할 수가 있다.

병든 자들은 결코

　병든 자들은 결코 건강한 자들이 할 수 있는 것, 그들만이 해야 할 것을 할 수 있는 능력이나 의무를 지니고 있지 못하다. 그러나 만약 병든 자들이 건강한 자만이 해야 할 것을 할 수 있다면, 어떻게 병든 자들이 동시에 병든 자들의 의사요, 위안자요, 구원자의 역할을 할 수 있다는 말인가?
　— 니체, 『도덕의 계보』에서

귀족계급, 즉, 건강한 자들은 그 모든 것을 다 가졌기 때문에, '우리는 진실한 사람'이라고 자기 스스로를 찬양할 수가 있지만, 천민계급, 즉, 병든 자들은 그 어느 것도 가진 것이 없기 때문에, '너는 나쁘다'라고, 무조건 귀족계급의 가치관을 물어뜯고 부정하게 된다. '귀족 대 천민', '부자 대 가난한 자'의 대립관계를 불변의 항수로 상정하고, '귀족계급은 무조건 다 옳고 사회적 천민계급은 다 나쁘다'라는 식의 니체의 특권의식은 그만큼 시대착오적이고 사적인 편견과 이기주의의 소산이라고도 할 수가 있을 것이다.

　하지만, 그러나 이 사회는 무리를 짓는 계급사회이고, 또 이 계급의 간격은 절대로 사라지지 않는다는 사실을 인정한다면, 니체의 사회적 천민, 즉, 성직자 계급에 대한 비판은 너무나도 타당하고 오늘날까지도 그 생명력을 잃지 않는 비판이라고 할 수가 있다. 이 세상에서 가장 어려운 것이 타인을 감동시키는 일이라면, 니체의 글은 좀 더 과장해서 말한다면 만인의 심금을 사로잡고 있는 것이다. 오늘날 주권재민의 민주주의 사회에서도 그 사회를 움직여 가는 것은 소수의 예외자들, 즉, 소수의 귀족들과 그 천재들이라고 할 수가 있다. 국가의 미래의 목표를 설정하고 그 정책을 제시하는 것도 그렇고, 새로운 천체와 영토를 발견하고 그것을 지상낙원으로 만드는 것도 그렇다. 새로운 농법으로 풍요로운 양식을 가져다가 주는 것도 그렇고, 시 공간을 초월하여 달나라와 별나라를 여행하게 해주는 것도 그렇다. 모든 벌들이 여왕벌을 떠나서 살 수가 없듯이, 모든 사회적 동물들은 그 대장을 떠나서 살 수가 없다.

 이 서열사회, 즉, 이 계급사회 자체를 '만인평등과 부의 공정한 분배'라는 공산주의의 가치관으로 무조건 물어뜯고 부정하는 성직자들의 가치관을 니체는 도저히 참고 견딜 수가 없었던 것이다. 천민들, 즉, 금욕주의적 성직자들은 결코 귀족들이 할 수 있는 것, 그들만이 해야 할 것을 할 수 있는 능력이나 그 사명감을 갖고 있지 못한 것이다. 그러나 만약 천민들이 귀족들만이 할 수 있는 일을 할 수 있다면, 그들은 이미 귀족이 된 것이지, 사회적 천민들이 아닌 것이다.

  그러나 만약 병든 자들이 건강한 자만이 해야 할 것을 할 수 있다면, 어떻게 병든 자들이 동시에 병든 자들의 의사요, 위안자요, 구원자의 역할을 할 수 있다는 말인가?

 니체의 말에 따르면, 사회적 천민들, 즉, 병든 자들의 의사요, 위안자요, 구원자의 역할은 소수의 예외자들, 즉, 우리와도 같은 진실한 사람들 뿐이었던 것이다. 노예의 도덕이 '효용성의 도덕'이라면, 주인의 도덕은 '자기 찬미의 도덕'이라고 할 수가 있다. 노예가 집 지키는 개처럼 으르렁대고 물어뜯으려고 한다면, 주인은 모든 살코기는 다 발라낸 개뼉다귀를 던져주며, 스스로, 자발적으로 주인의 어진 인품과 그 미덕을 찬양하게 만든다.

금욕주의적 성직자

우리는 금욕주의적 성직자를 예정된 구원자, 목자, 그리고 병든 무리의 옹호자로 간주해야만 한다. 그럼으로써만이 우리는 그의 거대한 역사적인 사명을 이해할 수 있다. 고통에 대한 지배가 그의 왕국이며, 그것은 그의 본능이 그에게 지령을 내리는 곳이며, 여기서 그는 그의 특이한 기교, 그의 지배력, 그 나름의 행복을 소유하게 된다. 그는 그 자신이 병들어 있어야만 하고, 병자들과 깊은 관계를 맺어야만 한다. ―그렇지 않고서 어찌 그들이 서로가 서로를 이해할 수 있을까?―

그러나 그는 또한 병든 자들이 신임하면서 두려워할 수 있도록, 그들의 후원자, 저항력, 버팀목, 강제, 임무수행자, 독재자, 신이 될 수 있도록, 그의 완전한 권력의 의지를 지니고 강인하여야 하며, 타인보다도 자기 자신에 대한 지배자가 되어야만 한다. 그는 그의 무리들을 지켜야 한다. ―누구에 대항해서인가? 물론 건강한 사람들에 대항해서이며, 또한 건강한 사람들의 질투에 대항해서이다. 그는 틀림없이 모든 무례하고, 격렬하고, 억제할 수 없는, 고된 난폭한 맹수와 같은 건강과 힘에 대한 타고난 적이며 경멸자이다.

― 니체, 『도덕의 계보』에서

유태교는 구약을 믿는 사람들의 집단을 말하고, 기독교는 신약을 믿는 사람들의 집단을 말한다. 구약의 주인공들은 아브라함, 이삭, 야곱의 예에서처럼 귀족계급의 사람들을 말하고, 신약의 주인공들은 예수, 마리아, 베드로의 예에서처럼 천민계급의 사람들을 말한다. 구약의 시대는 유태민족에게 전권을 맡긴 시대이고, 신약의 시대는 유태민족의 타락으로 말미암아, 예수를 통해서 신이 직접 통치를 하는 시대이다.

하지만, 그러나 유태인들은 신약을 믿기는커녕, 예수의 존재 자체를 인정하지를 않는다. 이 신약과 구약을 하나로 묶어 기독교의 경전(성경)으로 만든 것은 너무나도 파렴치하고 뻔뻔스러운 만행에 지나지 않지만, 거기에는 다 그럴만한 까닭이 있다. 왜냐하면 예수라는 인물 자체가 시대의 반항아이자 아버지(신) 살해자에 불과했기 때문이다. 왜, 하나님은 전지전능한 신으로서 요셉의 아내인 마리아의 뱃속에다가 자기 자신의 씨앗을 심었던 것이고, 왜, 하나님은 귀족이 아닌 최하천민에게 그의 아들인 예수를 잉태하게 했던 것일까? 왜, 예수는 이스라엘의 왕이면서도 궁전이 아닌 마굿간에서 태어났던 것이고, 왜, 예수는 그의 의붓 아버지인 요셉을 따라 목수일을 했던 것일까? 왜, 예수는 물위를 걷고 수많은 기적들을 연출해 낼 수 있는 능력을 지녔으면서도 로마총독에게 붙잡혀서 죽었던 것이며, 왜, 예수는 그의 부활이 약속되어 있었으면서도 "오 하나님, 오 하나님, 어찌하여 나를 버리시나이까(엘리 엘리 라마 사박다니)"라고 하나님을 원망하고 죽어갔던 것일까?

예수라는 존재는 한 마디로 말해서 가공의 존재에 지나지 않으며, 수많은 신화창조자들이 미화하고 성화시킨 존재에 지나지 않는다. 그는 마리아가 혼외정사로 낳은 사생아이며, 그의 의붓 아버지인 요셉에게 개 같은 학대를 받고 자라났다고 해도 과언이 아니다. 따라서 그는 그의 출신성분 자체가 귀족계급의 모든 가치관을 물어뜯을 수밖에 없었던 시대의 반항아이자 아버지 살해자일 수밖에 없었던 것이다. 아버지 하나님과 자기 자신을 동일시한 것, 즉, '성부, 성자, 성령'이라는 삼위일체 사상 자체가 유일신인 아버지 하나님의 목을 비틀어버린 것이 되고, 그 결과, 오늘날의 기독교인들은 구약의 하나님보다 신약의 예수를 더 받들어 모시게 된 것이다. '부유한 자, 힘 있는 자, 지배하는 자는 사악하고 천당 못 가고, 가난한 자, 힘없는 자, 지배당하는 자는 착하고 천당간다'라는 이 만인평등사상으로 민중들의 반란을 기도했던 것이며, 그 결과, 자칭 이스라엘 왕이라는 반란자로서 십자가에 못박혀 죽어갈 수밖에 없었던 것이다. 이 '하나님 대 예수의 싸움', '귀족 대 천민의 싸움'에서 과연 어느 누가 최종적인 승리를 차지했단 말인가? 언제, 어느 때나 귀족계급은 소수였고, 천민계급은 다수였다. 늘, 항상 귀족들의 개 같은 학대에 시달리며, 인간 이하의 짐승의 삶을 살아야만 했던 최하 천민들에게는 예수의 복음은 가뭄 끝의 단비와도 같았고, 이윽고, 마침내, 만인평등과 민주주의 사상으로 무장한 천민의 시대가 도래하게 되었던 것이다.

 구약의 아버지 하나님이 그 종적을 감추고 예수가 전면적으로 등극을 했고, 이 사생아이자 떠돌이 미치광이에 불과했던 예수가 전면적으로 등극을 하게 된 뒤에는 수많은 금욕주의적 성직자들이 예수를 조종하고 지배를 하고 있었다고 해도 과언이 아니다. 진정한 예수는 수많은 금욕주의적 성직자들이었으며, 그들이 예수를 "예정된 구원자, 목자, 병든 무리의 옹호자로" 분장시키고, 언제, 어느 때나 귀족계급들과의 사생결단식의 전투체제를 갖추게 되었던 것이다. 금욕주의적 성직자가 금욕주의적 성직자로 존재하기 위해서는 첫 번째로는 전지전능한 신, 즉, 그들의 꼭두각시에 불과한 예수가 존재하지 않으면 안 되었고, 두 번째로는 언제, 어느 때나 사악하고 천당 못가는 구약 속의 귀족계급과도 같은 인물들이 있지 않으면 안 되었고, 그리고 마지막으로 세 번째로는 언제, 어느 때나 그 귀족들의 개같은 학대에 신음을 하고 있는 최하천민들이 있지 않으면 안 되었다.

그러나 그는 또한 병든 자들이 신임하면서 두려워할 수 있도록, 그들의 후원자, 저항력, 버팀목, 강제, 임무수행자, 독재자, 신이 될 수 있도록, 그의 완전한 권력의 의지를 지니고 강인하여야 하며, 타인보다도 자기 자신에 대한 지배자가 되어야만 한다. 그는 그의 무리들을 지켜야 한다. ―누구에 대항해서인가? 물론 건강한 사람들에 대항해서이며, 또한 건강한 사람들의 질투에 대항해서이다. 그는 틀림없이 모든 무례하고, 격렬하고, 억제할 수 없는, 고된 난폭한 맹수와 같은 건강과 힘에 대한 타고난 적이며 경멸자이다.

예수는 금욕주의적 성직자들의 꼭두각시이자 희생양에 지나지 않으며, 이 예수는 너무나도 가련하다 못해 하루바삐 지옥으로 죽어가는 것이 더 나을지도 모르는 최하천민 중의 천민에 지나지 않는다. 동정녀 마리아가 간통으로 낳은 예수도 우리 금욕주의적 성직자들이고, 의붓 아버지인 요셉을 따라서 목수일을 한 것도 우리 금욕주의적 성직자들이다. 물위를 걷고 모든 병든 자들을 치료해준 것도 우리 금욕주의적 성직자들이고, 오병이어五餠二魚의 기적을 연출해낸 것도 우리 금욕주의적 성직자들이다. 가롯 유다가 밀고를 하고 베드로가 배신을 하게 만든 것도 우리 금욕주의적 성직자들이고, 십자가에 못 박힌 지 사흘만에 부활을 하고도 그 모습을 감추게 한 것도 우리 금욕주의적 성직자들이다. 이성의 간계는 끝이 없고, 우리 금욕주의적 성직자들의 대사기극은 가장 찬란하고 화려하며, 그 암적인 종양과도 같다. 가난한 자, 힘 없는 자, 지배당하는 자는 이중-삼중의 착취를 당하며, 우리 금욕주의적 성직자들의 꼭두각시에 불과한 예수를 자기 자신의 구세주를 받들어 모시고, 자기 자신의 영혼과 생명과 재산까지도 다 빼앗긴 채 살아가지 않으면 안 된다. 우리 이 병자들, 우리 이 사회적 천민들의 믿음은 광기가 되고, 이 광기는 내세의 천국과 영혼불멸이라는 반과학적인 맹목으로 이어지게 된다. 모든 기독교인들은 예수가 없으면 하루도 살지 못하는 정신병자가 되었고, 예수가 다만, 신화창조자들의 상징적 존재이자 그 부재가 드러난 오늘날에도 그 예수가 도래할 날만을 학수고대하는 정신병자가 되었다.

오늘날의 교회는 거대한 정신병원이자 미치광이 사육장에 지나지 않으며, 우리 금욕주의적 성직자들은 이 미치광이 사육장을 통해서 돈과 명예와 권력 등, 그 모든 것을 다 얻어내고 있다고 하지 않을 수가 없다. 대통령도, 국무총리도 이 미치광이 사육장 출신이고, 국회의장도, 대법원장도 이 미치광이 사육장 출신이다. 검찰총장도, 육군참모총장도 이 미치광이 사육장 출신이고, 감사원장도, 국정원장도 이 미치광이 사육장 출신이다. 모든 기독교인들은 미치광이 사육장의 동물들에 지나지 않으며, 아버지 하나님도, 예수도 믿지 않는 우리 금욕주의적 성직자들은 오늘도 너무나도 기쁘고 흥에 겨운 나머지, 자기 자신들의 이성의 간계와 그 교활함에 대하여 이렇게 예찬을 하고 있는 것인지도 모른다.

참으로 어리석은 미치광이들이야! 요즈음 세상에 하나님 아버지가 어디 있고, 예수가 어디 있어? 영혼 같은 것은 화장쟁이에게 가져다 주고, 이 미치광이들의 대갈통에다가 좆대가리를 바싹 세우고 오줌이나 갈겨 주자구! 아버지 하나님과 우리의 구세주 예수님의 은총이 가뭄 끝의 단비처럼 쏟아지는구나! 자아, 회개하고, 또 회개하라! 모든 재산은 돌멩이와도 같으니, 다 이 예수님의 성전으로 가져오너라! 오, 주여, 아멘!

모든 기독교인들의 국적을 박탈하고, 하루바삐 그들의 조국인 이스라엘로 추방을 하지 않으면 안 된다. 그들은 자기 자신의 민족시조인 단군도 부정을 하고, 대한민국의 오천 년의 역사와 전통마저도 부정을 한다. 그들에게 대한민국은 밥벌이 하기 좋은 곳—즉, 무한한 젖과 꿀이 샘솟아 나오는 수탈의 대상일 뿐인 곳이다. 그들의 조상은 예수이고, 그들이 죽어 돌아갈 곳은 요단강 너머 이스라엘이다.

성직자는 증오하기보다는

성직자는 증오하기보다는 기꺼이 경멸하는 더 더욱 미묘한 동물의 첫 번째 형태이다. 두말할 필요도 없이, 그는 맹수와의 전쟁을 면할 수 없을 것이다. 힘의 싸움이라기보다는 교활한 정신의 싸움을 회피할 수 없다.
― 니체, 『도덕의 계보』에서

앎은 무기 중의 최고의 무기이며, 이 무기의 생산에는 그토록 어렵고 힘든 지옥훈련과정을 거치지 않으면 안 된다. 첫 걸음을 하고 말을 습득하며, 가정교육과 유치원 교육까지, 유치원을 졸업하고 초, 중, 고등학교를 거쳐 대학을 졸업하고 대학교수가 되기까지, 대학교수가 되어 최고급의 천재들을 가르치며 사상과 이론을 정립하기까지, 그 어렵고 힘든 지옥훈련의 과정은 결코 끝나는 법이 없다.

조금 아는 자와 많이 아는 자가 싸우면 많이 아는 자가 이긴다. 많이 아는 자와 더 많이 아는 자가 싸우면 더 많이 아는 자가 이긴다. 더 많이 아는 자와 사상과 이론을 정립한 자가 싸우면 사상과 이론을 정립한 자가 이긴다. 앎은 백전백승을 하고, 모름은 백전백패를 한다. 오늘도 앎이 모름의 돈과 명예와 생존의 권리와 그 인권까지도 다 빼앗고, 앎이 모름을 자기 자신의 친구처럼, 아내처럼, 아버지처럼, 스승처럼 대접을 하면서도 그 모든 천역들을 자유자재로 다 시킨다. 언제, 어느 때나 스승과 아버지처럼 정중하게 모시면서도 그들을 충복으로 만들고, 언제, 어느 때나 그의 친구들과 아내들을 개같이 학대를 하면서도 스스로, 자발서으로 충성을 맹세하게 만든다.

앎과 모름이 싸울 때도 있지만, 그것은 대부분이 예외적인 경우에 해당되고, 대부분이 앎과 모름의 싸움에서 앎이 싸우지 않고 이긴다. 언제, 어느 때나 모름은 백기투항을 하고 예수와 부처 앞에서처럼, 그 모든 존경을 다 가져다가 바친다. 인간 중의 인간, 즉, 최고급의 사상가와 최고급의 검객이 칼싸움을 하면 최고급의 검객이 이긴다. 하지만, 그러나 대부분의 경우는 그 싸움이 이루어지기도 전에 최고급의 검객이 자기 스스로 무장을 해제하고, 자기 스스로 자발적으로 충성을 맹세하게 된다.

증오의 대상은 자기 자신보다 신분이 높은 자에 해당되고, 경멸의 대상은 자기 자신보다 신분이 낮은 자에 해당된다. 왕은 귀족을 경멸하고, 귀족은 왕을 증오한다. 귀족은 천민을 경멸하고, 천민은 귀족을 증오한다. 많이 아는 자는 무식한 자를 경멸하고, 무식한 자는 많이 아는 자를 증오한다.

성직자는 많이 아는 자이며, 그는 모든 욕망을 다 절제하며 최고급의 인식의 전쟁을 수행하게 된다. 종교의 이념이 무엇이고, 어떻게 그 이념으로 포장된 신앞에 그 신도들을 복종시킬 것이며, 자기 자신들의 물질적 욕망을 충족시켜줄 신도들을 어떻게 조직하고 다

룰 것인가가 우리 성직자들의 아주 중요한 과제였던 것이다. 모든 종교는 사상과 이념을 그 목적으로 갖고 있으며, 그 사상과 이념으로 포장된 신에 대한 예배의식과, 그리고 그 신도들의 충성을 뜻하는 조직의 형태(신도들의 조직)로 그 종교들의 뼈대를 세우게 된다.

모든 신도들은 성직자의 노리개감이자 꼭두각시에 지나지 않는다. 신들은 성직자들의 연출에 따라서 흥행의 보증수표가 되고, 성직자는 그 막대한 수익과 교세를 통해서 그 모든 고관대작들을 자기 자신 앞에 굴복시킨다. 자기 자신이 자기 자신을 신(예수)으로 분장시키고, 그의 가면무도회는 그처럼 대사기극을 연출해낸다. 모든 욕망의 절제, 즉, 금욕주의는 그의 출세의 보증수표가 되고, 성직자들은 그의 신도들을 바라보며 그의 얼굴에 가득찬 웃음을 띠게된다.

크게 웃는 자는 경멸할 줄 아는 자이다.

'모든 귀족들, 모든 왕들은 나의 충복이자 어릿광대에 지나지 않는다고……'

고통을 받는 자는

고통을 받는 자는 전부 고통스런 감정의 원인을 발견하는 데 무서울 정도로 열중하며 독창적이다. 그들은 의심하기를 즐기며, 불쾌한 행동과 상상의 모욕에 대해서 곰곰이 생각하는 것을 즐긴다. 그들은 그들에게 괴로운 의심 속에서 한껏 즐기며, 그들 자신을 그들이 지닌 악의가 가지고 있는 독으로써 매혹시킬 수 있는 좋은 기회를 제공해주는 모호하고 의심스러운 사건을 찾기 위해서 그들의 과거와 현재의 내장을 샅샅이 파헤친다. 그들은 그들의 아주 오래 전의 상처를 찢어서 열고, 아주 오래 전에 치유된 상처에서 피를 흘린다. 그들은 그들의 친구들이나 아내, 자식들, 그리고 그들에게 가장 가까운 사람이면 어느 누구도 악인으로 만든다. "나는 괴롭다! 누군가 이것에 대해 비난을 면치 못하리라."—모든 병든 양은 이렇게 생각한다. 그러나 그의 목자인 금욕주의적 성직자는 그에게 말한다. "그렇다, 나의 양이여! 누군가 그 사실에 대하여 책임을 져야만 한다. 그러나 너, 너 자신이 바로 그 누구에게 해당하며, 너만이 그것에 책임을 져야 한다—너만이 너 자신에 대해서 책임을 져야 하는 것이다." 이것은 뻔뻔스럽고 아주 잘못된 말이다. 그러나 적어도 하나는 이것에 의해 달성되었다. 즉 원한의 방향이 전환된 것이다.

— 니체, 『도덕의 계보』에서

모든 유기체는 쾌락을 추구하고 고통을 피하는 쾌락원칙을 쫓아서 살아간다. 좋은 일은 쾌락의 감정을 가져다가 주고 하늘을 찌를 듯한 환희에의 기쁨을 맛보게 하지만, 나쁜 일은 불쾌의 감정을 가져다가 주고 땅이 꺼지도록 한숨을 몰아쉬게 한다. 좋은 일은 선한 것이고, 나쁜 일은 악한 것이다. 나쁜 일은 불쾌한 것이고, 이 불쾌한 감정은 그 즉시 고통을 가져다가 준다.

고통이란 삶에의 의지가 장애를 만난 것을 말하는데, 이 고통의 종류는 수없이 많고, 그 유형은 이루 다 말할 수가 없을 정도이다. 현관의 문 틈에 손가락을 다친 것과도 같은 고통, 갑자기 돌부리에 걸려 넘어진 것과도 같은 고통, 때때로 사납고 험상궂은 날씨 때문에 조난을 당한 것과도 같은 고통, 자기 자신의 생명만큼 소중하게 생각했던 아내로부터 배신을 당한 것과도 같은 고통, 여러 형제들과의 유산상속 싸움에서 아버지로부터 버림을 받은 것과도 같은 고통, 피를 나눈 형제보다도 더 친했던 친구로부터 배신을 당하고 국회의원선거에서 낙선을 한 것과도 같은 고통, 아내의 광신으로 말미암아 전재산을 목사에게 다 털리고 빈털터리가 된 것과도 같은 고통, 잘 알지도 못하는 투자자의 말솜씨에 넘어가 그 모든 주식이 깡통주가 된 것과도 같은 고통, 동족상잔의 비극 속에서 아들이 아버지를 쏴 죽인 것과도 같은 고통―. 인생은 고통의 바다이며, 어쩌면 살아 있다는 것 자체가 이 고통의 바다를 건너가는 것에 지나지 않는 것인지도 모른다.

와신상담臥薪嘗膽이란 나뭇간에서 잠을 자며 쓸개를 맛본다는 것을 말하고, 권토중래捲土重來란 어떤 일의 실패를 거울 삼아 다시 일어서는 것을 말하고, 절치부심切齒腐心이란 이를 갈면서 다시 재기를 모색한다는 것을 말한다. 와신상담이나 권토중래, 권토중래나 절치부심은 그 말의 울림이나 색깔은 다르지만, 이음동의어에 가까운 사자성어四字成語라고 할 수가 있다. 그 주체자들은 모두가 다같이 크나큰 실패를 맛보고, 그 쓰디쓴 고통을 겪고 있다는 것을 말한다. 그 주체자들은 모두가 다같이 모든 신경을 곤두세우고, 수많은 갈림길과 샛길마저도 떠올려보며 지나간 일들을 복기하고, 그 고통의 원인을 찾아내기에 여념이 없었던 것이다. "나는 괴롭다! 누군가 이것에 대해 비난을 면치 못하리라."

  모든 고통의 원인을 내 탓으로 돌리는 자는 책임의식이 강한 자이고, 모든 고통의 원인을 남의 탓으로 돌리는 자는 책임의식이 전혀 없는 자를 말한다. 전자는 자기 자신에게 더없이 가혹하고 곧바로 그 고통을 극복해낼 수 있는 지도자가 될 수 있지만, 후자는 자기 자신에게 더없이 관대하고 그 모든 책임을 타인에게 전가하는 전문 사기꾼이 되기가 십상이다. 하지만, 그러나 여기서 내가 말하는 책임의식이 강한 자의 양심의 가책과 니체가 말하는 성직자의 양심의 가책은 전혀 그 뜻이 다르다고 하지 않을 수가 없다. 문화적 영웅의 양심의 가책은 고통의 원인을 묻고 고통을 극복하는데 그 초점이 맞추어져 있다면, 성직자의 양심의 가책은 두루뭉수리하게 모든 것이 내 탓이라고 말하며, 그 어떠한 대책도 세우지를 않는 것을 말한다. 왜냐하면 그의 모든 잘못은 아담과 이브의 죄, 즉, 에덴동산에서의 신성모독적인 그 죄 탓이기 때문이다. 이 원죄는 영원히 씻을 수 없는 형벌로 이어지고, 그는 이 양심의 가책의 늪에 빠져서 영원히 헤쳐나올 수가 없게 된다.

  모든 것이 내 탓이다.

  하지만, 그러나 아담과 이브의 원죄가 어떻게 내 탓이란 말인가!

고통의 완화, 모든 종류의 위로

고통의 완화, 모든 종류의 위로—이러한 점에 그의 천재성이 있다. 그가 위로를 하는 데 있어서 얼마나 창의력이 있었으며, 그 일의 수단을 선택하는 데 있어서 얼마나 대담하며 거리낌 없었던가! 특히 기독교는 위로의 아주 교묘한 수단을 지닌 하나의 커다란 보물창고라고 할 수 있으리라. 기독교는 그러한 한 무더기의 청량제나 완화제 및 마취제를 제공한다.

— 니체, 『도덕의 계보』에서

언제, 어느 때나 귀족계급(지배계급)은 소수였고, 언제, 어느 때나 천민계급(피지배계급)은 다수였다. 국민이 있고, 국가가 있으며, 그 다음에 왕(귀족계급)이 있는 것이지만, 그러나 실제 권력의 행사장에서는 왕(귀족계급)이 있고, 국가가 있으며, 그 다음에 국민이 있게 되는 경우가 대부분이었던 것이다. 따라서 모든 종교는 개같이 학대를 받고 그 고통 속에서 신음을 하고 있는 국민(천민)들을 어루만져주고 그 고통을 완화시키는 데 최선의 노력을 다해왔다고 하지 않을 수가 없다. 공수래공수거空手來空手去, 즉, 빈손으로 왔다가 빈손으로 가는 것이라는 불교의 교훈이나 가난한 자는 복이 있다라는 기독교의 교훈이 바로 그것이다.

사제의 기능에는 두 가지가 있다. 첫 번째는 사제적 기능이고, 두 번째는 예언자적 기능이다. 사제적 기능이란 그 어떠한 어려움과 고통도 다 참고 견디면 복이 온다는 위로의 말에 해당되고, 예언자적 기능이란 포악한 자, 탐욕이 많은 자, 사악하고 음탕한 자들을 몰아내지 않으면 이 세상에서의 행복한 삶이 없다라는 것을 역설하는 혁명적인 선동가의 말에 해당된다. 사제적 기능의 나쁜 예는 개같이 학대를 받고 그 고통 속에서 신음을 하고 있는 사람들의 그 사회적 원인을 따져묻지 않음으로써 모든 개혁의 가능성을 봉쇄하는 것이고, 예언자적 기능의 나쁜 예는 그 어떠한 권위와 계급적 차이와 그 질서마저도 무시함으로써 더 큰 사회적 혼란만을 가중시키는 것이다. 종교는 민중의 아편이며, 공산주의 건설에 백해무익하다고 했던 마르크스는 예언자적 기능에 충실했던 철학적 좌파에 해당되고, 기독교를 끊임없이 원한 맺힌 복수심에 가득찬 천민의 종교라고 핍박했던 니체는 철학적 우파에 해당된다. 사제적 기능은 귀족계급의 파수꾼의 역할을 담당하고, 예언자적 기능은 천민계급을 선동하는 이상주의자의 역할을 담당한다.

절대 군부독재의 화신이었던 노태우는 '보통사람'을 표방했고, 천민 자본주의의 악마였던 이명박은 '국민을 하나님같이 모시겠다'는 '섬김의 정치'를 표방했고, 부정부패의 화신이자 군부독재자의 딸인 박근혜를 추종하는 홍준표 후보는 '서민 대통령'을 표방하고 있다. 정치 이전에 언어가 타락했고, 이 언어의 타락으로 말미암아 그 주체자와 우리 국민들 모두가 지옥으로 가는 저승행 급행열차를 타게 되었다. 국민은 바다이고, 정치인은 이 바다의 물고기에 지나지 않는다. 사제는 대부분이 그 지적 자본이 충만한 귀족계급들이며, 그들의 역할은 우리 부패정치인들의 역할과도 똑같다고 하지 않을 수가 없다. 입으로만, 말로만 국민을 위로하고, 그 이면으로는 자기 자신의 잇속이나 챙기는 소인배들의 무리에 지나지 않으며, 이 사제적 기능에 충실한 위선자들이야말로 하루바삐 사형장의 이슬로 사라져 가야 할 중죄인들에 지나지 않는다.

우리 사제들의 고통의 완화와 모든 종류의 위로는 백해무익하며, 우리 국민들을 한없이 타락시키는 마약과도 똑같다.

오오, 위선자여!

오오, 이 위선자들의 가짜 천국이여!

오오, 대한민국이여!

어쩌다가 최빈국인 필리핀의 두테르테 대통령이 걱정해주는 나라가 되었느냐?

문재인, 안철수, 홍준표, 당신들이 과연 두테르테의 발바닥이나 핥아줄 존재가 되겠느냐?

택도 없다.

천하태평으로 당파싸움이나 하거라!

이 어리석고 또 어리석은 바보놈들아!!

그는 선과 악을 초월했다

불교도들은 말하기를 "선과 악이 둘다 차꼬이다. 즉 완전한 자는 이 둘을 모두 지배한다"라고 말한다. 베단타의 신봉자들은 말하기를 "행해진 것이나 행해지지 않은 것이나 그에게 고통을 주지 않는다. 현명한 사람인 그는 그로부터 선과 악을 떨쳐버린다. 어떠한 행동도 그의 왕국을 해롭게 할 수 없다. 그는 선과 악을 초월했다"라고 한다.

— 니체, 『도덕의 계보』에서

현대 자본주의 사회에서 '자유'만큼 값이 비싸고 고귀하고 위대한 상품은 없다. '자유'는 그야말로 무차별적인 상호투쟁과 문화적 무질서를 야기시키는 독약이기는 하지만, 그러나 이 가장 위험한 독약이 그 주체자의 능력에 따라서 최고급의 명약이 될 수도 있는 것이다.

최고급의 명약이면서도 독약인 자유—. 이 자유를 가장 잘 사용할 수 있는 자는 그 어느 누구보다도 선악을 넘어서 행동할 수 있는 사람이라고 할 수가 있다. 최고의 권력자, 그도 자기 자신의 행위의 결정자이자 자기 자신의 행위의 심판자이다. 최고의 부자, 그도 자기 자신의 행위의 결정자이자 자기 자신의 행위의 심판자이다. 최고의 사상가, 그도 자기 자신의 행위의 결정자이자 자기 자신의 행위의 심판자이다. 최고의 예술가, 그도 자기 자신의 행위의 결정자이자 자기 자신의 행위의 심판자이다.

그들은 모두가 다같이 최고급의 두뇌와 그 능력을 다 깆춘 비범한 존재들이고, 그들에게는 선악의 가치기준표 따위는 그 어떠한 문제도 되지를 않는다.

"선과 악이 둘다 차꼬이다."

"그는 선과 악을 초월했다."

국경도 없고, 도덕도 없다. 종교도 없고, 인종차별도 없다.

자유다. 나는 자유로운 존재이고, 나는 나의 두 발에 달개를 달았다.

그리스도교의 발단

그대들이 로마 사회에서 그리스도교의 발단을 찾아본다면, 사회의 하류계층에서부터 발달된 상호 원조의 결합, 가난한 자의 결합, 매장을 위한 결합을 발견할 것이다. 거기에서 의기소침에 대한 이러한 주요한 치유책인, 상호 도움에서 발생된 조그마한 기쁨이 의식적으로 사용되었다. 아마도 이것이 그 시대에는 새로운 것, 하나의 진정한 발견이 아니었겠는가? 이렇게 하여 일어나기 시작한 상호원조의 의지, 무리를 형성하려는 의지, 공동체에의 의지, 집회의 의지가 비록 미미한 정도일지라도 그것이 불러일으켰던 권력에의 의지를 신선하고 가장 근본적인 폭발을 유도하게끔 한 것이다. 즉 무리를 형성한다는 것은 의기소침에 대한 투쟁에 있어서 하나의 중요한 승리이며 진보인 것이다.

— 니체, 『도덕의 계보』에서

오늘날은 과학의 시대이고, 과학의 시대에는 더 이상의 전지전능한 신이 존재하지를 않는다. 스마트폰, 컴퓨터, 자동차, 비행기, 인공위성, 원자폭탄, 대량살상무기, 줄기세포, 이종교배, 인공지능 등은 신이 존재하지 않는다는 전제 아래서 탄생했고, 그 결과, 모든 신화와 종교들이 미개사회의 유물처럼 그 영향력을 상실했다고 하지 않을 수가 없다. 신은 죽었다. 아니 신은 죽지도 않았고, 애초부터 존재하지도 않았다. 서양의 모든 교회들은 다 망했고, 그 결과, 사제가 최하천민이 되었다.

하지만, 그러나, 오히려, 거꾸로, 서양인들이 식민지 정책의 일환으로 전파한 제3세계에서는 아직도 여전히 교회가 성업중이었고, 사제가 최고급의 지식인으로서 그 막강한 권력을 행사하고 있다고 하지 않을 수가 없다. 서구의 식민주의자들에게 있어서 그 무엇보다도 가장 중요하고 절실했던 것은 천연자원의 확보와 상품판매시장의 확보, 그리고 제3세계의 값싼 노동력이었다고 하지 않을 수가 없다. 이처럼 너무나도 뻔뻔스럽고 파렴치한 식민정책의 일환으로 기독교를 전파하기 시작했던 것이고, 서구의 제국주의자들은 이러한 식민지적 음모를 은폐한 채, 모두가 다같이 잘 살 수 있는 내세의 천국으로 인도하겠다는 '사랑의 복음'을 전파하기 시작했던 것이다. 식민주의(제국주의)는 민족주의이고, 민족주의는 식민주의이다. 따라서 기독교가 침투해 들어간 곳은 '기독교 대 전통종교'의 싸움이 극에 달했고, 이 싸움의 결과는 총과 칼을 앞세운 기독교의 일방적인 승리로 끝이나고 말았던 것이다. 전통종교는 급격하게 몰락과 쇠퇴의 길을 걸어갈 수밖에 없었고, 식민주의자들의 민족주의에 반하여, 제3세계의 민족주의는 더 이상 그 정체성을 회복할 수 없을 정도로 치명적인 타격을 입고 말았던 것이다. 요컨대 기독교가 침투해 들어간 곳은 그 어느 곳이든지간에, 민족주의자(전통종교)와 세계시민주의자(기독교)의 싸움으로 끊임없는 내란과 내전의 소용돌이 속으로 빨려들어가고 말았던 것이다.

제3세계에서의 사제는 민족의 반역자이자 서구의 식민주의자들의 앞잡이에 지나지 않았고, 이 사제들은 그들의 출신성분과 사회적 위치로 말미암아, 자기가 자기 스스로의 전통과 역사를 부정하는 민족의 반역자 노릇을 할 수밖에 없었다. 제3세계에서의 사제는 서구 식민주의자들의 끊임없는 침략과 약탈을 더욱더 열광적으로 지원해주는 앞잡이이자, 동족상잔의 비극을 연출해내는 악마에 지나지 않았던 것이다.

하지만, 그러나, 그러함에도 불구하고, 제3세계에서의 이 사제들의 절대적인 권력과 더욱더 열광적인 신도들의 증가는 그 무엇을 뜻하고 있다는 말인가? 첫 번째로는 그 사제들에게 모든 권한을 밀어주는 서구의 식민주의자들의 힘이 있었기 때문이고, 두 번째로는 이미 어렵고 힘든 삶에 지칠대로 지친 원주민들에게는 '가난한 자의 복음'을 전파하는 그 사탕발림의 기독교적 이념 때문이었다. 이제 기독교도가 된다는 것은 출세의 보증수표가 되었고, 그 복음의 말씀은 동족상잔의 비극마저도 마다하지 않는 민족의 반역자의 길을 활짝 열어주게 되었다.

너무나도 완벽한 침략, 너무나도 완벽한 약탈, 너무나도 완벽한 민족주의 해체—. 인류의 역사 이래, 도저히 이룰 수 없었고, 불가능해 보였던 기적적인 일들을 서구의 제국주의자들은 기독교를 통해서 순식간에 해치우게 되었던 것이다. 기독교는 독약 중의 독약이면서도 그 중독성이 강한 아편이라고 하지 않을 수가 없다. 오늘날은 식민지 본국인들, 즉, 기독교를 전파해준 서양인들조차도 믿지 않는 기독교를 서양인들보다도 더욱더 열광적으로 믿으며, "예수를 위해서 살고, 예수를 위해서 죽겠다"라고, 더욱더 열광적인 순교자가 되어가고 있는 것이다.

제3세계인들에게 있어서 기독교는 입신출세의 보증수표—그것이 민족의 반역자의 길인지도 모르고—이자 내세의 천국으로 가는 구원의 말씀이 되었다. 우리 대한민국은 전세계에서 가장 열광적인 기독교 국가가 되었고, 기독교인이 아니면 어느 누구도 대통령이 될 수 없을 정도가 되었다. 남쪽의 형제가 북쪽의 형제에게 총부리를 들이대고, 북쪽의 형제가 남쪽의 형제에게 총부리를 들이댄다. 아들이 수구파인 아버지에게 총부리를 들이대고, 아버지가 개혁파인 아들에게 총부리를 들이댄다. '이이제이以夷制夷 전법'은 '오랑캐로 하여금 오랑캐를 치게 하라'는 것을 뜻하지만, 그것을 다른 말로 설명해본다면, '동족으로 하여금 동족을 치게 하라'는 제국주의자들의 식민전략이라고 할 수가 있는 것이다. 이 '이이제이以夷制夷 전법'으로 인하여, 예수가 민족시조인 단군의 목을 비틀고, 우리 대한민국의 민족시조로 등극했으며, 그 결과, 사시사철 아름답고 풍요로운 삼천리 금수강산은 이스라엘 사막이 되었던 것이다. "상호원조의 결합, 가난한 자의 결합, 매장을 위한 결합"은 말할 것도 없고, 대한민국을 이스라엘 사막으로 초토화시키려는 공동체의 의지, 즉, 기독교 국가로의 건국에의 의지가 그 꽃을 피우고 있다고 하지 않을 수가 없다.

노무현 정부의 무능이 이명박 장로의 부패를 낳았고, 최태민 목사의 정부情婦인 박근혜의 부패가 독실한 가톨릭 신자인 문재인 정부의 무능으로 이어지게 되었다. 요컨대 민족시조인 단군의 목을 비틀고, 오천년의 역사와 전통을 파괴한 대가로 망국의 초고속 열차를 타게 되었던 것이다.

무능과 부패, 부패와 무능의 너무나도 아름답고 환상적인 결합—.

아아, 여기는 지옥—이민족의 신인 예수에게 그 민족혼을 남김없이 빨아먹힌—!

아아, 여기는 모든 국민들이 동족상잔의 비극으로도 더없이 아름답고 행복한 삶을 살고 있는 지옥!

금욕주의적 성직자는

    금욕주의적 성직자는 이러한 본능을 신성시하고 이것을 더욱 심화시킨다. 무리가 존재하는 곳이면 어느 곳에서든지, 그 무리를 이루고자 한 것은 바로 나약함의 본능이며, 그것을 조직한 것은 바로 성직자들의 사려분별인 것이다. 왜냐하면 그대들은 이 사실을 간과해서는 안 된다. 즉 강한 자는 약한 자들이 모이려고 하는 것처럼, 서로 흩어지려고 하는 경향이 있다. 만약 전자가 함께 결합한다면, 그것은 그들이 권력의지의 공격적인 집단행위나 집단적인 만족을 목표로 하고서만이 행해지며, 따라서 개개인의 양심으로부터 상당한 저항을 수반하게 된다. 그 반대로 후자는 틀림없이 이러한 결합을 향유한다. 그들의 본능은, 타고난 주인의 본능(말하자면 고독하고 맹수와 같은 인간종족)이 조직에 의해서 근본적으로 노하게 되고 동요하게 되는 것처럼, 이것에 의해서 그 이상으로 만족하게 된다.

  — 니체, 『도덕의 계보』에서

부자와 가난한 자는 함께 살 수 없다는 말도 있지만, 그러나 부자와 가난한 자가 어쩔 수 없이 손을 맞잡고 함께 일을 해야 할 때가 있다. 첫 번째는 국가의 건설과 공동체 사회의 아주 중요한 국책사업을 시행해야 할 때이고, 두 번째는 어떤 천재지변을 당했을 때나 회사를 창업할 때라고 할 수가 있다. 이민족의 압제에서 해방되었거나 새로운 대통령을 뽑아야 할 때에도 그렇고, 가뭄과 홍수의 피해를 당했거나 노사가 한마음-한몸처럼 상호협력해야 할 때에도 그렇다. 부자와 가난한 자가 손을 맞잡고 일을 해야 할 때에는 그 일의 성격이 공적인 성격을 띠고 있을 때 뿐이고, 사적인 성격을 띠고 있을 때에는 부자와 가난한 자는 그들의 생활습관과 지적 수준의 차이 탓으로 물과 기름의 관계처럼 서로 섞여들 수가 없게 된다.

부자는 강한 자이고, 강한 자는 타인의 존재 자체를 좀처럼 인정하려고 하지를 않는다. 그는 자기 스스로 어떤 사건과 사물에 이름을 부여하고, 또한, 자기 스스로 자기 자신의 행위를 결정하고 심판하는 자기 자신만의 법정을 갖고 살아간다. 나는 나이며, 나는 명령할 권리와 함께, 타인의 운명을 손아귀에 넣을 힘이 있다고 생각한다. 부유한 자, 즉, 강한 자는 대단히 자존심이 강하고 자기 자신의 권위에 도취해 있기 때문에, 평상시에는 그들 스스로가 결코 어울리려고 하지를 않는다. 부자와 부자들이 서로 얼굴을 맞대고 회동할 때에는 가령, 예컨대 대규모적인 국책사업을 함께 수주하거나 그들의 생존의 근거를 위협하는 노동운동을 제압할 필요성이 있을 때뿐이라고 할 수가 있다. 이에 반하여, 가난한 자는 약한 자이고, 그들은 좀처럼 홀로서기를 할 수가 없다. 어떤 사건과 사물에 이름을 부여할 능력도 없고, 자기 자신의 행위를 결정하고 심판할 수 있는 자기 자신만의 법정도 갖고 있지 못하다. 뭉치면 살고 흩어지면 죽는다. 이 가축떼와도 같은 군축본능으로 만인평등을 부르짖으며, 끊임없이 이타성과 도덕성만을 강조하게 된다. 부자도 사악한 자이며, 권력을 가진 자도 사악한 자이고, 명예로운 자도 나쁜 자이다. 그들은 끊임없이 지배계급의 가치관을 물어뜯으며 비판하고, 이 원힌맺힌 저주감정으로 만인평등과 공정한 부의 분배를 요구하게 된다.

무리를 짓는 본능은 나약함의 본능이며, 그들의 생사의 운명을 결정짓는 본능이다. 이러한 어린 양들, 즉, 사회적 약자들의 존재론적 근거와 그 심리를 파고든 것이 금욕주의적 성직자들이며, 이 어린 양들은 금욕주의적 성직자들의 출세의 보증수표가 된다. 이 어린 양들을 위해서 살고, 그들의 행복을 위해서 순교를 하겠다는 성직자들의 가장 거룩하고 숭고한 희생정신은 어느새, 그들의 구세주, 즉 예수가 되어서, 그 어린 양들을 자기 자신의 마음대로 끌고 다니게 된다. 어린 양들은 언제, 어느 때나 이중-삼중적인 착취를 당하고, 금욕주의적 성직자는 어느 대형교회의 성직자처럼 대통령의 목숨마저도 손바닥에 놓고 좌지우지하게 된다.

우리 선량한 사람들은

오늘날 우리 교육을 받은 사람들은, 우리 '선량한 사람들'은 거짓말을 하지 않는다. 그것은 사실 옳은 말이다. 그러나 그것이 그들의 영예는 아니리라! 진정한 거짓말, 진실되고 단호한 '정직한' 거짓말(그것의 가치에 관해서는 플라톤을 참조하라)은 그들에게 가혹하고 강력한 것이니라. 그것은 그들에게, 그대들이 그들에게 요구하지 않은 것을, 그들이 그들 자신을 두 눈을 뜨고 볼 것을, 그리고 그들이 그들 내부의 '참된 것'과 '거짓된 것'을 구별하는 방법을 알도록 요구할 것이다. 그들이 할 수 있는 모든 것은 부정직한 거짓말이다. 오늘날 그 자신을 '선량한 사람'으로 생각히는 자는 누구나가 전적으로 부정직한 거짓말을 제외하고는 어떤 문제도 직면할 수 없다.

— 니체, 『도덕의 계보』에서

선과 악의 구분은 어떤 일시적인 가치판단을 위한 것이지, 그 어떤 절대적인 것이 아니다. 이 세상에서 절대적인 것, 즉, 참된 진리는 있을 수가 없듯이, 선과 악도 있을 수가 없다. 선과 악이 없다면 진실과 거짓도 없다. 진실이 시대착오적인 고정관념으로 고착될 때도 있고, 거짓이 동시대를 초월한 진실이 될 수도 있다. 대가족 제도의 가치기준표는 그 옛날에는 진실의 탈을 쓰고 있었지만, 오늘날에는 시대착오적인 탈을 쓰고 있을 뿐이다. 핵가족 제도는 그 옛날에 거짓의 탈을 쓰고 있었지만, 오늘날에는 진실의 탈을 쓰고 있을 뿐이다. 진실과 거짓은 야누스의 두 얼굴과도 같고, 그들은 영원한 일심동체와도 같다.

"우리 교육을 받은 사람들은, 우리 선량한 사람들은 거짓말을 하지 않는다"는 말은 반쯤은 맞고, 반쯤은 틀린다. 지혜는 진실이 될 수도 있고 거짓이 될 수도 있다. 노자와 장자는 지혜를 '사기치는 기술'이라고 그토록 처절하게 헐뜯고 혐오했지만, 그러나 그들 역시도 '무위자연'이라는 지혜를 통하여 대사기극을 연출했던 것이다. 노자와 장자는 때로는 선량했고, 때로는 선량하지 않았다. 스티브 잡스와 빌 게이츠, 또는 워린 버핏과 저커버그 역시도 때로는 선량했고, 때로는 선량하지 않았다. 왜냐하면 그들의 최고급의 지식과 거대한 부는 인류의 자산임과 동시에 그 부채일 수도 있기 때문이다. 보다 더 중요한 것은 그들은 세계적인 대사기꾼들이며, 이 대사기극을 통하여 크나큰 명예와 명성을 얻고 더 잘 살고 있다는 점일 것이다.

내가 대통령이 된다면 미국의 본토를 초토화시킬 것이다.
총과 대포와 항공모함과 전투기도 필요없다.
나의 최고의 무기는 낙천주의 사상이며, 이 사상의 힘은 전세계의 모든 핵무기보다도 더욱더 강력하고 그 힘이 세다.
주한미군은 자동적으로 무장해제하고 백기투항을 하게 될 것이다.

소크라테스도, 플라톤도 소인배에 불과하고, 알렉산더 대왕도, 나폴레옹 황제도 소인배에 불과하다.
 자, 우리 한국인들이여, 나를 따르라!
 전인류의 영광은 너희들의 것이니―!

금욕주의적 이상의 승리

 이제 2천년 동안 우리는 이러한 새로운 병자의 유형인 '죄 지은 자'의 모습을 보아왔다. 그것은 언제나 그러한 것인가? 그대들이 보는 어느 곳에서든지 항상 똑같은 대상을(고통의 유일한 원인으로서 죄책을) 바라보는, 죄인의 최면에 걸린 응시가 존재한다. 어느 곳에서든지, 루터가 말하기를 '혐오할 만한 짐승'이라고 한 나쁜 양심이 존재한다. 어느 곳에서든지 역류되어지는 과거가 있고, 왜곡된 사실이 존재하며, 모든 행동에 대한 '빙퉁그러진 시선들'이 존재한다. 어느 곳에서든지 고통을 오해하려는 의지가 삶의 내용을 이루고 있으며, 고통을 죄책이나 두려움 그리고 벌로써 재해석하려 한다. 어느 곳에서나 천벌이나 털셔츠, 굶주린 육체나 회개가 존재하며, 어느 곳에서나 들뜬, 병적으로 음탕한 양심의 잔인한 수레바퀴에 그 자신을 파멸시키려는 죄인이 존재하며, 어느 곳에서나 무언의 고통, 지독한 두려움, 고통스런 마음의 고뇌, 알지 못할 행복의 경련, '구원'을 바라는 외침이 존재한다. 오래된 의기소침, 중압감, 그리고 피로는 이러한 과정의 체계를 통해서 사실상 극복되었다. 그리고 삶은 다시금 매우 흥미롭게 되었다. 눈을 뜨고서, 영원히 눈을 뜨고서, 잠도 없이 작열하면서 숯이 되도록 타고, 다 탔지만 피로하지 않은—이러한 신비에 싸인 죄인인 인간은 그러했다. 불쾌감과 싸우는 고대의 강력한 마법사인, 금욕주의적 성직자는—그는 분명히 승리하였고, 그의 왕국이 도래하였다. 그대들은 더 이상 고통에 대하여 항거하지 않으며, 그대들은 고통을 갈구하였다. "더 많은 고통을! 더 많은 고통을!"하면서, 그의 제자들이나 신참자들의 욕망은 수세기 동안 외쳤던 것이다. 모든 고통스런 감정의 방탕, 파괴하고 때려 눕히고 분쇄하고 황홀케 하고 도취케 하는 모든 것, 고문실의 비밀, 지옥 그 자체의 발명—이 모든 것들이 이제부터 발견되었고, 신성시되었으며, 사용되었다. 모든 것들이 마법사에 의해 이용되어졌고, 그후로 이 모든 것들이 그의 이상, 즉 금욕주의적 이상의 승리를 조장시키는 데 사용되었다.

— 니체, 『도덕의 계보』에서

아담과 이브가 선악과를 따먹고 에덴동산에서 쫓겨났다는 가공의 이야기만큼 신명이 나고 돈이 되는 이야기도 없다. 아담과 이브는 전지전능한 신의 권위에 도전했던 만큼 '영원한 벌'을 받게 되었고, 그것이 우리 사제들의 '회개하라'는 정언명령의 근거가 되어 주었던 것이다. 이 '영원한 벌'은 씻을 수 없는 죄가 되고, 이 씻을 수 없는 죄는 에덴동산에서 쫓겨난 근거가 되어 주었던 것이다. 드디어, 마침내 이 원죄는 대대로 그 후손들에게 세습이 되었고, 그 결과, 천당과 지옥이라는 선악의 이분법이 생겨나게 되었다. 천당은 선이 되었고, 지옥은 악이 되었다. 회개를 하면 천당을 가고, 회개를 하지 않으면 지옥을 간다. 더 이상의 어떤 탈출구도 없고, 단 한 사람의 예외도 있을 수가 없다.

예수가 절대적인 신으로 군림하는 예배당은 그야말로 눈물의 바다이자 통곡의 바다가 되었다. 성직자는 '회개하라'는 상품을 파는 아편장사가 되었고, 그 어린 양들은 모두가 다같이 아편중독자가 될 수밖에 없었다. 하지만, 그러나 '회개하면 천당/ 회개하지 않으면 지옥'이라는 전혀 터무니없고 허무맹랑한 괴이한 도식은 너무나도 끔찍하고 가공할 만큼의 그 중독성을 지닌 아편이 될 수밖에 없었다. '성부, 성자, 성령'이라는 삼위일체 사상 역시도 전혀 터무니 없고 허무맹랑한 이야기에 불과하지만, 구약의 하나님이나 신약의 예수는 그 전지전능함은커녕, 마치 한 사람의 어릿광대와도 같은 바보천치에 지나지 않았다. 태양계도 모르고 있었고, 은하계도 모르고 있었다. 대서양도 모르고 있었고, 태평양도 모르고 있었다. 자동차도 모르고 있었고, 비행기도 모르고 있었다. 컴퓨터도 모르고 있었고, 스마트폰도 모르고 있었다. 갈릴레이와 스티븐 호킹과도 같은 과학자들이 그들의 존재 자체를 부정해도 그 어떠한 벌도 내리지 못하고 있었고, 로마교황이나 유병언이와도 같은 사이비 목사들이 그들의 이름을 더럽히고 그토록 엄청난 부정축재를 해도 그 어떠한 벌도 내리지 못하고 있었다.

오늘날의 기독교는 존립의 근거마저도 잃었고, 어떤 진리의 말씀도 전해줄 위치에 있지 않다. 오늘날의 기독교는 인류의 기원도 알지 못하고, 또한 까마득한 인류의 미래에 대한 그 어떤 예언의 말도 할 수 없게 되었다. 왜냐하면 우리 성직자는 과거와 현재와의 대화를 통하여 미래를 예언할 수 있는 예언자도 아니며, 또한 수많은 학자들에 비하면, 최하천민의 지식을 가진 바보천치에 불과하기 때문이다. '회개하라'는 아편은 이미 그 효능을 다 상실했지만, 아직도 대한민국과도 같은 제3세계에서는 만병통치약과도 같은 중독성을 자랑하고 있다고 하지 않을 수가 없다. 예수를 위해 살고 예수를 위해 죽는다. 날이면 날마다 그 충성의 맹세로, 눈물의 바다를 이루고 통곡의 바다를 이룬다. 영원한 벌을 더욱더 잘 감당하기 위하여 "더많은 고통을, 더 많은 고통을" 외치며 순교를 할 준비가 되어 있었던 것이고, 이 순교에로의 유도는 우리 성직자들의 부의 축적의 초석이 된다. 모든 죄를 씻고 영원한 천국에서 살기 위하여, 자기 자신의 전 재산을 다 가져다가 바쳐도 전혀 아깝지가 않게 될 것이다.

하지만, 그러나 우리 성직자들의 말은 완벽한 허위와 완벽한 범죄의 말에 지나지 않는다. 에덴동산도 없고, 실낙원도 없다. 하나님도 없고, 예수도 없다. 아담도 없고, 이브도 없다. 어느 누구도 죄를 짓지 않았고, 영원한 벌도 받지 않았다. 오늘날은 우리 한국의 성직자들도 신이 가공의 존재이며, 모든 종교는 대사기극의 산물이라는 점을 너무나도 잘 알고 있다. 대한민국의 교회는 사교집단에 불과하며, 매관—매직의 중개소이고, 검은돈의 세탁소이며, 모든 부정부패의 원산지가 된다. 이처럼 '회개하라'는 아편—천당과 지옥이라는 아편—을 팔아먹은 대사기극이 너무나도 크고 엄청난 재앙으로 나타나게 된 것이다.

결혼도 안한 예수가 네 아버지라면 네 엄마는 도대체 누구냐? 피는 못 속인다고 하더니 예수는 순 바람둥이 새끼였구나! 네 엄마는 하나님과 간통하고 그것도 모자라서 아들(예수)과 간통을 한 성모 마리아가 아니더냐?

 네 아버지는 사생아인 예수, 네 엄마는 혼외정사와 근친상간의 장본인인 성모 마리아였구나!

 오호라, 그렇구나!

 참으로 지랄하구 자빠졌네!

'향상시켰다'라는 말

'향상시켰다'라는 말이 나에게 무엇을 의미하는지를 단지 덧붙일 뿐이다. 이 말은 나에게 있어서는 '길들이다', '약하게 하다', '용기를 잃다', '섬세해지다', '연약해지다', '미세하다' 등과 같은 의미이다. 따라서 이 말의 의미는 거의 손상시키다라는 말과 같은 의미이다. 그러나 그러한 치료법이 고통당하고 풀이 죽은 병자에게 주로 적용될 때, 비록 이 치료법이 병자들을 '향상시킨다' 할지라도 이 치료법은 반드시 그들을 악화시킨다. 속죄의 고행, 회한, 구원의 발작에 의지하는 환자에게 어떤 일이 일어나는지를 정신과 의사에게 물어보기만 하면 금방 알 수 있다. 또한 역사가에게 물어 보아도 금방 알 수 있다. 금욕주의적 성직자가 이러한 치료법을 널리 행하였던 어느 곳에서나 병은 놀라운 속도로 만연되어갔다. 그 결과는 어떻게 되었는가? 병든 몸에 신경 계통의 파괴를 부과하였는데, 이러한 현상은 개인이건, 단체이건, 부자이건, 가난한 사람이건, 모두에게 그러하였다.

— 니체, 『도덕의 계보』에서

'향상시켰다'라는 말은 '훌륭하게 하다', '제일급의 학자로 만들다'라는 말과도 같이 매우 긍정적이고 좋은 말이지만, 그러나 그 말이 성직자의 입에서 나오기만 하면 전혀 뜻밖의 다른 말이 되어버린다. '향상시켰다'라는 말은 '길들이다'라는 말이 되고, '길들이다'라는 말은 '영혼이 없는 바보가 되었다'라는 말이 된다. 요컨대 "믿음은 보이지 않는 것의 구체적인 증거이자 그 실상이다"라는 말의 신봉자가 된 것이고, 따라서 그는 그 신앙 앞에서 어떤 반대의견도 제시할 줄 모르는 바보가 되어버린 것이다.

독실한 신자는 영혼이 없는 바보이며, 그는 앵무새나 로버트와도 같다. 성직자가 천당하면 천당하고 따라하고, 성직자가 지옥하면 지옥하고 따라한다. 어린 양하면 어린 양하고 따라하고, 악마하면 악마하고 따라한다. 할렐루야하면 할렐루야하고 따라하고, 아멘하면 아멘하고 따라한다. 예수하면 예수하고 따라하고, 하늘의 영광하면 하늘의 영광하고 따라한다. 그는 성직자의 충복이 된 것이고, '나'를 '나'로 존재할 수 있게 하는 그 모든 주체성을 다 빼앗겨버린 것이다. 헌금을 하라 하면 헌금을 가져다가 바치고, 이명박처럼, 대통령이 되면 대통령의 명예를 가져다가 바치고, 이 땅의 대형교회의 목사들에게 그 모든 권력을 다 가져다가 바친다. 대한민국의 대형교회의 목사들은 사법부와 행정부와 입법부의 최정상에 있는데, 왜냐하면 삼성그룹의 총수와 박근혜 대통령은 구속되었을지라도, 그들은 구속은커녕, 그 어떠한 수사도 받아본 적이 없다. '성직자 무죄-대통령 유죄'의 불문헌법이 제정된 지는 오래되었고, 이것은 우리 성직자들 앞에서는 그 모든 신자들이 영혼이 없는 바보가 되었다는 것을 뜻한다.

열두 시의 종소리만 울려퍼지면 침을 질질 흘리고 혓바닥을 늘어뜨리고 달려오는 파블로프의 개와도 같고, 발정기에는 자기 자신의 목숨을 걸고 자기 자신의 짝을 찾아나서는 동물과도 같다. 그는 크게 향상되었고, 그는 크게 어리석게 되었으며, 심지어는 그의 이성과 모든 판단능력까지도 다 거세를 당하게 되었다. 일요일이 되면, 아니, 교회의 예배시간이 다가오면, 교회에 가고 싶어서 발정이 난 개가 되었던 것이고, 이것이 최면술사이자 아편장사꾼인 우리 성직자들의 출세의 보증수표가 되고 있었던 것이다. "예수를 믿으라! 예수를 믿으면 모든 고통을 다 잊고 천국에 가느니라!!" "이 세상의 고통은 짧고 천국의 행복은 영원하노라!!" "오, 주여! 아멘! 아멘!"

이 영혼이 없는 바보들, 이 영혼이 없는 광신도들이, 그러나, 그 바보의 우직함과 그 광기를 통하여 모든 사악하고 비천한 짓들을 다 연출해낸다. 순교를 하기 위하여 순교를 하고, 순교를 하기 위하여 또, 순교를 한다. 순교를 하기 위하여 순교를 하고, 순교를 하기 위하여 또, 순교를 한다. 만일, 북한이 '남진통일'을 이룩하고 예수쟁이를 다 쏴 죽인다고 하면 '너도 나도' 제일 먼저 달려나갈 인간들이 이 광신도들인 것이고, 오히려, 거꾸로, 새로운 기독교 국가에서 예수쟁이가 아닌 자는 다 쏴 죽인다고 하면 자기 자신의 남편과 아이들까지도 다 밀고할 인간들이 이 광신도들이라고 하지 않을 수가 없다. 이 바보, 이 광신도들은 대부분이 나약한 여자, 즉, 이성이 마비된 우리 아줌마들과 할머니들이 그 주류를 이루고 있다고 해도 과언이 아니다.

어느 70대 노부부는 전직 부부교사였고, 어느 누구보다도 행복한 가정생활을 하고 있었다. 아들은 내과 전문의였고, 큰 며느리는 고등학교 교사였다. 딸 아이는 초등학교 교사였고, 사위는 대한민국 최고의 명문대를 나온 대학교수였다.

하지만, 그러나 이 노부부는 3년간의 별거 끝에 황혼 이혼을 하고 말았다. 퇴직과 함께 광신도가 되어버린 아내는 모든 제사를 다 거부하고, 날이면 날마다 교회에 가서 살다시피 했던 것이다.

'예수를 택할래/ 남편과 자식들을 택할래?' 이러한 질문 자체는 우문일 뿐, 그의 아내에게는 질문 자체가 되지를 않았다.

어느 후배의 집안 이야기이다. 여러 형제가 매우 화목하고 우애도 좋았지만, 명절 때가 되면 그때마다 싸움이 잦아졌다. 맏며느리인 큰 형수가 예수를 믿는다고 모든 제사를 거부한 것은 물론, 아예 명절 때마다(제사 때마다) 종적을 감추고 나타나지 않았기 때문이다. 따라서 매번 팔순이 넘은 늙은 어머니가 제사상을 차리고 그때마다 형제들간의 싸움이 일어나게 되었던 것이다.

내 회갑날의 이야기이다. 나는 회갑상을 받을 생각도 없었고, 아내 역시도 내 회갑상을 차려줄 생각도 없었다. 하지만, 그러나 막내 아우가 조촐하게나마 내 회갑날의 모임을 알려왔고, 제천의 한 콘도에서 모처럼만에 여러 형제들과 아들 딸들이 다 모였다. 내 회갑날의 모임은 한 달 전에 이미 결정되어 있었고, 그때까지 아무런 말도 하지 않고 있었던 아내가 느닷없이 그날 '권사직'을 맡는 날이라고 아침 일찍 교회에 가버리고 말았다. 회갑날 아침, 그 어두운 청풍호 숫가를 거닐며 너무나도 서운한 나머지 얼마나 많이 울었는지도 모른다. 일생에 단 한 번뿐인 회갑, 그것도 아내가 남편을 위해서 차려 준 것도 아닌 회갑상을 걷어 차버리고 간 아내가 그렇게 밉고 분할 수가 없었다. 이미 오래 전부터 그녀는 예수(목사)의 아내였지, 나의 아내가 아니었던 것이다.

대한민국의 기독교인들은 미제국주의의 앞잡이이자 영원한 민족의 반역자에 지나지 않는다. 그들은 천사도 아니고, 악마이며, 그들의 눈빛과 옷깃만 스쳐도 한국의 역사와 전통은 초토화된다.

불과 수십 년만에 한국의 역사와 전통을 초토화시킨 기독교—, 우리 힌 국인들이 기독교 앞에 무릎을 꿇어버린 것에 비하면 일제 36년간의 치욕은 새발의 피에 지나지 않는다.

금욕주의적 이상

 금욕주의적 이상은 시대, 민족, 인류 등을 하나의 목적에 의거해서 해석한다. 이것은 어떤 다른 해석을 허용하지 않으며, 그밖의 목적을 허용하지 않는다. 금욕주의적 이상은 금욕주의적 이상이라는 유일한 해석 기준에 의해서 거부하고, 긍정하고, 그리고 제재를 가한다. 이것은 어떠한 권력에도 따르지 않으며, 다른 모든 권력에 대한 계급적 우위를 믿는다. 이 지상에 존재하는 모든 권력은 금욕주의적 이상을 위한 도구, 이 이상의 유일한 목표를 위한 방편 및 수단으로서 존재한다. 그리고 자신에 의해 비로소 의미, 생존권, 그리고 가치가 부여되는 것이라고 금욕주의적 이상은 믿고 있다.
 ─ 니체, 『도덕의 계보』에서

 모든 종교의 목적은 우리 인간들을 구원하고, 이 세상에서 가장 행복한 삶을 향유하게 하는 것이라고 할 수가 있다. 행복한 삶은 고통이 없는 삶이며, 모든 것이 가능한 삶이라고 할 수가 있다.
 하지만, 그러나 이 세상은 고통 뿐이고, 대부분의 인간들은 이 고통 속에서 헤어나오지를 못한다. 만일, 그렇다면, 이 세상의 삶을 향유할 수 없게 하는 고통이란 무엇인가? 재화가 부족해도 싸움이 일어나고, 애정이 부족해도 싸움이 일어난다. 이처럼 재화의 결핍과 애정의 결핍도 고통의 원인이 되지만, 그러나 더 크게 바라보면, 이 재화와 애정을 더 많이 차지하려는 우리 인간들의 욕망이 고통의 근본원인이라고 하지 않을 수가 없다.

욕망이 충족되면 그는 행복하고, 욕망이 충족되지 않으면 그는 불행해진다. 따라서 욕망이 만악의 근원이 되고, 이 욕망을 죄악시하는 수많은 종교들이 탄생하게 되었던 것이다. 욕망은 만악의 근원이며, 이 욕망을 근절시킬 수 있다면 누구나 다같이 행복한 사람이 될 수가 있다. 바로 이것이 모든 종교의 진리가 되고, 우리 성직자들이 세속적인 모든 욕망을 다 버리고 입산속리를 하게 된 근거가 되고 있는 것이다. 모든 성직자들은 금욕주의의 대가이며, 그들의 청빈과 겸손과 정숙한 삶은 수많은 사람들의 마음을 사로잡고 전인류의 귀감이 된다.

우리 성직자들의 예배당은 성당이 되고, 그들의 옷은 로마교황처럼 황금도포가 된다. 그의 한 마디, 한 마디의 말에서 황금보다도 더 소중한 꽃비(진리)가 쏟아져내리고, 그의 손끝이 닿으면 사시사철 저절로 젖과 꿀이 넘쳐흐르는 에덴동산이 펼쳐지게 된다. 금욕주의적 성직자의 이상은 성자, 즉, 인신人神이 되는 것이고, 그는 모든 전권을 움켜쥔 전제군주가 되는 것이다. 그는 고통의 해방자이며, 영원한 구세주이고, 언제, 어느 때나 전지전능한 삶을 살아가게 된다.

금욕주의적 성직자는 시대, 인종, 목적을 초월해 있고, 그는 금욕적, 혹은 성직자의 이상에 비추어 그 모든 것을 다 거절한다. 그는 유일자이며, 가치창조자이고, 이 세계의 최후의 심판자이다.

가시면류관을 팔아먹어도 되고, 주지육림酒池肉林 속에 빠져 있어도 된다. 자기 자신의 금욕을 팔아 이 세상에서 가장 화려하고 찬란한 신전을 지어도 되고, 십자군 전쟁을 일으켜 이교도들을 몰살해도 되고, 하늘의 태양을 손바닥으로 가리고 중세의 암흑기를 창출해내도 된다.

금욕주의적 성직자의 시대는 '인간의 죽음의 시대'이며, 이 인간과 더불어 금욕주의적 성직자도 사라져간 너무나도 비극적인 '신의 죽음의 시대'라고 하지 않을 수가 없다.

현대 과학

 현대 과학이야말로 현실에 대한 진정한 철학으로서, 자신만을 믿으며, 그 자신 속에 용기를 지니고 있으며, 그 자체의 의지를 지니고 있으며, 신이 없이도 충분히 생존했으며, 부정의 덕성을 지니고 있다고 말한다. 그러나 그러한 시끄러운 선동가의 잡설로는 나를 설득시키지 못한다. 이들 현실에 대한 나팔수들은 시시한 음악가이며, 그들의 목소리는 깊이가 없으며, 그들의 입에서 나오는 것은 과학적 양심의 심연에서 나오는 소리가 아니다―오늘날 과학적 양심은 하나의 심연이지만―. 그러한 나팔수들의 입에서 나오는 '과학'이라는 말은 단지 하나의 외설, 하나의 남용, 일종의 뻔뻔스러움일 뿐이다. 그들이 주장하는 반대의 것이야말로 진리이다. 과학은 오늘날 자신에의 신앙을 절대로 지니지 않고 있다. 더구나 이상은 말할 것도 없고 그리고 과학이 정열, 사랑, 열망, 그리고 고통을 불어넣어 주는 경우에도, 과학은 금욕주의적 이상의 호적수가 아니다. 오히려 금욕주의적 이상의 가장 새로운 그리고 가장 고귀한 형태이다.
 ― 니체, 『도덕의 계보』에서

스티븐 호킹은 '철학의 종말'과 함께, '과학의 시대'를 선언한 바가 있다. 현대문명의 성과는 과학의 성과이고, 이 과학의 힘에 의하여 모든 철학과 신앙들이 다 도태되고 말았던 것이다. 밤 하늘의 별들을 노래하고, 아침 해를 숭배하던 형이상학의 오랜 역사는 그 무엇보다도 싸늘한 인과론적 잣대를 들이대는 과학 앞에서 그 설 자리를 잃게 되고 말았던 것이다. "현대 과학이야말로 현실에 대한 진정한 철학으로서, 자신만을 믿으며, 그 자신 속에 용기를 지니고 있으며, 그 자체의 의지를 지니고 있으며, 신이 없이도 충분히 생존했으며, 부정의 덕성을 지니고 있다고 말한다. 그러나 그러한 시끄러운 선동가의 잡설로는 나를 설득시키지 못한다. 이들 현실에 대한 나팔수들은 시시한 음악가이며, 그들의 목소리는 깊이가 없으며, 그들의 입에서 나오는 것은 과학적 양심의 심연에서 나오는 소리가 아니다"라는 니체의 말은, 철학의 종말을 선언한 스티븐 호킹의 뺨을 한 대, 세게, 갈겨준 통쾌한 꾸짖음의 말이라고 하지 않을 수가 없다. 현대과학은 다만, 자연에 대한 이론철학일 뿐, 그 과학으로 무엇을 하고, 그 어떠한 세계를 창출해낼 것인가라는 실천철학에는 아예 접근조차도 할 수가 없다.

과연 현대과학의 존재근거는 무엇이며, 이 과학으로 무엇을 할 수가 있으며, 최종적으로 이 과학으로 어떠한 이상세계를 창출해낼 수가 있단 말인가? 이 근본적인 질문, 이 근본적인 해답의 세계는 형이상학의 세계이며, 이 형이상학의 세계는 자연과학으로 설명할 수 있는 세계가 아니다. 모든 것이 가능하고, 어느 것 하나 부족한 것이 없는 세계, 그 어떠한 질투나 싸움도 일어나지 않는 그런 세계가 과연 가능하단 말인가? 따지고 보면 과학과 철학은 양날의 칼날처럼 둘이 아닌 하나이며, 비록, 그 쓰임새는 다를지라도 상호보완적인 그런 관계라고 할 수가 있다.

또 하나. 과학이 모든 신앙을 대청소했다는 점에서는 금욕주의와 대척점을 이루지만, 그러나 모든 새로운 과학의 성공의 비결은 금욕주의의 개가에 지나지 않는다. 새로운 진리의 창시자인 과학자는 모든 욕망을 다 비우고, 오직 그 진리를 창출해내기 위하여 그의 모든 것을 다 걸지 않으면 안 되었던 것이다. 그는 돈, 시간, 청춘, 인간관계 등, 모든 욕망을 다 버림으로써 더 큰 욕망을 창출해내게 되었던 것이다. 요컨대 그는 수없이 되풀이 죽어감으로써, 수없이 되살아나고, 최종적으로는 새로운 진리의 창시자로서 우뚝 설 수가 있었던 것이다.

과학자는 금욕주의의 신봉자이지, 금욕주의의 호적수가 아니다. "과학은 오늘날 자신에의 신앙을 절대로 지니지 않고 있다. 더구나 이상은 말할 것도 없고 그리고 과학이 정열, 사랑, 열망, 그리고 고통을 불어넣어 주는 경우에도, 과학은 금욕주의적 이상의 호적수가 아니다. 오히려 금욕주의적 이상의 가장 새로운 그리고 가장 고귀한 형태이다."

철학자는 머나먼 곳을 잘 보고, 과학자는 가까운 곳을 잘 본다.

아무 것도 진리가 아니다

그 무어란 "아무것도 진리가 아니다. 모든 것은 허용되어 있다"라는 것이었다. ―진실로 그것은 정신의 자유이었다. 이 말에 의하면 진리 그 자체에 대한 신앙마저 파괴되었다.

― 니체, 『도덕의 계보』에서

홍해바다가 쩍 갈라졌다. 예수가 부활했다.
모세가 죽었다. 예수가 종적을 감췄다.
동정녀 마리아가 애를 낳았다. 단 한 번도 결혼한 적이 없는 예수가 모든 인류의 아버지가 되었다.
모든 것이 다 허용되고 있었다.

신도 악마 없이는 살지 못한다. 악마도 신 없이는 살지 못한다.
모든 것이 다 허용되고 있었다.

신은 전지전능하다. 교회에 안 가도 천당간다.
목사가 여신도를 겁탈했다. 목사가 혼외자식을 낳았다.
모든 것이 다 허용되고 있었다.

신이 전지전능하다는 것은 아무 것도 진리가 아니다라는 말과도 같다. 신이 무지무능하다는 것은 아무 것도 진리가 아니다라는 말과도 같다.

모든 것이 다 허용되고 있었다.

진리는 참으로 맛 없는 음식이며, 그 영양가도 없다. 진리가 있으면 이 세상의 희로애락喜怒哀樂이 없어지고, 삶의 의미가 사라진다.

진리가 허위의 탈을 쓰고, 허위가 진리의 탈을 쓴다. 진리가 허위의 멱살을 잡으면 허위가 진리의 멱살을 잡고, 언제, 어느 때나 서로 크게 싸운다.

오늘도, 지금 이 순간에도 진리와 허위의 싸움은 끝이 없다.

플라톤 대 호머

 허위 그 자체가 신성화되고, 거짓에의 의지가 양심이 될 수 있는 예술이야말로 과학보다 훨씬 근본적으로 금욕주의적 이상과 반대되는 것이다. 이러한 사실은 플라톤에 의해 본능적으로 감지되었는데, 플라톤은 유럽이 낳은 예술의 최대의 적이다. 플라톤 대 호머. 이 관계가 진정하고도 완전한 적대 관계이다. 후자는 삶의 무심한 찬양자이며 황금의 자연이다. 그러므로 예술가가 금욕주의적 이상을 위해 봉사하는 위치에 선다는 것은 예술가의 부패 중에서도 가장 흔한 부패의 하나이다. 그런데 불행히도 이러한 현상은 가장 흔한 부패의 하나이다. 그 이유는 예술가가 가장 부패하기 쉬운 것이기 때문이다.

 생리학적으로 과학은 금욕주의적 이상과 같은 지반 위에 근거를 두고 있다. 즉, 삶의 빈곤화가 이들 모두에게 전제되어 있다. 거기에는 정서가 메말라 있고, 삶의 속도가 느리고, 변증법이 본능적으로 되어 있으며, 얼굴 모습이나 몸짓에는 진지함이 새겨져 있다. 이러한 진지함이 표현하고 있는 명백한 징조는 신진대사의 곤란, 생활의 고통이라는 징조이다. 학자가 중시되는 민족사를 관찰해 보라. 그 시대는 피로의 시대이며, 황혼의 시대이며, 쇠망의 시대이다. 거기에는 흘러넘치는 정력, 삶과 미래에 대한 확신이 흘러가버린 과거의 것이 되어 있다. 중국의 고관이 지배하던 시대는 잘못된 시대이다. 민주주의의 옹호, 전쟁을 대신하는 국제재판, 남녀동등권, 동정同情의 종교, 그밖의 삶의 쇠망의 징조인 모든 것도 역시 뭔가 잘못된 것이다.

— 니체, 『도덕의 계보』에서

플라톤이 그의 '이상국가'에서 시인을 추방했고, 이것으로 인하여 그는 '예술의 말살자'라는 오명을 얻게 되었다. 하지만, 그러나, 플라톤이 그처럼 시와 예술을 이해하지도 못했던 문외한도 아니고, 진정으로 이 세상에서 시인과 예술가를 추방하려고 했던 것도 아니다. 그의 『국가』는 그의 '국가론'의 산물이면서도 '교육론'의 산물일 수밖에 없는데, 왜냐하면 그는 이상국가를 설계하고, 그 이상국가를 이끌어나갈 수 있는 백만 두뇌를 양성하고자 했었기 때문이다. 지옥을 무섭게 그리거나 죽음 앞에서 그것이 두려워 벌벌벌 떨게 만든다면, 그 어느 누구도 천하무적의 용사가 될 수 없다는 것—, 바로 이것이 "시는 아녀자와 노예에게 읽도록 해야 한다"라는 플라톤의 시인추방의 근거가 되어주었던 것이다. 플라톤의 '시인추방'은 이러한 청소년 교육과 관련된 말에 지나지 않으며, 그의 에로스의 찬가인 「향연」이나 『소크라테스의 변명』을 읽다가 보면, 플라톤의 시와 예술에 대한 사랑을 이해할 수도 있을 것이다. 원전을 읽고 그것을 제대로 살펴보지 않은 죄처럼 무서운 것도 없고, 다른 사람들의 명예와 명성, 그리고 그 권위만을 믿고 또다시 낙인을 찍어버리는 범죄처럼 무서운 것도 없다. 무식하기 때문에 사람을 함부로 죽이고, 뜬소문에 근거를 두고 수많은 사람들을 몰살시킨다. 모든 낙인은 잔혹극이며, 아르토의 말대로 "너무나도 끔찍해서 재앙과도 같은 필연성"을 띨 수밖에 없다.

"허위 그 자체기 신성화되고, 거짓에의 의지가 양심이 될 수 있는 예술이야말로 과학보다 훨씬 근본적으로 금욕주의적 이상과 반대되는 것이다"라는 니체의 말은 반쯤은 맞고 반쯤은 틀린다. 예술에서는 허위 자체가 신성화되고, 거짓에의 의지가 양심이 될 수도 있지만, 그러나 그 허위 자체가 진리가 되고, 거짓에의 의지가 진실에의 의지도 될 수가 있기 때문이다. 진리와 허위가 둘이 아닌 하나이듯이, 진실과 거짓도 둘이 아닌 하나이다. 그 모든 것은 선과 악, 진리와 허위, 진실과 거짓의 경계를 초월해 있고, 따지고 보면, 과학과 예술, 플라톤과 호머도 그렇게 적대적인 관계도 아니다.

플라톤도 머나먼 이상의 찬양자이며, 황금의 자연이다. 호머도 머나먼 이상(신화)의 찬양자이며, 황금의 자연이다.

하지만, 그러나 이 이상의 찬양자, 또는 황금의 자연들이 "금욕주의적 이상을 위해 봉사하는 위치에 선다는 것은 예술가(철학자)의 부패 중에서도 가장 흔한 부패의 하나"일 수도 있다. 왜냐하면 예술가(철학자)가 금욕의 탈을 쓰고 만인들 위에 군림하고자 하고 있기 때문이다.

금욕이 금욕의 순수함을 짓밟고, 절대권력자, 혹은 인신人神의 탈을 쓰게 되면, 거기에는 삶의 정서가 메말라가고 신진대사의 촉진이 어렵게 되어 있다. 모든 관계는 상하의 계급적 관계로 변질되고, 모든 가치판단은 선악의 이분법에 종속된다. '나는 옳고 너는 나쁘다'가 절대적인 가치기준표가 되고, 이 상명하복의 관계 속에서 언어도 그 힘을 잃고, 그와 함께 모든 예술가들도 그 설자리를 잃게 된다.

황금왕관이 로마교황을 지배하고, 로마교황이 황금왕관 앞에 무릎을 꿇는다. 금욕주의 시대는 피로의 시대이며, 황혼의 시대이며, 쇠망의 시대이다.

금욕주의의 꽃이 중세의 암흑기로 만발했었고, 이 중세의 암흑기에는 성직자라는 악마들만이 득시글대고 있었을 뿐, 그 어떤 학자도, 예술가도, 정치인도 그 숨을 쉴 수가 없었던 것이다.

금욕주의 시대, 혹은 신의 시대는 인간의 죽음의 시대이다.

인간이 있고 신이 있는 것이지, 신이 있고 인간이 있는 것이 아니다.

황금의 자연, 이 세상에서 가장 고귀하고 위대한 것은 인간 밖에 없다.

독서하라!

    인간, 이 가장 용감하고 괴로움에 익숙한 동물은 괴로움 자체를 거부하지는 않는다. 아니 괴로움의 의미, 괴로움의 목적이 제시된다면, 인간은 괴로움을 바라고 괴로움을 찾기까지 한다. 괴로움 그 자체가 아니라, 괴로움에 대한 무의미성이 바로 이제까지 인류에 내린 저주였다. ―그런데 금욕주의적 이상은 인간에 하나의 의미를 주었던 것이다!
  ― 니체, 『도덕의 계보』에서

    나의 괴로움의 목적은 독서이고, 독서의 목적은 대한제국의 건설이다.
    독서, 독서, 책을 읽지 않으면 남북통일을 할 수도 없고, 소위 4대 강국의 손아귀에서 빠져나올 수도 없다.
    독서하라!
    그대의 위대함의 길이 바로 이 독서에 있다.

Friedrich Nietzsche

십자가 : 피가 피를 부르고

　금욕주의적 이상에 의해 방향이 정해진 저 모든 의지가 도대체 무엇을 표현하고 있는가를 은폐할 수 없다. 인간적인 것에 대한 증오, 동물적인 것에 대해서는 더 한층의 증오, 물질적인 것에 대해서는 더 한층의 증오, 이성과 관능에 대한 공포, 행복과 미에 대한 공포, 모든 가상과 변화와, 생성과, 죽음과, 원망과, 욕망 그 자체로부터 도망치려는 願望, 이 모든 것이 의미하는 바는—감히 시도해 본다면—허무에의 의지이니, 삶에 대한 혐오이며, 삶의 가장 근본적인 전제들에 대한 반역이다. 그러나 이것은 하나의 의지이며 의지로서 남아 있다!…… 그래서 처음에 말했던 것을 결론으로 말한다면, 인간은 아무 것도 외지하지 않는 것보다 오히려 허무를 의지한다.
　— 니체, 『도덕의 계보』에서

　인간의 욕망을 거부한다는 것은 삶을 거부한다는 것이며, 삶을 거부한다는 것은 이 세상과 자기 자신의 생명 자체를 거부한다는 것을 말한다. 욕망은 삶에의 의지이며, 이 세상의 삶의 본능의 옹호라고 할 수가 있다. 만일, 그렇다면 금욕주의적 성직자들이 왜, 어떻게 해서, 그처럼 인간의 욕망을 거부하고 물어뜯는 그런 질병에 걸려들었던 것일까? 그것은 두말할 것도 없이 이 세상이라는 고통의 바다에서 최하 천민의 삶을 발견하고, 그들의 구원자이자 이 세상의 심판자로서 자기 자신의 존재론적 근거를 마련했기 때문이다.

아담과 이브가 선악과를 따먹었다는 것, 바로 이 원죄가 유전된다는 것, 만악의 근원은 욕망이지만, 인간은 사악하고 또 사악하여 예수가 인간의 죄를 대속하고 죽어갔다는 것이 금욕주의적 성직자들의 진단이고 보면, 그들의 이 세상에 대한 혐오와 적대감은 아주 간단하게 파악할 수가 있다. "인간적인 것에 대한 증오, 동물적인 것에 대해서는 더 한층의 증오, 물질적인 것에 대해서는 더 한층의 증오, 이성과 관능에 대한 공포, 행복과 미에 대한 공포, 모든 가상과 변화와, 생성과, 죽음과, 원망과, 욕망 그 자체로부터 도망치려는 願望, 이 모든 것이 의미하는 바는—감히 시도해 본다면—허무에의 의지이며, 삶에 대한 혐오이며, 삶의 가장 근본적인 전제들에 대한 반역이다."

"인간은 아무 것도 의지하지 않는 것보다 오히려 허무를 의지한다."

아니다. 금욕주의적 성직자는 이 세상의 삶의 찬양자이며, '허무'에 의지하기보다는 자기 자신의 권력에 의지한다. 그의 두뇌는 사악하고, 그의 두 눈은 살모사처럼 언제, 어느 때나 그 먹잇감(성직자라는 황금옥좌)을 노리고 있다. 인간적인 것을 증오할 때에도 인간적인 것을 찬양하고, 동물적인 것을 증오할 때에도 동물적인 것을 찬양한다. 물질적인 것을 증오할 때에도 물질적인 것을 찬양하고, 이

성과 관능에 대한 공포를 표방할 때에도 이성과 관능을 찬양한다. 단 하나의 농산물도, 단 하나의 생활필수품도, 단 하나의 전자부품도 생산해내지 않고 최하 천민들, 혹은 타인들의 노동력에 의지해서 기생충처럼 서식하는 그들이, 만일, 그렇다면, 왜, 그처럼 자살을 혐오하고 적대시 하고 있단 말인가?

모든 성직자들은 아르토의 말대로 너무나도 끔찍해서 차마 말로는 다 표현할 수 없는 잔혹극의 연출자인데, 왜냐하면 그들이 숭배하는 십자가는 사형장치에 지나지 않기 때문이다. 십자가는 이 세상에서 가장 사악하고 흉악한 범죄자들을 처형하기 위하여 고안되었는데, 왜냐하면 이 살인마들과 신성모독자들과 반란자들을 고통없이 죽인다는 것은 차마 있을 수가 없었기 때문이다. 죽음보다도 더 고통스럽고, 영원보다도 더 길게, 그처럼 끔찍한 형벌을 부과함으로써, 가해자에 대한 피해사의 복수심을 충족시킬 수가 있었던 것이다. 따라서 예수가 인류의 죄를 대속하고 죽어갔다고 함으로써 예수의 신성모독죄와 반란죄를 은폐하고자 한 것도 있지만, 금욕주의적 성직자들은 이 십자가를 숭배함으로써 끊임없이 자기 자신들의 절대 권력을 기도하고 이 세상의 삶을 찬양했던 것이다. 요컨대 금욕주의적 성직자는 영원한 신성모독자이자 영원한 반란자인 예수의 추종자들에 지나지 않았던 것이다.

십자가: 피가 피를 부르고, 또다른 피가 또다른 피를 부른다.
최하 천민이 최하 천민의 피를 빨고, 또다른 최하 천민이 또다른

최하천민의 피를 빤다.

 '이이제이 전법'이다.

 이 싸움을 주재하면서, 우리 금욕주의적 성직자들이 그 모든 이익을 다 챙겨간다.

니체의 철학

나는 나의 스승인 프리드리히 니체의 손을 잡고 낙천주의 사상의 신전 속으로 걸어 들어가고자 한다. 프리드리히 니체는 1844년 프러시아 삭손州 뢰켄 지방에서 태어났으며, 그의 일생내내 호전적이고 전투적인 정신으로, 모든 가치들의 전복을 기도했다고 해도 과언이 아니다. "나는 너희에게 초인超人을 가르친다. 인간은 초극되어야만 할 그 무엇이다"라고 그가 부르짖었을 때, 바로 그 부르짖음 속에는 '신의 사망선고'가 내려져 있었던 것이며, 따라서 그의 반기독교주의와 반형이상학주의, 그리고 그의 반이상주의를 우리는 어렵지 않게 알아차릴 수가 있는 것이다. 초인은 신을 섬기지 않은 사람이며, 하늘 나라의 이상적인 천국도 믿지 않는 사람이다. 초인은 우리 인간들의 미래의 인간이며, 그는 이 땅에 두 발을 튼튼히 내리고 있는 짜라투스트라이다. 짜라투스트라는 삶의 본능의 옹호자이며, 그는 그의 일생내내 우리 인간들의 삶을 비방하고 헐뜯고 부정하는 기독교와 염세주의 사상에 맞서 싸워왔다고 해도 지나친 말이 아니다. 가령, 예컨대,

나는 필연적으로 내일의 인간, 모레의 인간이 될 수밖에 없는 철학자

가 항시 스스로를 오늘과 상반되는 존재로 생각해 왔고, 또 그렇게 생각하지 않을 수 없으리라는 기분을 점점 더 강하게 느끼게 된다. 그의 적은 오늘의 이상이었다. 철학자라는 이름의 인간의 육성자, 이 비범한 존재들은 이제까지 스스로를 지혜의 친구라기보다는 위험스러운 물음표, 불쾌한 바보라고 생각해 왔다. 그럼에도 불구하고 그들은 당대의 불쾌한 양심이 되는 것이 자신의 사명임을 자각해 왔다. 그러한 사명은 수행하기도 어렵고 달갑지도 않으며 그렇다고 회피할 수도 없는 것이었고, 그러면서도 궁극적으로 위대한 것이었다.

그들은 자신이 속한 시대의 미덕의 심장에다가 메스를 댐으로써 그들의 비밀한 과업이 무엇인가 드러냈다. 즉 인간의 새로운 위대함을 인식하고 인간을 위대하게 만드는 전인미답의 새 길을 탐구하는 일이 그것이다. 그때마다 그들은 당대의 가장 찬양받는 도덕들 속에 얼마나 많은 위선과 안일, 나태, 타락, 허위 등이 숨겨져 있는가를, 그리고 당대의 미덕이 얼마나 낡은 것인가를 폭로해 왔다. 그들은 항시 다음과 같이 말해 왔다. '우리들은 오늘날 그대들이 가장 불편스러워하는 곳으로, 그러한 길로 가야만 한다.

라는, 『선악을 넘어서』(청하, 1982)에서처럼, 니체의 철학은 철두철미하게 비판철학이며, 다른 한편,

내가 '비극적인'이라는 말의 개념과 비극의 심리학에 관한 궁극적인 지식을 어떻게 얻게 되었는가를 『우상의 황혼』에서 최근에 설명한 바 있

다. '인생의 가장 풀기 어렵고 가혹한 문제에 당해서도 생을 긍정한다는 것, 비견할 바 없는 희생을 감수하면서도 무한한 즐거움을 느끼는 생의 의미—그것이 이른바 디오니소스적인 것이다. 나는 그것을 비극적 시인의 심리에 도달하기 위한 교량 역할로서 파악하였다. 시인이 비극을 쓰는 것은 공포나 연민을 제거하기 위함이 아니요, 공포와 연민의 맹렬한 폭발로부터 생기는 하나의 위험한 영향으로부터 자기를 보호하기 위함도 아니다.—아리스토텔레스는 그 점에서 오해한 바 없지 않다.—그것은 모든 공포와 연민을 초월하여 생성이라는 영원한 기쁨도 포함한다.

이런 의미에서 나는 나 자신을 최초의 '비극적 철학자'로 이해할 만한 권리를 가지고 있다. 즉 염세적 철학가의 정반대되는 철학자로서 말이다. 나 이전에는 이와같이 디오니소스적인 것을 하나의 비극적 파토스로 인식한 자는 없었다. 즉 비극적 지혜가 결여되어 있었던 것이다.

라는 『이 사람을 보라』(청하, 1982)에서처럼, 니체의 철학은 생의 철학, 즉 비극철학이라고 할 수가 있는 것이다. 비극철학은 그의 목표이며, 비판철학은 그의 수단이다. 그는 그 디오니소스적인 세계, 즉 짜라투스트라적인 초인의 세계에 도달하기 위하여, 기독교와 형이상학, 그리고 이상주의의 심장에다가 그의 메스를 들이댔던 것이고, 그 결과, 그는 '만인 대 일인의 싸움'에서 패배를 하여, 그 광대와도 같은 짜라투스트라의 삶을 살다가 갔던 것이다. 고독, 정적, 병, 短命이라는 운명, 너무나도 울고 싶을 때에도 익살스러운 광대가 되어야만 했던 그의 삶은 얼마나 쓰디 쓰고 처절했던 것이며, 다른 한편, 대학사회와 출판사, 그리고 언론사와 그의 조국인 독일에서의 홀대와 멸시의 아픔 등은 또한 얼마나 쓰디 쓰고 처절했던 것이란 말인가! 하지만 그는 비극철학자답게 그 비판철학의 건강함으로 우리 인간들의 삶의 본능을 옹호하고, 이 땅에 두 발을 튼튼히 내린 '초인의 사상'을 완성할 수가 있었던 것이다. 니체의 '초인 사상'은 '위험스러운 물음표'와 '불쾌한 바보'가 되어야만 했던 그의 비판철학에 기초를 두고 있는 것이며, 그 사상의 신전에는 다음과 같은 경구가 씌어져 있다고 하지 않을 수가 없다.

사람은 불멸하기 위해서는 비싼 대가를 치뤄야 한다. 사람은 불멸하기 위해서는 여러 번 죽어야 한다(『이 사람을 보라』).

니체의 사상의 신전에는 『비극의 탄생』, 『반시대적 고찰』, 『선악을 넘어서』, 『인간적인 너무나 인간적인』, 『즐거운 지식』, 『도덕의 계보』, 『권력에의 의지』, 『반그리스도』, 『서광』, 『니체 대 바그너』, 『짜라투스트라는 이렇게 말했다』, 『우상의 황혼』 등의 저서들이 그 빛을 발하고 있고, 그 빛 속에는 하이데거, 데리다, 미셸 푸코, 들뢰즈 등, 그의 후학들이자 세계적인 석학들로 인산인해를 이루고 있다고 하지 않을 수가 없다. 오직, 단 한 사람 뿐이었고 고문받는 순교자에 지나지 않았을 때, 니체는 "괴테도, 셰익스피어도, 단테도, 짜라투스트라에 비교하면 단순한 하나의 신봉자에 불과하며", "베다의 시인들 역시도 짜라투스트라의 구두끈도 풀어줄 만한 가치도 없는 자

364 *Friedrich Nietzsche*

들"(『이 사람을 보라』)이라고 혹평을 하며, 마치 자기 자신을 人神의 높이로까지 끌어올린 적이 있었던 것이다.

  그러나 니체 철학의 최대의 약점은 기독교에 대한 혐오가 지나치다 못해서, 모든 형이상학과 우리 인간들의 이상마저도 극단적으로 부정하고 매장을 시켜버리려고 했다는 사실에 있다고 해도 틀린 말이 아니다. 나와도 같고 니체와도 같은 신성모독자들은 오늘날 무척이나 많이 늘어났지만, 그러나 그렇다고 해서 기독교가 역사의 종말을 맞이한 것도 아니고, 또한 형이상학과 이상이 그 종적을 감춘 것도 아니다. 기독교와 형이상학, 그리고 이상 역시도 삶의 본능의 옹호이며, 그리고 그것들이 종적을 감추게 되면, 니체의 초인 사상도 그 설 땅을 잃어버리게 된다. 니체는 선악을 넘어서서, 모든 것을 다 같이 바라보고 그 진정한 의미를 밝히려고 했지만, 그러나 자기 자신의 극단적인 사고방식만은 교정할 수가 없었던 것이다. "나는 너희에게 초인을 가르친다. 인간은 초극되어야만 할 그 무엇이다"라는 초인 사상은 예수(신)와도 같은 인물을 지칭하며, 그 초월성 때문에 이상주의적이고도 형이상학적인 인물에 지나지 않게 된다. 따지고 보면, 니체의 짜라투스트라가 기독교적인 예수에 지나지 않으며, 하늘에서 땅으로 내려오는 형이상학적(이상적)인 인물에 불과했던 것이다. 니체는 기독교, 형이상학, 이상주의, 그 어느 것도 뛰어넘지 못했으며, 그처럼 불가능하고 무모한 싸움을 수행해야만 되었던 어릿광대에 지나지 않았던 것이다. "너희가 이상적인 것을 볼 때 나는 인간적인 너무나 인간적인 것을 본다"(『인간적인 너무나 인간적인』, 청하, 1982)라는 그의 명제 역시도 하나의 횡설수설에 불과하며, 오히려 거꾸로 "너희가 인간적인 것을 볼 때 나는 신적인 너무나 신적인 것을 본다"라는 형이상학적인 명제를 가능케 하고 있는 것인지도 모른다.

  니체의 비극의 개념과 그 의미에 대한 정의는 매우 섬세하고 정교해 보이기는 하지만, 그렇다고 해서 그것이 그의 독창적인 이론이라고는 생각되지 않는다. 아리스토텔레스의 카타르시스 이론은 그의 무지와 몰이해의 소산에 불과하며, 한 마디로 말해서, 비극은 유한한 존재자인 우리 인간들의 자기 초월의 문제와도 매우 깊숙이 결부되어 있다고 나는 생각한다. 비극이란 우리 인간들의 비참한 사건과 그 불행들을 지시하고 있으며, 따라서 그 주체자들이 처절한 고통 속에서 죽어갔다는 것을 뜻한다. 요컨대 비극이란 말은 행복과는 거리가 먼 말이며, 그 비극의 주인공이 더없이 처절하고 고통스러운 삶을 살다가 갔다는 것을 뜻한다. 그렇다면 비극의 기원은 무엇이며, 왜 비극이 그토록 오랫동안 그처럼 중대한 문제로 회자되고 있는 것이란 말인가? 그것은 두 말할 것도 없이 우리 인간들이 불완전한 존재이며, 그 삶의 조건이 비극적이기 때문인 것이다. 신은 전지전능하며 영생불사의 존재인데 반하여, 우리 인간들은 불완전하고 유한한 존재이다. 따라서 우리 인간들은 애정의 결핍과 재화의 결핍, 그리고 능력의 결핍과 존재의 결핍 등과도 같은 비극적인 조건들 속에 살아가지 않으면 안 되고, 또한 그 비극적인 삶의 조건들을 극복하기 위하여 프로메테우스와도 같은 무모한 고행을 되풀이 반복하지 않으면 안 된다. 우리 인간들의 불완전성이 비극의 기원이며, 그토록 오랫동안 비극이 중대한 문제로 회자되고 있는 것은 우리 인간들의 삶의 조건이 '비극적인 것'으로만 규정되어 있기 때문이라고 할 수가 있는 것이다. 아버지―힌두교의 브라만과 유태교의 하나님―를 상징적으로 살해하고 민중들을 구원해 냈던 부처와 예수, 살부와 근친상간을 범하고 테베 사회를 구원해 냈던 외디프스, 문명과 문화의 원동력인 불을 발명하고 그 대가로 카우카소스의 바위산에 묶여서 제우스의 신조인 독수리에게 하염없이 간을 쪼아 먹혀야만 했던 프로메테우스, 지동설을 역설했다가 화형을 당한 조르다노 브루노, 그의 스승인 헤겔의 절대정신을 비판하고 염세주의를 역설했던 쇼펜하우어, 이제까지의 모든 가치들의 전복을 기도하고 마침내 신의 사망증명서를 발급해 주었던 니체 등의 삶이 바로 그것을 증명해 준다. 우리 인간들은 유한하지만 '인간이라는 종'은 영원하다. 또한 우리 인간들 개, 개인은 더없이 어리석고 약하지만, 이러한 문화적 영웅들이 이룩해낸 업적은 그들의 사상의 신전에서 더없이 거룩하고 위대하게 그 빛을 발한다. 모든 문명과 문화는 고귀한 것, 거룩한 것, 위대한 것을 위하여 이처럼 목숨을 바쳤던 영웅들의 성과에 의해서 구축된 것이며, 이러한 점에 있어서 우리 인간들의 비극적인 삶의 조건들은 그때 그때마다 슬기롭게 극복되어 왔다고 할 수가 있는 것이다. 따라서 우리는 공포와 연민을 몰아내기 위해서 비극을 보는 것도 아니며, 또한 공포와 연민의 위험으로부터 자기 자신을 보호하기 위해서 비극을 보는 것도 아니다.

비극은 삶의 조건이며, 삶 자체이다. 따라서 우리는 삶(비극)이라는 거대한 장애물 앞에서 쓰러져 가고 있는 사람들과, 그리고 비록 일시적이고 잠정적이긴 하지만, 그 장애물을 극복해낸 문화적 영웅들에게 자기 자신을 일체화시키고 있는 것이지, 공포와 연민의 감정을 다스리기 위해서 비극을 보는 것은 아니다. 비극의 주인공들에게는 그 비극적 상황을 벗어나는 것이 최우선적인 과제이며, 공포와 연민의 감정은 매우 진부하고 방관자적인 관객의 감정에 지나지 않는다. 아리스토텔레스의 '카타르시스 이론'은 비극의 주인공들(모든 인간들)에 대한 모독이며 불필요한 감정의 낭비에 지나지 않는다. 비극의 주인공들과, 그 주인공들의 삶과 일체화된 관객들은 모두가 다같이 삶이라는 거대한 장애물 앞에 쓰러져서 아주 처절한 고통과 그 아픔에 신음을 하고 있거나, 아니면 도저히 불가능하고 상상할 수조차도 없었던 그 장애물들을 극복해 내가며, 하늘을 찌를듯한 환희에의 기쁨을 만끽하게 된다. 왜냐하면 배우와 관객들이 모두가 다같이 하나가 되어, 자기 자신과 인간이라는 삶의 문제에 몰두해 있기 때문이다. 비극은 연극이 아니라 삶 자체이며, 우리 인간들은 그 비극을 극복해 나가는 데서, 삶의 즐거움을 느끼고, 또 그 비극 앞에서 장렬하게 전사(순교)해간 선인들의 업적과 그 숨결을 통해서 삶의 아름다움과 그 경건함을 체득하게 된다. 이러한 점에 있어서 비극을 삶의 본능의 옹호와 그 찬가로 바라본 니체의 정의는 매우 정확하다고 할 수가 있는 것이다. 하지만 비극에 대한 니체의 정의는 그가 그토록 부정하고 비판했던 '자기 초월'의 문제와 직결될 수밖에 없게 된다. 부처, 예수, 프로메테우스, 디오니소스, 조르다노 브루노, 헤겔, 쇼펜하우어, 니체, 짜라투스트라는 우리 인간들의 미래의 이상형이며, 그들의 사회적 지위가 인신의 경지로까지 올라간 문화적 영웅들이기도 한 것이다. 따라서 그토록 기독교와 형이상학에 반대하고 플라톤의 이상주의에 반대했던 니체의 '초인 사상'이 그들과 너무나도 똑같이 닮아 있다는 것은 이상 야릇한 역설이 아닐 수가 없다. 하나의 신전이 세워지기 위해서는 수많은 신전들이 파괴되어야만 한다는 진리가 이처럼 정확하게 들어맞은 일도 없다고, 나는 생각한다. 그리고 또한, 니체만이 자기 자신을 최초로 '비극철학자'로 인식할 만한 권리를 지니고 있는 것도 아니다. 니체 이전에, 부처, 예수, 호머, 프로메테우스, 소크라테스 등의 수많은 문화적 영웅들이 우리 인간이라는 종의 건강과 그 문명과 문화의 삶을 위하여, 자기 자신들의 단 하나 뿐인 생명을, 마치 한 자루의 촛불처럼 소진시켜 나갔다고 해도 틀림이 없다. 그들 은 모두가 다같이 자기 초월, 즉 불사에 도전함으로써 영원불멸의 삶을 획득한 문화적 영웅들이며, 이러한 점에 있어서, "사람들은 불멸하기 위하여 여러 번 죽어야 한다"는 니체의 통찰은 꼭 들어맞는다고 할 수가 있는 것이다. 어쨌든 니체가 자기 자신을 최초로 '비극철학자'라고 명명한 것은 지나치게 자의적이고 그만큼 침소봉대되어 있다고 할 수가 있는 것이다.

    나는 니체의 손을 이끌고 나의 '사색인의 십계명' 중 제4계를 소리 높여 낭송해 본다.

제4계: 사상의 신전을 짓고 모든 사람들을 초대하라;
우리는 자기 자신을 세계의 중심에 놓을 필요가 있다.

나는 낙천주의자로서 '세계는 나의 범죄의 표상이다'라고 역설한 바가 있다. 이 말은 나의 범죄 행위가 있고, 그 다음에 세계가 있다라는 뜻이다.

創字에는 칼 도刀 자字가 들어 있다.

나의 사상의 신전, 낙천주의 속에는 우리 인간들의 꿈과 행복이 들어 있고, 언제나 행운의 여신이 미소를 짓고 있다.

―『행복의 깊이 4』―사색인의 십계명에서

반경환

반경환은 1954년 충북 청주에서 태어났으며, 1988년 『한국문학』 신인상과 1989년 《중앙일보》 신춘문예로 등단했다. 반경환의 저서로는 『시와 시인』, 『행복의 깊이』 1, 2, 3, 4권, 『비판, 비판, 그리고 또 비판』 1, 2권, 『반경환 명시감상』 1, 2, 3, 4권, 『이 세상에서 가장 아름다운 명문장들』 1, 2권, 『반경환 명구산책』 1, 2, 3권이 있고, 『반경환 명언집』 1, 2권, 『사상의 꽃들』 1, 2, 3, 4, 5, 6, 7, 8권, 『쇼펜하우어』 등이 있다.

이 책은 니체의 『이 사람을 보라』와 『도덕의 계보』에서 명문장들을 뽑고, 그것과 비판적 대화를 나눈 성찰의 결과이다. 『이 사람을 보라』는 니체의 자전적인 삶의 기록이고, 『도덕의 계보』는 도덕과 형벌의 기원, 그리고 성직자들의 금욕주의를 분석하고 성찰하고 있는 글이라고 할 수가 있다. 니체의 철학은 비판철학이며, 우리 인간들의 삶의 본능을 옹호하는 디오니소스 철학, 즉, 비극철학이다. 그는 끊임없이 공부하고 산책을 하며 고귀하고 위대한 삶을 살다가 갔으며, 그 결과, 임마뉴엘 칸트에서 그 싹이 튼 비판철학을 완성했다고 할 수가 있다. 이상과 기독교와 형이상학을 파괴하고 모든 가치들을 전복시켰으며, 비극철학자로서 최고급의 월계관을 쓰게 되었던 것이다. 쇼펜하우어와 니체, 즉, 제일급의 사상가들의 글은 아주 쉽고 재미가 있으며, 전인류의 경전經典이자 애송시愛誦詩와도 같다.

우리 한국인들은 하루바삐 학문의 즐거움을 알고, 이 학문의 즐거움으로 전인류의 사상의 신전을 지었으면 하는 마음 뿐이다.

이메일 : bankhw@hanmail.net

니체

발행일 2020년 11월 20일
지은이 반경환
편 집 김지호
펴낸이 반송림
펴낸곳 도서출판 지혜 · 계간시전문지 애지
기획위원 반경환 이형권
주 소 34624 대전광역시 동구 태전로 57, 2층 도서출판 지혜 (삼성동)
전 화 042-625-1140
팩 스 042-627-1140
전자우편 ejisarang@hanmail.net
애지카페 cafe.daum.net/ejiliterature

ISBN : 979-11-5728-423-8 03100

값 15,000원

* 이 책의 판권은 지은이와 도서출판 지혜에 있습니다.
* 양측의 서면 동의 없는 무단 전제 및 복제를 금합니다.